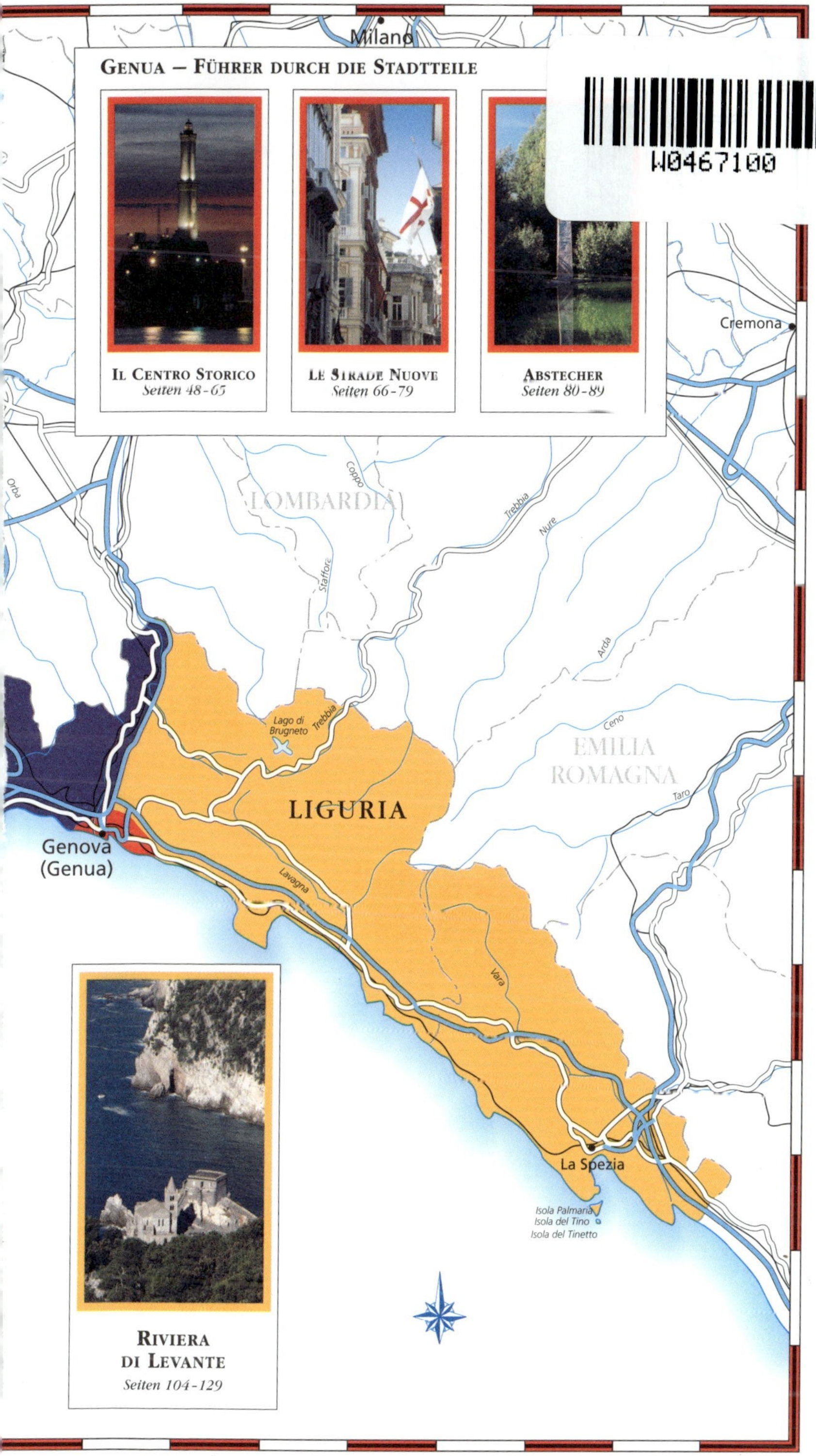
Milano
Genua – Führer durch die Stadtteile
Il Centro Storico
Seiten 48-65
Le Strade Nuove
Seiten 66-79
Abstecher
Seiten 80-89
Cremona
Orba
Coppo
LOMBARDIA
Trebbia
Nure
Staffora
Arda
Lago di Brugneto
Trebbia
Ceno
EMILIA ROMAGNA
Taro
LIGURIA
Genova (Genua)
Lavagna
Vara
La Spezia
Isola Palmaria
Isola del Tino
Isola del Tinetto
Riviera di Levante
Seiten 104-129

VIS à VIS

GENUA & LIGURIEN

VIS À VIS

Genua & Ligurien

Hauptautor: Fabrizio Ardito

DK

Dorling Kindersley
www.dk.com

EIN DORLING KINDERSLEY BUCH

www.dk.com

PRODUKTION
Fabio Ratti Editoria S.r.l., Milano, Italien

TEXTE
Fabrizio Ardito, Sonia Cavicchioli,
Maurizia De Martin, Gianluigi Lanza

FOTOGRAFIEN
Lucio Rossi

ILLUSTRATIONEN
Andrea Barison, Gianluca Fiorani

KARTOGRAFIE
Roberto Capra, Luca Signorelli

REDAKTION UND GESTALTUNG
Dorling Kindersley Limited

•

Titel der italienischen Originalausgabe:
Guida Mondadori *Liguria*, Mailand 2003
Titel der englischen Originalausgabe:
Eyewitness Travel Guide *The Italian Riviera*
Erschienen 2005 in Großbritannien
bei Dorling Kindersley Ltd., London
A Penguin Company

•

Aktualisierte Neuauflage 2005/2006

•

ÜBERSETZUNG Brigitte Maier, Konzept & Text, München
REDAKTIONSLEITUNG Dr. Jörg Theilacker, Dorling Kindersley Verlag
REDAKTIONSASSISTENZ Birgit Walter, Dorling Kindersley Verlag
REDAKTION Gerhard Bruschke, München
SCHLUSSREDAKTION Alfred Leibl, München
SATZ UND PRODUKTION Dorling Kindersley Verlag
LITHOGRAFIE Colourscan, Singapur
DRUCK South China Printing Co. Ltd., Hongkong, China

ISBN 3-8310-0700-4
1 2 3 4 5 09 08 07 06 05

Dieser Reiseführer wird regelmäßig aktualisiert. Angaben wie Telefonnummern, Öffnungszeiten, Adressen, Preise und Fahrpläne können sich jedoch ändern. Der Verlag kann für fehlerhafte oder veraltete Angaben nicht haftbar gemacht werden. Für Hinweise, Verbesserungsvorschläge und Korrekturen ist der Verlag dankbar. Bitte richten Sie Ihr Schreiben an:

Dorling Kindersley Verlag GmbH
Redaktion Reiseführer
Gautinger Straße 6
D-82319 Starnberg

INHALT

***Ecce Homo* von Antonello da Messina, Palazzo Spinola, Genua**

GENUA UND LIGURIEN STELLEN SICH VOR

Sant'Andrea in Levanto

◁ **Die wildromantische Küste zwischen Fiascherino und Tellaro**

Küstenabschnitt bei Paraggi in der Nähe von Portofino

Olivenöl

Der Hafen von San Remo

Genuas Porto Antico präsentiert sich neu

Benutzerhinweise

Die detaillierten Informationen in diesem Reiseführer sollen Ihren Besuch in Ligurien zu einem interessanten Erlebnis machen. Das Kapitel *Genua und Ligurien stellen sich vor* beschreibt die Region in ihrem kulturellen und historischen Kontext. In *Genua – Führer durch die Stadtteile* sind alle Sehenswürdigkeiten der Regionshauptstadt beschrieben, der *Führer durch Ligurien* stellt Ihnen mit Karten, Fotos und Illustrationen die sehenswertesten Gebiete östlich und westlich von Genua vor, die Riviera di Levante und die Riviera di Ponente. *Zu Gast in Ligurien* enthält Restaurant- und Hotelempfehlungen sowie Tipps für Shopping, Sport und Unterhaltung. In den *Grundinformationen* finden Sie allerlei Nützliches.

Genua – Führer durch die Stadtteile

Den zwei Sightseeing-Vierteln im Zentrum von Genua ist je ein eigenes Kapitel gewidmet. Im Kapitel *Abstecher* werden Orte außerhalb des Stadtzentrums beschrieben. Alle Sehenswürdigkeiten sind auf der *Stadtteilkarte* mit der Nummer eingetragen, mit der sie im folgenden Text beschrieben werden.

Die Seiten zu Genua haben eine rote Griffmarke.

Die Orientierungskarte zeigt die Lage des Stadtteils, in dem Sie sich befinden.

Sehenswürdigkeiten auf einen Blick listet das Wichtigste auf: Kirchen, Museen und Sammlungen, historische Gebäude, Straßen und Plätze.

1 Stadtteilkarte
Alle Sehenswürdigkeiten sind nummeriert und in der Karte eingetragen.

2 Detailkarte
Der interessanteste Bereich des Stadtteils wird aus der Vogelperspektive dargestellt.

Sterne markieren alles, was Sie nicht versäumen sollten.

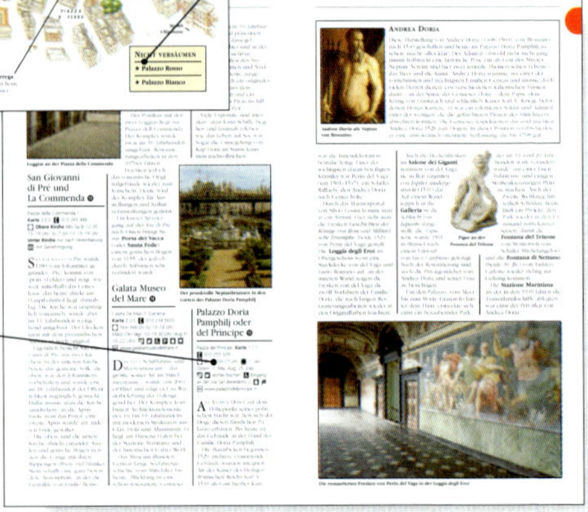

Eine Routenempfehlung führt Sie durch die interessantesten Straßen.

3 Detaillierte Informationen
Alle Sehenswürdigkeiten sind genau beschrieben; Sie finden auch Adressen, Telefonnummern und Öffnungszeiten.

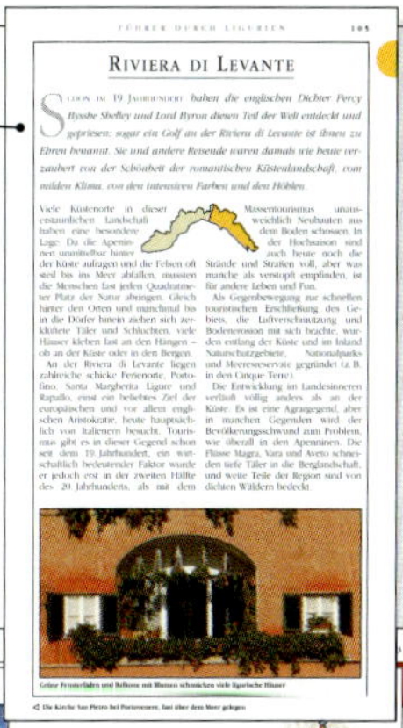
RIVIERA DI LEVANTE

1 Einführung

Sie finden Informatives zu Landschaft und Charakter jeder Region; ein kurzer Einblick in die Geschichte lässt Sie Zusammenhänge und Entwicklungen besser verstehen.

Führer durch Ligurien

Die zwei Hauptabschnitte der Italienischen Riviera werden jeweils in einem Kapitel vorgestellt. Die Sehenswürdigkeiten entlang der Küste sind in einer *Erlebniskarte* dargestellt.

Jede Region kann mit den farbigen Griffmarken leicht aufgeschlagen werden.

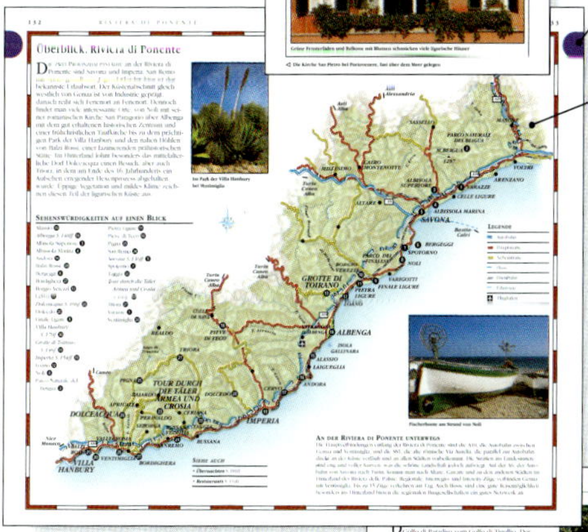
Überblick: Riviera di Ponente

2 Erlebniskarte

Die Übersichtskarte der Region zeigt das Straßennetz und die Lage aller Sehenswürdigkeiten. Hilfreiche Tipps machen es Ihnen leichter, die Gegend mit Auto, Bus oder Bahn zu erkunden.

Die Infobox liefert praktische Details – von der Adresse bis zu den Öffnungszeiten.

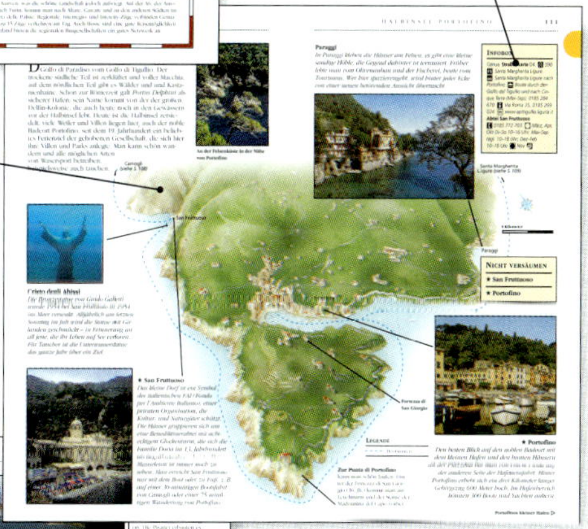

3 Den Hauptsehenswürdigkeiten *sind zwei oder mehr Seiten gewidmet.*

Historische Gebäude werden im Aufriss gezeigt. Museen und Sammlungen haben farbige Grundrisse, mit denen Sie die interessantesten Ausstellungsstücke leichter finden.

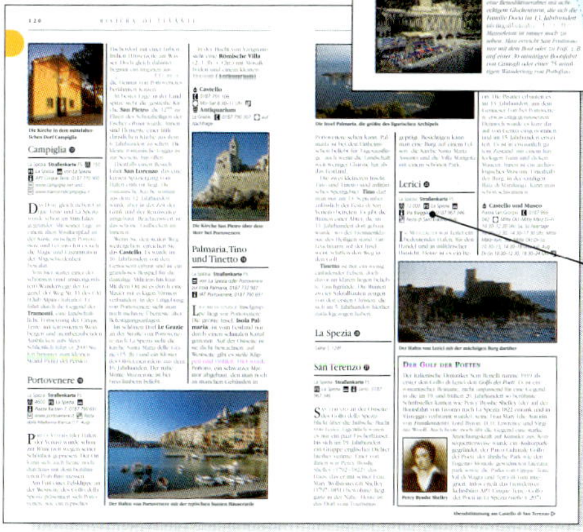

4 Detaillierte Informationen

Alle Städte, größeren Orte und interessanten Plätze sind einzeln beschrieben. Die Reihenfolge entspricht der in der Erlebniskarte. Bei jedem Ort finden Sie Infos zu den wichtigsten Gebäuden und anderen Sehenswürdigkeiten.

Genua und Ligurien stellen sich vor

Genua und Ligurien auf der Karte

LIGURIEN IST mit einer Fläche von 5418 Quadratkilometern die zweitkleinste Region Italiens. Seine vier Provinzen heißen von Westen nach Osten: Imperia, Savona, Genua und La Spezia. Zwischen Mittelmeer (Ligurisches Meer), Alpen und Apenninen konzentriert sich die Bevölkerung hauptsächlich an der Küste (Italienische Riviera), die östlich von Genua als Riviera di Levante und westlich davon als Riviera di Ponente bekannt ist.

◁ **Detail des byzantinischen Mosaiks im Battistero di Albenga**

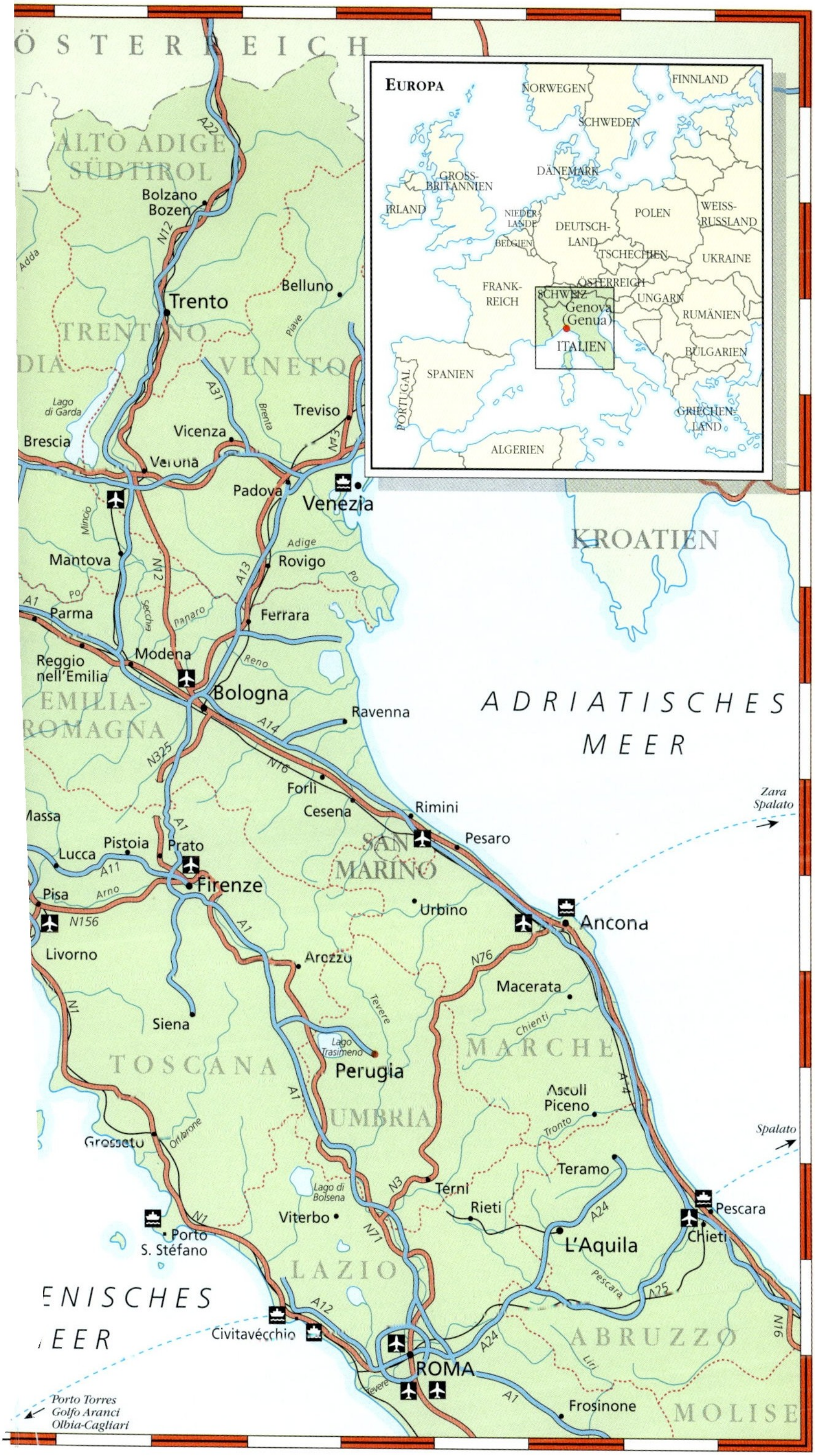
EUROPA
NORWEGEN
FINNLAND
SCHWEDEN
DÄNEMARK
GROSS-
BRITANNIEN
IRLAND
NIEDER-
LANDE
BELGIEN
DEUTSCH-
LAND
POLEN
WEISS-
RUSSLAND
UKRAINE
TSCHECHIEN
ÖSTERREICH
FRANK-
REICH
SCHWEIZ
Genova
(Genua)
UNGARN
RUMÄNIEN
ITALIEN
BULGARIEN
SPANIEN
PORTUGAL
GRIECHEN-
LAND
ALGERIEN
ÖSTERREICH
ALTO ADIGE
SÜDTIROL
A22
Bolzano
Bozen
N12
Adda
Belluno
Trento
TRENTINO
VENETO
Piave
A31
Brenta
Lago
di Garda
Treviso
Vicenza
Brescia
Verona
Padova
Venezia
Mincio
Adige
Mantova
Rovigo
Po
A13
N12
A1
Parma
Secchia
Panaro
Ferrara
Reggio
nell'Emilia
Modena
Reno
Bologna
EMILIA-
ROMAGNA
Ravenna
A14
N325
N16
Forlì
Cesena
Massa
Rimini
Pesaro
SAN
MARINO
Pistoia
Prato
Lucca
A11
Firenze
Arno
Pisa
N156
Urbino
Ancona
Livorno
A1
Arezzo
N76
Macerata
Tevere
N1
Siena
Chienti
Lago
Trasimeno
Perugia
TOSCANA
MARCHE
A14
Ascoli
Piceno
UMBRIA
Tronto
Ombrone
Grosseto
Teramo
Terni
N3
Lago di
Bolsena
Rieti
Pescara
A24
Viterbo
L'Aquila
Chieti
Porto
S. Stéfano
N71
LAZIO
Pescara
A25
A12
Civitavécchio
ABRUZZO
N16
A24
ROMA
Liri
Tevere
A1
Frosinone
MOLISE
KROATIEN
ADRIATISCHES
MEER
Zara
Spalato
Spalato
ENISCHES
EER
Porto Torres
Golfo Aranci
Olbia-Cagliari

Ein Porträt Liguriens

Die Italienische Riviera, *einer der spektakulärsten Abschnitte der Küste Norditaliens, bietet klares Wasser und neben vielen felsigen Abschnitten auch einige Strände. Die Städte und pastellfarbenen Dörfer rühmen sich einer langen Seefahrertradition. Hinter der Küste erheben sich die steilen Hänge der Apenninen, an denen zahllose Olivenbäume silbrig schimmern.*

Seefahrermonument

Das gebirgige Piemont im Norden, die Hügellandschaft der Toskana im Süden und die Po-Ebene im Osten rahmen Ligurien ein, den schmalen Streifen an der Küste westlich und östlich von Genua. In keiner anderen Region liegen Berge und Meer so nahe beieinander – in ganz Ligurien ist man nirgendwo weiter als 35 Kilometer vom Mittelmeer entfernt.

Die geografische Lage hat Ligurien geprägt: Das Alpenmassiv geht beim Colle di Cadibona direkt in die lange Apenninenkette über, die erst nach Osten, dann nach Süden verläuft. Abgeschnitten vom Hinterland, waren viele Orte schon immer leichter vom Wasser aus zu erreichen als auf dem Landweg. So orientierten sich die Bewohner Liguriens eher zum Meer und zu den Mittelmeerinseln als zu den steilen Gipfeln.

Dennoch ist neben schönen Küstenstädten wie Portofino, Genua oder Camogli auch das Bergland für Besucher reizvoll. Auf steilen Straßen über Pässe, die einst wichtige Stationen auf dem Weg nach Norden waren, erreicht man faszinierende Orte wie Dolceacqua (von Monet geliebt), Triora (bekannt als Hexendorf) oder die Dörfer im Val di Vara – Orte, die den Reiz Liguriens ebenso ausmachen wie das Jetset-Treiben in den Hafenstädten.

Die spektakuläre Felsküste von Cinque Terre, die steil ins Meer abfällt

◁ **Einer der typischen *carruggi* – enge, oft steile Gassen in den Dörfern**

Strandbar im Seebad Camogli

Bevölkerung

Man sagt, das Temperament der Ligurer entspräche dem Charakter der Küste: An der Riviera di Ponente, die zahlreiche Strände zu bieten hat, seien die Menschen offener und fröhlicher als an der Riviera di Levante, die von Felsenküsten und schmalen Schluchten geprägt ist. Der Reiseschriftsteller Guido Piovene schrieb über Ligurien in seinem 1957 erschienenen Klassiker *Viaggio in Italia (*dt: *18 Mal Italien):* »Die größte Vielfalt kann man beobachten, wenn man von Genua nach Westen reist. Hier trifft die Luft der Provence auf ein verschlossenes Ligurien ohne Fantasie – und dabei entsteht ein redseliges, farbenprächtiges Ligurien voller Geschichtenerzähler, eine Brücke zwischen den Menschen in Marseille und denen in Genua.«

Hinter dem Küstenstreifen kann man ein drittes Ligurien entdecken. Schon seit Jahrhunderten misstrauten die Menschen, die in den Bergen lebten, nicht nur denen an der Küste, sondern auch denen, die in den Tälern wohnten. Und die Einwohner des einen Tals wollten mit den Einwohnern des benachbarten Tals in der Regel nichts zu tun haben. Solche alten Vorbehalte und Feindschaften prägen manchmal bis heute das Leben in den ligurischen Dörfern. Diese Situation wird nicht einfacher dadurch, dass immer mehr Bergbewohner gezwungenermaßen an die Küste ziehen. Die traditionelle Landwirtschaft in den Bergen ist nicht mehr lukrativ, während an der Küste der Fremdenverkehr boomt und für zahlreiche Arbeitsplätze sorgt.

Demografisch steht Ligurien insgesamt nicht gut da: Die Region hat die niedrigste Geburtenrate von Italien, ja sogar von ganz Europa, und eine ungewöhnlich alte Bevölkerung. 25 Prozent der Einwohner sind über 65 Jahre alt – nicht zuletzt, weil viele Rentner hierher ziehen und das milde, ausgeglichene Klima an der Küste genießen wollen.

Man spielt *bocce*, eine Variante von *boules*

Eine typisches *gozzo* (Fischerboot)

Fremdenverkehr

Der Tourismus begann an der Italienischen Riviera schon im 19. Jahrhundert, mittlerweile ist er die wichtigste Einnahmequelle der Region. Die rund 300 Kilometer lange Küste lockt natürlich die allermeisten Besucher an: Man findet idyllische Orte, Sand- und Kiesstrände, malerische Felsen und kleine Inselchen. Viele ehema-

Am Strand von Spotorno holen Fischer die Netze ein

lige Fischerorte zwischen San Remo und Portovenere leben heute fast ausschließlich vom Fremdenverkehr. In den meisten Küstenstädten gibt es alte Grandhotels, die im 19. Jahrhundert für reisende Aristokraten errichtet wurden. Pastellfarbene Häuser säumen die typischen *carruggi,* die engen Gassen, die sich oft steil durch das mittelalterliche Zentrum der ligurischen Orte ziehen. Bis heute haben die meisten Orte zwar einen Hafen, nur wenige jedoch einen Strand.

Sich in Genua, der zentral gelegenen Hauptstadt Liguriens, zu orientieren ist nicht ganz einfach. Die offenen Plätze gehen oft abrupt in ein Gewirr von engen Gassen über. Das Hafengelände erfuhr in letzter Zeit eine Reihe von Veränderungen. Neue Wahrzeichen entstanden, u.a. das Aquarium, das als eines der interessantesten in Europa gilt. Im Centro Storico dagegen kann man trotz aller Maßnahmen zur Modernisierung noch den Geist jener Vergangenheit spüren, in der Genua (»die Stolze«) eine große Seemacht im Mittelmeerraum war.

Apricale in den Bergen hinter Imperia

Als Alternative zur teilweise dicht bebauten, im Sommer recht überlaufenen Küste bietet sich das Hinterland mit seinen abgeschiedenen Wäldern, Flüssen, Seen und kleinen Orten an, die von vollkommen anderen Aspekten der vielfältigen Geschichte von Ligurien zeugen.

Aus ligurischen Oliven presst man das feinste Öl

Die ligurische Küche

Wer nach Ligurien reist, wird über die spezielle Note der Küche erstaunt sein. Hier versteht man es, die Produkte des Meeres und der Berge miteinander zu kombinieren. Liguriens Olivenöl kann sich mit den besten in Italien messen, Fisch kommt zum Teil aus den Fanggründen direkt vor der Küste, und *stuzzichini* (kleine Häppchen) regen dazu an, den lokalen Wein zu kosten. Die Region »zwischen Himmel und Erde« hat nicht nur für das Auge etwas zu bieten.

Landschaften in Ligurien

Die meisten Besucher Liguriens zieht es an die Küste mit ihren Stränden, der üppigen Vegetation sowie den beeindruckenden Klippen. Die fruchtbaren Ebenen und die weiten Täler im Hinterland werden landwirtschaftlich genutzt: Seit Jahrhunderten werden Olivenhaine kultiviert, relativ jung ist der Blumenanbau. Im Bergland dahinter liegen die Dörfer oft recht isoliert. Dort dominieren Wälder, Ligurien verfügt über dichte Waldbestände. Im Winter kann auf den Gipfeln der Apenninen Schnee liegen.

Die Felsenküste von Portovenere

Küste

Liguriens Küstenlinie wäre 440 Kilometer lang, wenn man jede Bucht und jeden Landvorsprung mit erfassen würde. Westlich von Genua ist die Küste flacher und bietet breitere Strände. Östlich der Stadt reicht die Berglandschaft bis zum Meer, oft fallen die Klippen steil ins Wasser ab, weite Strände sind eher selten. Im Ligurischen Meer tummeln sich viele Delfine und sogar einige Walarten.

Ebenen

Obwohl die Ebenen und weiten Täler nur ein Prozent der Region ausmachen, spielen sie eine wichtige Rolle – nicht nur für die Landwirtschaft. Das gemäßigte Klima ist günstig für den Anbau, der Boden ist fruchtbar. Deshalb geht in den Ebenen eine Parzelle in die andere über, dazwischen liegen die Industriestandorte. Die Ebenen bilden den am dichtesten besiedelten Teil Liguriens, auf einem Quadratkilometer leben hier durchschnittlich über 300 Menschen.

Delfine *tauchen im Ligurischen Meer besonders vor der Küste von Cinque Terre auf. Vor allem hinter größeren Booten kann man gelegentlich Delfingruppen bei ihren Sprüngen beobachten. Das Ligurische Meer ist auch der Lebensraum von Pottwalen und seltenen Meeresschildkröten.*

Palmen *wurden von Nordafrika importiert und sind heute an der Riviera so verbreitet, dass sie einem ganzen Küstenstrich an der Riviera di Ponente ihren Namen gegeben haben.*

Mimosen *stammen ursprünglich aus Südwest-Australien. Ihre gelben Blüten tauchen im Frühling viele Parks und Gärten in die leuchtende Farbe.*

Glasbäuser *sind in den Ebenen verbreitet. Gemüse, Obst und Blumen zählen zu den wichtigsten Produkten in Ligurien.*

Ein Schwarm Möwen

Die Tierwelt Liguriens

In den Hügeln ist Rotwild heimisch

Entsprechend den unterschiedlichen Lebensräumen ist die Fauna in Ligurien sehr vielfältig. Im Meer tummeln sich Delfine und sogar einige Walarten, an der Küste sieht man Kormorane, Sturmtaucher, Tölpel und Seeschwalben. In der stellenweise noch recht ursprünglichen Hügellandschaft im Hinterland der Küste sind u. a. Füchse, Marder, Dachse und Wildschweine verbreitet, in manchen Gegenden leben Rehe und Damwild. Außerdem ist es sogar gelungen, in den höheren Lagen der Apenninen wieder Wölfe anzusiedeln.

Hügel

Etwa 30 Prozent der Fläche Liguriens sind Hügelland, hier wachsen – oft auf künstlich angelegten Terrassen – Olivenbäume, die Grundlage für hochwertiges Olivenöl. Außerdem gibt es Weinbau, Baumschulen und Blumenanbau. Wo die Fläche nicht kultiviert wird, herrscht die typische Mittelmeerflora vor, die *macchia*. Sie wird mit zunehmender Höhe von Pinien und Fichten, Kastanien und Eichen abgelöst.

***Olivenbäume** stehen meist auf Terrassen, die z. B. in Cinque Terre bis ans Meer reichen können. Die beste Olivensorte heißt* taggiasca, *aus ihr wird feinstes natives Olivenöl* (olio extra virgine) *gepresst.*

***Füchse** finden in den Wäldern von Ligurien einen geeigneten Lebensraum, manchmal kommen sie sogar in die Nähe bewohnter Gegenden.*

Berge

Im Westen erheben sich die Meeralpen, im Osten die Apenninen – Gebirge nehmen den überwiegenden Teil Liguriens ein. 69 Prozent der Fläche liegen mehr als 1000 Meter über dem Meeresspiegel. Die unmittelbare Nachbarschaft von Bergen und Meer hat zu einem faszinierenden Nebeneinander alpiner und maritimer Pflanzenarten geführt. In höheren Lagen wachsen vor allem Nadelbäume, wie z. B. Kiefern, Silber- und Weißtannen, Fichten und Lärchen.

***Das Edelweiß**, eine geschützte Pflanze, wächst auf Höhen über 1700 Meter. Die Blütezeit ist in den Monaten Juli und August.*

***Wölfe** haben sich immer weiter die Apenninen hinauf bewegt und wurden bereits im Parco Naturale Regionale dell'Aveto nahe der Grenze zur Emilia-Romagna gesichtet.*

Naturparks und Schutzgebiete

Auf die ursprünglichsten Landschaften Liguriens stößt man im Hinterland. Hier wurden viele landwirtschaftlich genutzte Flächen wie Weinberge und Olivenhaine aufgegeben. Davon profitieren die natürliche Flora und Fauna. Schutzgebiete machen rund zwölf Prozent der Fläche Liguriens aus, es gibt sechs Nationalparks sowie viele Naturparks und Reservate, die meisten davon in den Bergen. Jedes Gebiet hat einen anderen landschaftlichen Charakter, von den Alpentälern an der Grenze zu Piemont bis hin zu den Hügellandschaften, die an die Toskana grenzen. Nachdem über Jahrzehnte der Ausbau der Infrastruktur Vorrang hatte, sind an der Küste eine Reihe von Reservaten eingerichtet worden, die die letzten unverdorbenen Küstenregionen schützen.

Il Parco del Finalese (siehe S. 144) *über Finale Ligure weist faszinierende Felsformationen auf.*

Die Alta Via dei Monti Liguri bietet atemberaubende Ausblicke

Alta Via dei Monti Liguri

Wo früher einzelne Maultierpfade verliefen, durchzieht heute die Alta Via dei Monti Liguri *(siehe S. 201)* ganz Ligurien. Sie führt auch durch einige National- und Naturparks. Man kann Abschnitte des Wegs erwandern oder mit dem Mountainbike befahren.

Isola Gallinara *(siehe S. 151)* und Isola Bergeggi *(siehe S. 140f)* sind Naturparks und sollen zu Meeresreservaten erklärt werden.

Il Parco Naturale del Beigua (siehe S. 134f) *ist ein Gebirgspark. Auf seinem Gebiet liegen der Monte Beigua und eine Reihe anderer Gipfel, die nur wenige Kilometer von der Küste entfernt sind und doch über 1000 Meter hoch aufragen. An der Grenze zu Piemont ist die Vegetation alpin, in tieferen Lagen sieht man viele Lärchen und Pinien, noch weiter unten stößt man auf Kastanienhaine und schließlich auf die Mittelmeer-Macchie.*

Legende

- Nationalpark
- Regionaler Naturpark
- Geschütztes Gebiet
- Meeresreservat
- Alta Via dei Monti Liguri

***An der felsigen Hügelkette**, die das Alta Valle Scrivia vom Val Trebbia trennt, erstreckt sich der Parco del Monte Antola* (siehe S. 108). *Hier kann man schön wandern, z. B. den Stausee Lago di Brugneto umrunden.*

***La Val d'Aveto** ist geschützt durch den gleichnamigen Park* (siehe S. 114f). *Hier erheben sich die höchsten Gipfel der Ligurischen Apenninen. Schon im Mittelalter bewirtschafteten Mönche die Region. Der Naturpark umfasst auch das Reservat Le Lame. Vor allem in und an den zahlreichen kleinen Seen wimmelt es von Tieren.*

Il Parco di Portofino *(siehe S. 110f)* ist bereits seit 1935 ein Schutzgebiet. Landschaftlich sehr reizvoll erstrecken sich mit dem Monte di Portofino die Berge der Apenninen bis zum Wasser. 1999 wurden auch die Gewässer um den Landvorsprung zum Meeresreservat erklärt.

Il Parco di Montemarcello-Magra (siehe S. 126) *umfasst das Gebiet um den Fluss Magra, das sich an der Grenze zur Toskana auf der Ostseite des Golfs von La Spezia erstreckt. Vom höchsten Punkt des Landvorsprungs bietet sich ein Panorama von den Alpen bis Portovenere. Zur artenreichen Flora des Parks gehören viele farbenfroh blühende Pflanzen wie der rechts abgebildete Cystus.*

***Das bekannteste Gebiet** Liguriens ist der Parco Nazionale delle Cinque Terre* (siehe S. 118f), *der von der UNESCO zum Weltnaturerbe erklärt wurde. Hier reichen die steilen Klippen direkt bis ins Meer, in schmalen Buchten und auf künstlich angelegten Terrassen klammern sich Häuser an die Hänge. Die fünf Dörfer der Cinque Terre dokumentieren, wie sich die hier lebenden Menschen mit der Landschaft arrangiert haben.*

Italienische Riviera

Die dichte Besiedlung an der Italienischen Riviera resultiert daraus, dass die felsige Küste im Gegensatz zu den sumpfigen Küstenlandschaften der Toskana gut zu bebauen und leicht zu verteidigen war. Man findet mehr Kiesstrände (z. B. in San Remo und Rapallo) als Sandstrände vor, der feine Sand von Alassio bildet da fast eine Ausnahme. Dafür ist das Wasser klar und bestens zum Schwimmen geeignet.

Die Küste um Savona ist im Allgemeinen recht flach. Von Albissola, Celle Ligure und Varazze bis Arenzano im Westen der sich stetig ausbreitenden Stadt Genua wechseln sich Kies- und Sandstrände ab.

***Um Bordighera** ist die Küste relativ flach. In der Nähe liegen große Blumenanbaugebiete, dahinter Capo Nero und die große Bucht des Golfo di San Remo.*

Nahe der französischen Grenze ist die Küste steil und felsig. Berühmt sind die Felsklippen Balzi Rossi, die sich bis Ventimiglia hinziehen, wo die Flüsse Roia und Nervia tiefe Täler eingeschnitten haben.

Legende

- Autobahn
- Hauptstraße
- Nebenstraße
- Fluss

***Felsige Abschnitte** und Kiesstrände in flachen Buchten wechseln sich ab, bevor man den feinen Sandstrand von Alassio erreicht. Im Hinterland erstreckt sich hier die Ebene, die der Fluss Centa schuf. An der Straße reihen sich die Badeorte: Albenga, Loano, Pietra Ligure und Borgio Verezzi bis zu den Klippen von Finale und Capo Noli.*

In der Provinz La Spezia *ist die Küste überwiegend felsig und steil. Zunächst verläuft die Straße durch viele Tunnel, entlang dem 20 Kilometer langen spektakulären Küstenabschnitt der Cinque Terre führt eine Eisenbahnlinie.*

Östlich des Großraums von Genua gibt es viele steile Klippen. Hier ist alles terrassiert, jedes Fleckchen Erde wurde jahrhundertelang kultiviert. Die zwei Orte Bogliasco und Camogli blicken auf eine lange Seefahrertradition zurück.

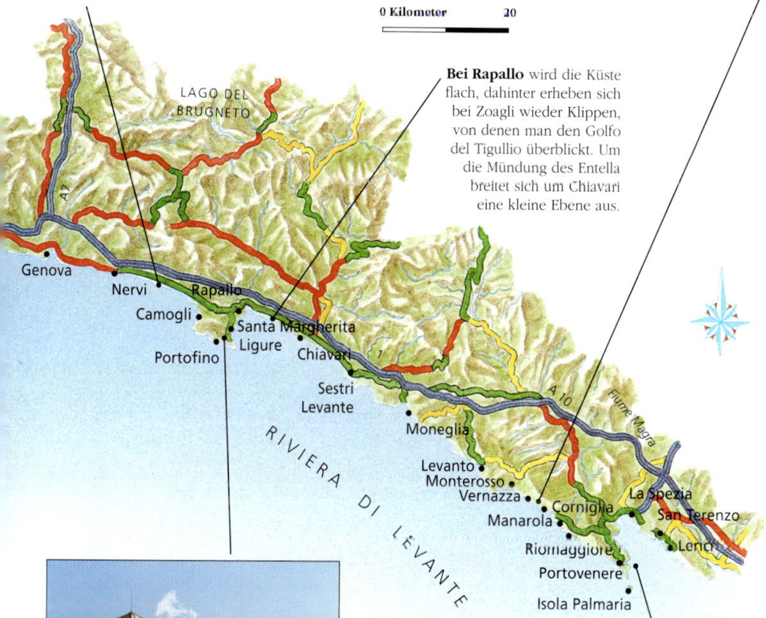

Bei Rapallo wird die Küste flach, dahinter erheben sich bei Zoagli wieder Klippen, von denen man den Golfo del Tigullio überblickt. Um die Mündung des Entella breitet sich um Chiavari eine kleine Ebene aus.

Den Monte di Portofino *erkundet man am besten zu Fuß. Man kann ihn auch auf einem Bootsausflug von Portofino oder Santa Margherita Ligure, den zwei exklusivsten Orten des Landvorsprungs, bestaunen.*

Portovenere *bildet die Einfahrt zum Golfo della Spezia. Der Westen des Golfs ist steil und felsig, im Osten verläuft die Küste sanfter, Lerici und Tellaro sind Badeorte. Die lange Landspitze Punta Bianca geht in die Ebene des Flusses Magra über, dahinter beginnt die Toskana.*

Kunst in Ligurien

Schon zur Römerzeit war Ligurien eine bedeutende, zeitweise sogar reiche Region. Allerdings stand sie nie im Zentrum der Ereignisse, weder politisch noch kulturell. Für die Kunst spielt jedoch eine entscheidende Rolle, dass Ligurien eine Brückenfunktion einnahm zwischen dem europäischen Festland und dem Mittelmeer – und damit dem Rest der Welt. Somit fanden zahlreiche Kunstschätze aus dem Ausland über Ligurien ihren Weg nach Italien. Außerdem kamen viele Künstler aus anderen Teilen Italiens und dem Ausland nach Ligurien, um hier zu arbeiten.

Antike

Die frühesten Kunstfunde in Ligurien stammen aus dem Paläolithikum und wurden an berühmten Stätten wie Balzi Rossi *(siehe S. 169)* entdeckt.

Überraschenderweise sind wenige Spuren der römischen Zeit erhalten, obwohl die Römer viel Energie aufwendeten, um das Gebiet unter Kontrolle zu bekommen (nur Genua ergab sich freiwillig). Aus Luni *(siehe S. 127),* das 177 v. Chr. gegründet wurde, stammen einige nicht besonders kunstvolle römische Skulpturen.

***Kreuzigung* (1138) in der Kathedrale von Sarzana**

Mittelalter

Im Mittelalter gab es in Ligurien einige befestigte Städte, die man aber eher auf dem Seeweg als auf dem Landweg erreichen konnte. Auch damals stand Kunst nicht gerade im Mittelpunkt.

Das erste wichtige Beispiel bildender Kunst stammt aus der Lunigiana, der Gegend um Luni, das bis ins 12. Jahrhundert ein wichtiger Hafen blieb: Maestro Guglielmo aus der Toskana schuf die *Kreuzigung* im Jahr 1138. Es ist wahrscheinlich das einzige erhaltene Kunstwerk aus dem 12. Jahrhundert, heute in der Kathedrale von Sarzana *(siehe S. 128)* zu sehen.

Auch vom 13. bis zum 15. Jahrhundert waren eher toskanische Künstler aktiv. Zu den bedeutendsten noch erhaltenen Skulpturen gehört das Grabmonument (1313/14) von Margarete von Brabant, das man in Genuas Museo di Sant'Agostino *(siehe S. 57)* sehen kann. Der Toskaner Giovanni Pisano erhielt den Auftrag von Kaiser Heinrich VII. Ebenfalls im Museo di Sant'Agostino steht eine im 14. Jahrhundert gefertigte Statue von Simone Boccanegra, dem ersten Dogen von Genua.

Nach politischen und territorialen Unruhen öffneten sich die ligurischen Städte allmählich, Künstler aus der Lombardei und aus Flandern arbeiteten in der Region. Die *Kreuzigung* (15. Jh.) von Donato de' Bardi aus Pavia, heute in der Pinacoteca Civica von Savona *(siehe S. 136)* zu sehen, ist eines der ersten Beispiele, das ein Künstler aus dem »Norden« schuf.

Grabmonument der Margarete von Brabant

Der Handel mit Flandern und Burgund brachte eine Reihe von Malern (David, Provost, van Cleve) nach Genua; ihre religiösen Arbeiten findet man noch heute in der gesamten Region.

***Porträt des Gio Carlo Doria zu Pferd* von Rubens**

Renaissance und Barock

Das 16. Jahrhundet war die Zeit, in der Genuas führende Familien durch internationalen Finanzhandel zu beträchtlichem Wohlstand kamen. Neue künstlerische Techniken setzten sich auch in Ligurien durch, darunter auch die Kunst der Freskenmalerei.

Einer der bekanntesten Freskenmaler Liguriens war Luca Cambiaso, der 1527 in Moneglia geboren wurde und hauptsächlich in Genua arbeitete. Seine Werke kann man in der Cappella Lercari in Genuas Kathedrale San Lorenzo *(siehe S. 52f)* sehen, ebenso im Santuario della Madonna delle Grazie bei Chiavari *(siehe S. 114)*.

Im 17. Jahrhundert war Genua eine reiche Stadt, was nicht ohne Folgen für die Kunst blieb. Die Anfänge einiger der schönen Kunstsammlungen gehen auf diese Zeit zurück. Die eben erst zu Wohlstand gekommen Familien hatten einen gewaltigen

***Verkündigung* von Paolo di Giovanni Fei (14. Jh.)**

Bedarf an Gemälden, mit denen sie ihre Paläste füllten. Diese Aufträge lockten Maler aus ganz Italien und aus dem Ausland nach Genua, die meisten Werke aus dieser Zeit stammen nicht von einheimischen Künstlern.

Besonders die vielen Arbeiten flämischer Künstler zeugen vom wirtschaftlichen und kulturellen Einfluss, den die Niederlande im 17. Jahrhundert auf Ligurien hatten. Im Palazzo Spinola in Genua *(siehe S. 64)* hängen einige internationale Meisterstücke aus dieser Periode, so etwa *Ecce Homo* von Antonello da Messina sowie das *Porträt des Gio Carlo Doria zu Pferd* (1606) von Peter Paul Rubens. Letzterer kam im frühen 17. Jahrhundert nach Genua und verliebte sich auf Anhieb in die Stadt. Rubens beeinflusste die Entwicklung des Genueser Barocks maßgeblich. Auch einige Werke von Rubens' Meisterschüler, Anthonis van Dyck, sind in der Galleria di Palazzo Rosso *(siehe S. 72ff)* in Genua zu sehen. Unter den interessantesten Renaissance-Arbeiten in der Galerie sind *Judith und Holofernes* (um 1550–80) von Veronese, *Der heilige Sebastian* (1615) von Guido Reni und *Die Köchin* (nach 1620) von Bernardo Strozzi. Auch einige schöne Porträts von Dürer, Pisanello und Paris Bordone hängen hier.

Die Pinacoteca Civica in Savona *(siehe S. 136)* besitzt ebenfalls einige interessante Kunstwerke aus dieser Zeit, darunter Arbeiten von Donato de' Bardi und Taddeo di Bartolo.

La Spezias Museo Amedeo Lia *(siehe S. 124)* gilt als der »Louvre Liguriens« und beherbergt verschiedene bedeutende Renaissance-Werke, darunter z. B. das *Bildnis eines Edelmanns* (1510) von Tizian, eine *Verkündigung* (14. Jh.) von Paolo di Giovanni Fei sowie Arbeiten von Raffael und Veronese.

Liguriens größte Freskenmaler im 17. Jahrhundert waren Gregorio De Ferrari und Domenico Piola. Die beiden waren Rivalen, Werke von ihnen sind nebeneinander in Genuas Palazzo Rosso zu sehen.

Fresko von Cambiaso, Santuario della Madonna delle Grazie, Chiavari

Anton Maria Marigliano (1664–1739) aus Genua war ein Schüler von Domenico Piola, machte sich aber als Holzschnitzer einen Namen. Seine Kruzifixe sind in vielen Kirchen zu sehen.

19. Jahrhundert bis heute

Das 19. und das 20. Jahrhundert sind eher unter architektonischen als unter künstlerischen Aspekten interessant, es gibt nur wenige einheimische Kunstwerke aus dieser Zeit.

Unter den bedeutenden Sammlungen von moderner Kunst ist die Villa Croce in Genua *(siehe S. 57)* erwähnenswert, aber auch zwei

Porträt der *Contessa de Byland* von Boldini (1901)

Sammlungen in Nervi *(siehe S. 89)*, die Raccolta Frugoni in der Villa Grimaldi und die Raccolta d'Arte Moderna, die zahlreiche Zeichnungen, Skulpturen, Gemälde und Gravierungen zeigt. Viele stammen von Künstlern aus der Region, aber auch internationale Werke sind dabei. Der Kern der Sammlung gehörte einst dem Prinzen Oddone di Savoia und wurde der Gemeinde 1866 vermacht.

Das Museo d'Arte Sandro Pertini in Savona *(siehe S. 137)* widmet sich moderner Kunst, die Künstler stammen überwiegend aus Italien. Zu sehen sind Gemälde von Morandi, De Chirico, Rosai, Guttuso und Birolli sowie Skulpturen von Henry Moore und Joan Miró.

Architektur in Ligurien

DIE WIRKLICH KREATIVEN ASPEKTE in Liguriens Vergangenheit sind weniger in der Kunst zu finden als vielmehr in der bemerkenswerten Fähigkeit der Menschen, ihre Gebäude der schwierigen, von steilen Hängen geprägten Landschaft anzupassen. Zwischen Meer und Bergen entwickelten sich die Städte an der Italienischen Riviera auf ganz eigene Art. So ist es typisch für Genua, dass die Stadt vor allem als Treffpunkt zwischen dem Hafen – dem Zentrum des Handels – und den Wohnhäusern konzipiert wurde.

Ornamente aus Marmor an der Fassade von San Lorenzo, Genua

FRÜHE ARCHITEKTUR

Die ersten Gebäude in Ligurien stammen aus der Bronzezeit. Obwohl die Siedlungen anderen megalithischen Strukturen ähneln, gibt es hier ein besonderes Element: eine Befestigung, die Menschen und Vieh schützen soll. In der römischen Antike wurden Städte neu gegründet oder ausgebaut, darunter z. B. Luni, Genua und Albingaunum (Albenga). Die Orte hatten alle für die römische Zeit charakteristischen Merkmale wie Brücken, Aquädukte, Amphitheater und Handelszentren in den Häfen. Das eindrucksvollste Amphitheater in Ligurien steht in den Ruinen des alten Luni am Fuß der Apuanischen Alpen (schon in römischer Zeit wurde hier der begehrte weiße Marmor abgebaut). Zwischen Albenga und Alassio finden sich Reste einer alten Römerstraße.

Die **castellari** *waren befestigte Siedlungen, die zum Schutz vor Angriffen von Trockenmauern in konzentrischen Kreisen umgeben wurden.*

Die Häuser bestanden aus einem Raum.

Verteidigungsmauer

MITTELALTER

Die mittelalterliche Architektur in Ligurien weist Ähnlichkeiten mit der in anderen Gebieten am Tyrrhenischen Meer auf. In Genua entstanden große Wohnhäuser für reiche Kaufmannsfamilien. Wenn sie geschäftlich miteinander zu tun hatten, ließen sie sich im selben Viertel nieder. Die romanischen und gotischen Kirchen in Genua wurden in der Regel aus weißem und schwarzem Stein errichtet, dabei wurden auch Materialien früherer Perioden verwendet. In ganz Ligurien war das Mittelalter die Zeit lokaler Zwiste und Streitigkeiten, und so entstanden zahlreiche Burgen und Türme. Auch die malerischen Hügeldörfer Liguriens, von denen einige bis heute ihre mittelalterliche Struktur bewahrt haben, zeugen von der Neigung, sich möglichst wirkungsvoll vor anderen zu schützen. Besonders charakteristisch für die Region sind die *carruggi*. Diese engen, meist steilen Straßen sind oft mit Treppen verbunden und führen wie ein Labyrinth durch die Orte.

Mit der Kirche San Lorenzo *in Genua* (siehe S. 52f) *wurde 1118 begonnen. Sie ist das bekannteste Bauwerk der ligurischen Gotik.*

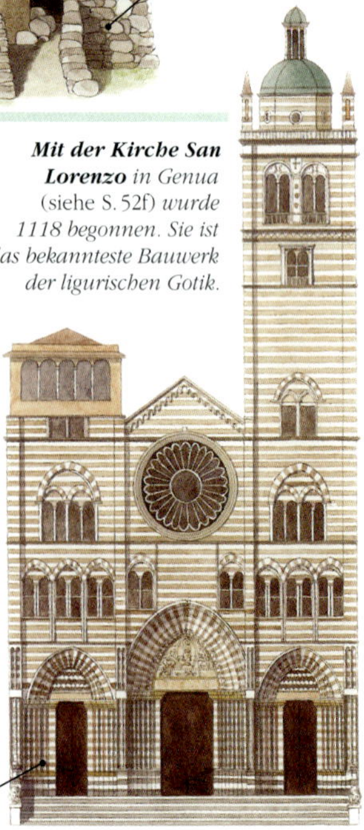

Die Portale weisen reichen Marmorschmuck auf.

Renaissance-Paläste

In Genua blühte der Handel im 16. und 17. Jahrhundert auf. Ein paar einflussreiche Familien finzanzierten den Bau zahlreicher großer Paläste. Besondere Bedeutung für die Genueser Renaissance hatte Andrea Doria (1468–1560), ein Admiral und Kunstmäzen, der den Palazzo Doria Pamphilj *(siehe S. 78f)* errichten ließ. Die Anlage der Via Garibaldi (»La Strada Nuova«) Mitte des 16. Jahrhunderts war ein entscheidender Schritt in der Stadtplanung. Paläste wie der Palazzo Doria Tursi, die entlang dieser breiten Straße entstanden, waren prunkvolle Symbole für die Macht der großen Genueser Familien. Ebenso eindrucksvoll zeugen der Bau des Molo Nuovo (neuer Kai) und der Lanterna (Leuchtturm) im Hafen von der Finanzkraft der Stadt. Der Ruf der Genueser Architekten war so gut, dass sie ihre Palastentwürfe und Materialien bis nach Spanien, Frankreich und Nordeuropa exportieren konnten.

Der Palazzo Doria Tursi (siehe S. 71), *1565 begonnen, ist dreimal so groß wie die anderen Palazzi an der Via Garibaldi und heute das Rathaus von Genua.*

Architektur heute

Viele Jahrzehnte wurde Genuas historisches Zentrum vernachlässigt. Seit einiger Zeit ist die Stadtverwaltung bemüht, wieder Großprojekte in Angriff zu nehmen. Anlässlich des 500. Jahrestags der Entdeckung Amerikas durch Christoph Kolumbus (1992) wurde das Hafengebiet, das lange unter der Autobahn entlang der Küste litt, vollkommen neu gestaltet. Auch Genuas Status als Europäische Kulturhauptstadt 2004 war Anlass für viele Renovierungen und Bauarbeiten. Eines der Ziele des Hafenumbaus war es, ihn an das Gassengewirr der Altstadt anzuschließen.

Die beeindruckende Konstruktion des Bigo (siehe S. 60), *von Renzo Piano entworfen, nimmt die Kräne des Genueser Hafens auf. Die* sfera *(Sphäre) ist ein Glashaus mit Palmen und Farngewächsen. Das Aquarium wurde 1992 anlässlich der Kolumbusfeiern gebaut.*

Musik, Theater und Literatur

Liguriens Geschichte und seine Geschichten wurden oft erzählt. In Liedern, in literarischen Werken und auf Gemälden taucht Ligurien wahrscheinlich öfter auf als jede andere Region Italiens. Seit Dante und Ariosto ließen sich viele Dichter von der Landschaft und den Städten inspirieren. Ligurische Sänger, Texter und Komponisten folgen einer Tradition, die der von französischen *chansonniers* ähnelt. Die Lieder sind jedoch unverwechselbar und finden auch bei der jüngeren Generation Gehör.

Beppe Grillo während einer Theateraufführung

Der Genueser Liedermacher Gino Paoli

Musik

Niccolò Paganini, 1782 in Genua geboren (er starb 1840), ist Liguriens einziger Musiker, der Weltruhm erlangte. Er lernte das Violinspiel hauptsächlich autodidaktisch, im jungen Alter von zwölf Jahren trat er das erste Mal öffentlich auf. Danach reiste er als Wunderkind durch mehrere Städte der Lombardei und eroberte mit seiner virtuosen Technik bald ganz Europa.

Ansonsten hat Ligurien zur klassischen Musik wenig beigetragen, im 19. Jahrhundert bereisten jedoch einige wichtige Musiker diese Region. Tschaikowsky (1840–1893) besuchte San Remo, wo es eine russische Emigrantengemeinde gab. Er komponierte dort seine Oper *Eugen Onegin* (1879).

In jüngerer Zeit sorgen vor allem Sänger und Liedermacher aus Ligurien für Furore. In den 1960er Jahren brachte der junge Gino Paoli zusammen mit Luigi Tenco und Bruno Lauzi viele erfolgreiche Lieder heraus. Fabrizio De André folgte ähnlichen Traditionen, seine Texte sind jedoch sozialkritischer, seine Melodien vom ganzen Mittelmeerraum beeinflusst.

Manche sehen im Festival della Canzone Italiana den wichtigsten Beitrag Liguriens zur Musikszene. Das Pop-Festival erlebte seinen Höhepunkt zwar in den 1950er und 1960er Jahren, es gilt jedoch bis heute als Sprungbrett für neue Talente. Der größte internationale Hit, der hier präsentiert wurde, war Domenico Modugnos Song *Volare*.

Als italienischer Musik-Oscar gilt der Premio Tenco, der jedes Jahr im Oktober in San Remo verliehen wird. Wichtige Liedermacher wie Guccini, Venditti, Branduardi, Paoli, Finardi, Benigni und De André wurden mit dem geachteten Preis ausgezeichnet, aber auch internationale Musiker wie Tom Waits und Elvis Costello.

Der Schauspieler Paolo Villaggio

Theater

In Genua gibt es zwei wichtige Spielstätten, die größte ist das Teatro Carlo Felice. Es wurde 1826 von Carlo Barabino, dem berühmtesten Genueser Architekten jener Zeit, entworfen und zwei Jahre später mit Vincenzo Bellinis Oper *Bianca e Fernando* eröffnet.

Während des Zweiten Weltkriegs erlitt der Bau schwere Bombenschäden, erst 1991 baute man ihn neu (*siehe S. 55*).

Das Teatro dell' Archinvolto ist das einzige Genueser Theater aus dem 19. Jahrhundert, das noch in Betrieb ist. Alle anderen Theater aus jener Zeit mussten entweder anderen Bauvorhaben weichen oder wurden im Krieg zerstört.

Dennoch ist die Theaterszene in Genua äußerst

Der Zuschauerraum des Teatro Carlo Felice in Genua

lebendig. Unter den bekanntesten Künstlern sind der in San Remo geborene Regisseur Carlo Dapporto (der »Meister des italienischen Musicals«), die in Quarto, einem Stadtteil Genuas, geborene Schauspielerin Lina Volonghi, die Genueser Schauspieler Paolo Villaggio und Tullio Solenghi sowie der in Genua geborene Beppe Grillo, einer der beliebtesten italienischen Komiker, der auf Tourneen für ausverkaufte Häuser sorgt. Als einer der ganz Großen des italienischen Theaters und Kinos gilt der Schauspieler Vittorio Gassman, geboren 1922 in Genua.

Literatur

Liguriens grösste Schriftsteller waren Edmondo De Amicis (1846–1908) und Eugenio Montale (1896–1981), der 1975 den Nobelpreis für Literatur erhielt.

Generationen von Lesern haben De Amicis' Roman *Cuore* (dt. *Cuore. Eine Kindheit vor hundert Jahren*) verschlungen. Neben Belletristik verfasste De Amicis viel Reiseliteratur, u.a. *Dalle Appennini alle Ande* (dt. *Vom Appenin zu den Anden*). Montales Gedichte fangen den Geist der Cinque Terre ein. Viele seiner Werke sind auch auf Deutsch oder in zweisprachigen Ausgaben erhältlich.

Edmondo De Amicis, der Autor von *Cuore* und zahlreicher Reisebücher

Einer der weniger bekannten Schriftsteller ist Giovanni Ruffini, dessen Kurzgeschichtensammlung mit dem Titel *Doctor Antonio* ab 1855 Ligurien zum ersten Mal in der Welt bekannt machte. Die erste Welle von Besuchern, vor allem aus England und Nordeuropa, folgte bald.

Der Dichter Eugenio Montale

Unter den ausländischen Schriftstellern, die über Ligurien schrieben, waren Charles Dickens, Hans Christian Andersen, D.H. Lawrence, Ernest Hemingway und Friedrich Nietzsche. Der Zeichner und Schriftsteller Edward Lear verbrachte die letzten Jahre seines Lebens in San Remo. 1922 schrieb Ernest Hemingway über Ligurien: »Vor den Dörfern waren Weingärten. Die Schollen waren braun, die Weine schwer. Die Häuser waren weiß, in den Straßen waren sonntäglich gekleidete Männer, die Boule spielten.«

Die meisten Spuren in der Region hinterließen englische Dichter. 1821 kamen sie im Golfo di Lerici an, ab da wurde die Casa Magni in Lerici Basis für eine turbulente Gruppe von Nonkonformisten, die Unruhe in das Fischerdorf brachten. Unter ihnen waren Lord Byron, sein Freund Percy Bysshe Shelley und dessen Frau Mary Wollstonecraft Shelley, ihr Sohn William und Marys Halbschwester Claire Clairmont. Für die Einheimischen war es skandalös, wie sich die Fremden benahmen. Sie waren reich, kultiviert und liberal – und sie lebten von einer »Diät«, die hauptsächlich aus Tee, Obst und Brot bestand. Für die Engländer waren die Einheimischen langweilige Bauern, die einen unverständlichen Dialekt sprachen. Allerdings lebten sie in einem »skandalös schönen« Ambiente. An das bemerkenswerte Aufeinandertreffen zweier Welten, zwischen den Dichtern und den Dorfbewohnern, erinnern eine Plakette an der Casa Magni und das Gedicht *Lines Written in the Bay of Lerici* von Shelley.

Die Dialekte von Ligurien

Lokale Dialekte sind in zahlreichen ligurischen Orten zu hören. Selbst wer Italienisch spricht, wird Mühe haben, sie zu verstehen. Die Dialekte haben ihren Ursprung in der Geschichte, viele Wörter und Laute sind vom ganzen Mittelmeerraum beeinflusst.
Im Dialekt der Riviera del Ponente hört man französische Anklänge, in der Provinz La Spezia haben einige Ausdrücke und Klänge der Toskana Eingang gefunden. Die sprachlichen Spuren der Genueser Kaufleute finden sich auch heute noch an Orten fern von Ligurien, z.B. in Bonifacio im Süden der französischen Insel Korsika oder in Carloforte und Calasetta auf Sardinien.

Der Schauspieler Gilberto Govi spielt auch in Genueser Dialekt

Das Jahr in Genua und Ligurien

Das angenehm milde Mittelmeerklima, die schönen Licht- und Farbkontraste, die wildromantische Küste und das ebenso faszinierende Hinterland haben schon Mitte des 19. Jahrhunderts die ersten Urlauber angezogen. Fast das ganze Jahr über ist Ligurien mit seinem tiefblauen Meer, den Stränden, Bergen und Wanderwegen attraktiv. Einzelne Events können Highlights Ihres Urlaubs sein. Viele Feste haben religiösen Ursprung, manche beziehen sich auf Nahrungsmittel, historische Ereignisse werden gefeiert und in Aufführungen und Prozessionen nachgestellt, farbenfrohe Regatten erinnern an die lange Seefahrertradition in diesem Teil Italiens.

Werbeplakat für die Battaglia di Fiori

Das Fischfest Sagra del Pesce Mitte Mai in Camogli

Frühling

Milde Temperaturen und klare Luft prägen den Frühling in Ligurien. Jetzt blühen die vielen Blumen und Sträucher und empfangen den Besucher mit leuchtenden Farben und betörenden Düften. Das Blau des Meeres kontrastiert mit dem Schnee auf den Gipfeln der Ligurischen Alpen.

März

Festival della Canzone Italiana, San Remo *(Ende Feb, Anfang März).* Jährliches Popmusik-Festival mit internationalen Gästen.

Theater, in dem das Festival della Canzone Italiana stattfindet

Rassegna dell'Olio d'Oliva, Balestrino. Das Dorf nördlich von Albenga ist stolz auf seine 17 Olivenarten. Während des Festivals kann man verschiedene Oliven und Olivenöle kosten und traditionelle Gerichte kennen lernen.

Fiera di San Giuseppe, La Spezia *(19. März).* Fest zu Ehren des Stadtheiligen, mit über 800 Straßenständen und diversen Vergnügungsmöglichkeiten für die ganze Familie.

Milano–San Remo *(erster Sa nach dem 19. März).* Dieses Radrennen zählt zu den »Klassikern« auf der Straße.

Festa di Primavera *(ganzer Monat).* Mit Musik, Kunst und Blumenschauen an der Riviera dei Fiori wird der Frühlingsbeginn gefeiert.

April

Karfreitagsprozessionen. Besonders an der Riviera di Ponente finden am Karfreitag (Venerdì Santo) zahlreiche Prozessionen statt. Lokale Vereinigungen und »Confraternite« (Bruderschaften) tragen die *casse* (Holzfiguren) mit Szenen aus der Passion. Die Prozessionen in Savona und Genua sind besonders prächtig, aber ähnliche Umzüge finden auch im Hinterland statt.

Settimana Santa, Ceriana. Prozessionen der »Confraternite« und symbolische Darstellungen von der Kreuzabnahme *(Calata della Croce)* mit religiösen Liedern.

Die leckere Focaccia di Recco

Mai

Sagra del Pesce (Fischfest), Camogli *(zweiter So im Mai).* In einer riesigen Pfanne werden Fische gebraten, die dann den Einheimischen und Besuchern angeboten werden. Die großzügige Geste beruht darauf, dass sich die Fischer eine ähnlich freigebige See erhoffen.

Festa della Focaccia con il Formaggio, Recco *(vierter So im Mai).* Festival rund um die berühmte Käse-Focaccia in Recco, einem Ort mit gastronomischer Tradition nördlich von Camogli. Hier kann man sich mit Kostproben verwöhnen lassen.

Sonnenschein
Im Frühling freut man sich über die Kraft der Sonne, im Sommer kann es recht warm werden, doch die Temperaturen sind nie unerträglich. Der Herbst ist recht mild, auch wenn es öfter regnet. An klaren Wintertagen kann man bis zu den schneebedeckten Alpengipfeln blicken.

Sommer

Die Hochsaison ist heiß und trocken in Küstengebieten, in den Bergen ist es kühler und manchmal auch regnerischer.

Juni

Infiorata *(Anfang Juni).* Anlässlich von Fronleichnam werden in vielen Dörfern und Städten Blumenteppiche entlang der Prozessionsroute gestaltet. Die schönsten Prozessionen finden in Sassello, Imperia, Diano Marina und Pietra Ligure statt. In Ventimiglia gibt es die **Battaglia di Fiori** (Blumenschlacht).

Regata delle Antiche Repubbliche Marinare, Genua *(Anfang Juni, alle vier Jahre, das nächste Mal 2008).* Eine Regatta, in der Mannschaften aus den vier alten Seemachtstädten Genua, Pisa, Amalfi und Venedig auf alten Segelschiffen gegeneinander antreten. Auch Prozessionen finden statt.

Junge Frau in historischem Kostüm

Festa di San Giovanni, Genua *(24. Juni).* Feiern zu Ehren des hl. Johannes. Sie findet auch in Laigueglia, wo man 5000 Kerzen auf dem Wasser schwimmen lässt, und in Triora statt.

Festa e Palio di San Pietro, Genua *(29. Juni).* Rennen mit traditionellen Booten und Lichterspielen.

Palio marinaro del Tigullio *(Juni/Juli).* Regatten in Badeorten entlang der Küste von Tigullio, in Chiavari, Rapallo und Lavagna.

Juli

Raduno delle Fiat 500, Garlenda *(Anfang Juli).* Die Teilnehmer kommen in ihren Fiats 500 aus ganz Europa.

Cristo degli Abissi, San Fruttuoso di Camogli *(Ende Juli).* Nächtliche Messe und Fackelprozession der Taucher zur riesigen Christusstatue am Meeresboden.

Sagra delle Rose und Sagra delle Pesche, Pogli d'Ortovero *(Ende Juli).* Die Rosen und Pfirsiche der Gegend werden gefeiert.

Riesiger Blumenteppich, Teil der Infiorata

Il Muretto di Alassio während des Schönheitswettbewerbs

August

Stella Maris, Camogli *(erster So).* Fest mit Bootsprozession zur Punta della Chiappa. Dabei treiben Tausende kleine Kerzen auf dem Wasser.

Torta dei Fieschi, Lavagna *(14. Aug).* Ein Spiel um die prächtige Hochzeit zwischen Opizzo Fieschi und Bianca de' Bianchi (13. Jh.). Historische Umzüge und Anschneiden eines gigantisch großen Hochzeitskuchens.

Castelli di Sabbia, Alassio *(Mitte Aug).* Nationaler Wettbewerb um die schönste Sandburg am Strand.

Processione dell'Assunta, Nervi *(15. Aug).* Abendliche Prozession, bei der das Meer gesegnet wird und ein Feuerwerk stattfindet.

Festa della Madonna Bianca, Portovenere *(17. Aug).* Um 21 Uhr werden Fackeln entzündet, eine Prozession zieht nach San Pietro.

Miss Muretto, Alassio *(Ende Aug/Anfang Sep).* Schönheitswettbewerb, bei dem das hübscheste Mädchen den Titel erhält, der sich von der berühmten Mauer (»Muretto«) ableitet.

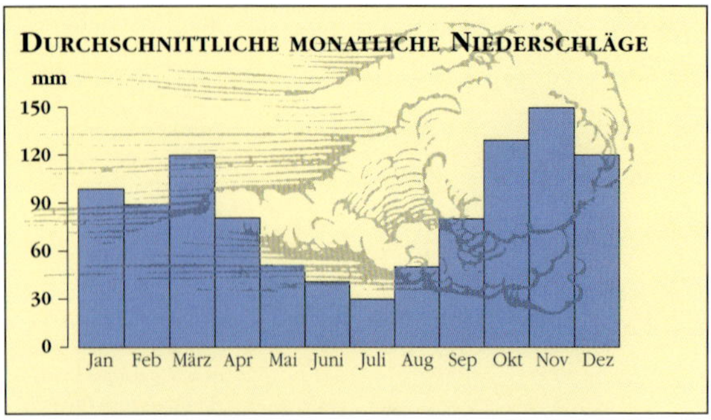

Niederschläge
Liguriens Klima zeichnet sich durch recht hohe Jahresniederschläge aus, die die Landschaft grün erhalten. Besonders im Herbst können heftige Unwetter die Flüsse überlaufen lassen. Die Riviera di Ponente ist im Allgemeinen trockener und sonniger als die Riviera di Levante.

Segelboote im Hafen von Imperia

HERBST

DER HERBST bringt leuchtende Farben und immer noch warme, sonnige Tage mit sich – die ideale Zeit, um Ligurien zu besuchen, da die Städte und Dörfer weniger überlaufen sind. Jetzt kann man die Atmosphäre in Ruhe genießen.

SEPTEMBER

Regata Storica dei Rioni, Noli *(erster oder zweiter So).* Die vier Stadtteile treten bei einem Ruderwettbewerb gegeneinander an. Es gibt Umzüge in historischen Kostümen.
Sagra del Fuoco, Recco *(7./8. Sep).* Fest zu Ehren der Schutzheiligen Nostra Signora del Suffragio.
Raduno di Vele d'Epoca, Imperia *(zweite Woche, alle zwei Jahre).* Regatta mit historischen Booten aus der ganzen Welt.
Sagra del Pigato, Salea di Albenga *(Anfang Sep).* Festival des Pigato-Weins, mit Ausstellungen, Essensständen, Tanz und Sportveranstaltungen.
Festa della Madonna della Villa, Ceriana *(Anfang Sep).* Kerzenprozessionen und Folkmusik-Festival. Auf dem Dorfplatz treten Chöre mit traditionellen Liedern auf.
Commemorazione della Battaglia Napoleonica, Loano. Ausstellungen, Feiern und Paraden in historischen Kostümen. Erinnert wird an die Schlacht von Loano (1795), in der die französische Revolutionsarmee die österreichischen Streitkräfte schlug.

Weißwein Pigato

Sagra dell'Uva, Varazze. Weinfest mit Ständen zur Verkostung und zum Verkauf der lokalen Weine. Ein ähnliches Fest findet in Vezzano Ligure statt.
Sagra dell'Uva, Vezzano Ligure *(Mitte Sep).* Anlässlich der Weinernte wird ein Umzug in farbenfrohen Kostümen abgehalten. Hier erklingen die örtlichen Dialekte, eine Reihe von Wettbewerben zwischen den Pflückern findet statt.
Sagra della Lumaca, Molini di Triora *(letzte Woche).* Riesige Pfannen mit Weinbergschnecken *(lumache)* brodeln vor sich hin. Die Schnecken werden nach einem traditionellen Rezept zubereitet, das von den alten Adelsfamilien stammt. Sie servierten das Gericht, dem magische Kräfte zugeschrieben wurden, bei üppigen Banketten.

OKTOBER

Salone Internazionale della Nautica, Genua *(erste und zweite Woche).* Die größte nautische Messe im Mittelmeerraum, mit Yachten, Motorbooten und allem nur denkbaren Zubehör.
Sagra della Farinata, Voltri *(zweite Oktoberhälfte).* Dabei kann man Spezialitäten probieren, darunter auch Liguriens berühmten gebackenen Erbsen-Snack *(farinata).*

Rennboot bei der nautischen Messe in Genua

Temperaturen
An der Küste mit ihrem gemäßigten Seeklima wird es auch im Hochsommer selten unerträglich heiß. Die Winter sind mild an der Küste, nur in Lagen über 1000 Meter fällt manchmal Schnee. Im Frühling und Herbst erlebt man oft angenehm warme, klare Tage.

Festa dei Furgari in Taggia

WINTER

AUCH WENN es stürmisch sein kann, ist Sonnenschein im Winter gar nicht selten. Der Winter ist eine gute Zeit, um die Städte und das Leben in den mittelalterlichen Dörfern Liguriens authentisch zu erleben.

DEZEMBER

Natale Subacqueo, Tellaro *(24. Dez)*. Das Dorf wird von tausend Fackeln erleuchtet. Um Mitternacht bringen Taucher eine Statue des Jesukinds aus dem Meer an die Oberfläche. Dazu gibt es ein Feuerwerk.
»U Confogu« (Confuoco), Pietra Ligure und Savona *(So vor Weihnachten)*. Zeremonie mit Prozession. Ein Lorbeerbündel wird entzündet, aus den Flammen wird eine Vorhersage für das kommende Jahr abgelesen.

JANUAR

Festa di Capodanno (Neujahr), Genua. Im Porto Antico und in den *carruggi* drängen sich Menschen, Bootssirenen ertönen zum neuen Jahr.

FEBRUAR

Festa dei Furgari, Taggia *(Anfang Feb)*. Beim Fest von San Benedetto werden *furgari* (mit Schießpulver gefüllte Gefäße) entzündet. Das Fest dauert die ganze Nacht.
Fiera di Sant'Agata, Genua *(5. Feb)*. Am Sonntag, der dem 5. Februar am nächsten liegt, werden an Ständen Süßigkeiten verkauft (auch in San Fruttuoso).
Carnevale, Loano. Wagen mit kostümierten Menschen ziehen durch die Straßen. Am Ende des Karnevals findet der *Palio dei Borghi* statt.
Sagra della Mimosa, Pieve Ligure. Blumenwagen und Umzüge mit Kostümen.

NOVEMBER

Olioliva, Imperia *(zweite Novemberhälfte)*. In den Gebieten, wo Taggiasca-Oliven geerntet werden. Besichtigungen von Olivenpressen *(frantoi)* werden arrangiert, in Oneglia findet ein Markt statt. Restaurants bieten um diese Zeit besondere Menüs an.

FEIERTAGE

Neujahr (1. Jan)
Dreikönige (6. Jan)
Ostersonntag
Ostermontag
Anniversario della Liberazione (25. Apr)
Festa del lavoro (1. Mai)
Festa della Repubblica (2. Juni)
Ferragosto (15. Aug)
Allerheiligen (1. Nov)
Immaculata Concezione (8. Dez)
Weihnachten (25. Dez)
Santo Stefano (26. Dez)

Mimosen lassen die Gärten im Hinterland aufleuchten

DIE GESCHICHTE GENUAS UND LIGURIENS

DIE GESCHICHTE LIGURIENS ist eng mit dem Meer verbunden. Aufgrund des milden Klimas ist das Gebiet bereits seit der Antike besiedelt, die Römer legten die ersten Häfen an. Ab dem frühen 2. Jahrtausend entwickelte sich der Stadtstaat Genua zu einer wichtigen Seemacht im Mittelmeerraum.

Das Klima und die geografischen Gegebenheiten Liguriens zogen schon vor Jahrtausenden Menschen an. Man kam von hier auf dem Seeweg gut in entfernte Gegenden, die Côte d'Azur im heutigen Frankreich war auch auf dem Landweg relativ einfach zu erreichen. Die Siedler lebten über die ganze Gegend verstreut; man weiß dies aus den zahlreichen Gräbern und Feuerstellen, die in den Höhlen und auf den Hügeln der Region gefunden wurden. Die Funde markieren eine fast geschlossene Linie von Ligurien bis in die Provence.

Römische Amphore in Albenga

Die ersten Ligurer tauchten während der Bronzezeit auf. In einer Zeit der Wanderungen und der Kämpfe um die besten Siedlungsplätze baute man befestigte Orte, um die Menschen, das Vieh und den Zugang zum Meer zu schützen. Im 7. Jahrhundert v. Chr. wurden die Siedler der Region zum ersten Mal als Ligyes in griechischen Quellen erwähnt. Beschrieben ist, wie die Ligyes das Land kontrollierten und dass die Grenzen ihres Machtbereichs weit über die heutige Region Ligurien hinausreichten, nämlich bis nach Katalonien und zu den Cevennen. Während die Machtkämpfe vor allem in den Ebenen und in den nördlichen Wäldern tobten, kamen neue Eindringlinge von der Seeseite: die Griechen und die Etrusker, die damals das ganze Mittelmeer und seine Märkte kontrollierten. Die Griechen hatten sich zu jener Zeit bereits in Marseille niedergelassen und suchten Raum in den ligurischen Tälern. Die Etrusker hatten Häfen und Handelsstädte entlang der toskanischen Küste gegründet.

Entlang der ligurischen Küste entstanden neue Siedlungen, so auch an der Stelle der heutigen Städte Genua, Chiavari und Ameglia. Man fand Spuren von Nekropolen, in denen die Asche der Verstorbenen beigesetzt wurde.

Die römischen Legionäre kamen um 218 v. Chr. nach Ligurien. Dies bedeutete eine einschneidendere Veränderung für die Region als das Auftauchen von früheren Reisenden und Händlern. Für Rom war Ligurien eine wichtige Station bei der Expansion ins nahe Gallien.

ZEITSKALA

240 000 v. Chr. Erste Grabstätte in der Höhle von Balzi Rossi

80 000–60 000 v. Chr. Spuren der Neandertaler in Ligurien

12 340 v. Chr. Hand- und Fußabdrücke in der Grotta di Toirano

218 v. Chr. Die Römer errichten ihr erstes Lager in Ligurien

300 000 v. Chr. | **100 000 v. Chr.** | **50 000 v. Chr.** | **10 000 v. Chr.** | **1000 v. Chr.**

Funde im Museum von Balzi Rossi

36 000–10 000 v. Chr. Die Ära des *Homo sapiens sapiens*

Fußabdrücke in der Grotta di Toirano

1. Jahrtausend v. Chr. Goldenes Zeitalter Liguriens, Kontakt mit Griechen und Phöniziern

◁ **Detail der Fresken von Perin del Vaga in der Loggia degli Eroi, Palazzo Doria Pamphilj, Genua**

Prähistorisches Ligurien

Steinfunde aus Balzi Rossi

DIE LANGE FELSKÜSTE mit ihren steilen, nahezu senkrechten Klippen und Blick auf das offene Meer machte Ligurien schon früh zum attraktiven Siedlungsort. Die Gezeiten hatten über Millionen von Jahren eine Vielzahl von Höhlen in den Felsen geschaffen, die in prähistorischen Zeiten von Menschen bewohnt wurden. Das Klima war mild, die Höhlen boten Schutz, an der Küste konnte man fischen. Nach und nach entstanden auch Siedlungen im Hinterland als Verbindung zu denen in der Po-Ebene. Am Ende der prähistorischen Zeit hatten die Ligurer bereits einzelne Stätten am Monte Bego und das Vallée des Merveilles im heutigen Frankreich in Besitz genommen. Am westlichen Abschnitt der Riviera entstand ein neuer Siedlungstyp: die *castellari,* in denen Menschen und Vieh vor Übergriffen von Feinden geschützt waren. Feindliche Angriffe waren besonders von der Seeseite zu befürchten.

Monte Bego
In der Gegend um den Monte Bego, den heiligen Berg, und im Vallée des Merveilles, hinterließen prähistorische Menschen über 100 000 Felszeichnungen und Gravuren, wahrscheinlich mit ritueller Bedeutung.

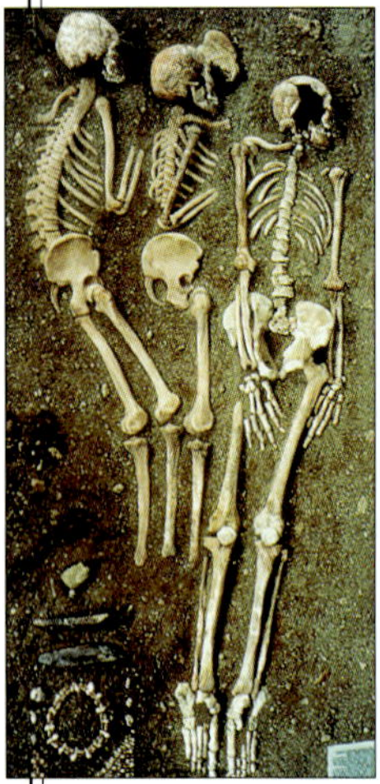

La Triplice Sepoltura (Dreiergrab)
Die Barma Grande in Balzi Rossi gibt Aufschluss über frühe Siedler: In einer Grabstätte fand man Skelette eines Erwachsenen, eines Knaben und eines Mädchens neben zahlreichen Grabbeigaben.

Balzi Rossi weist zwölf Höhlen auf, die sich in einer Wand aus rötlichem Kalkstein über dem Meer befinden.

FUNDE IN LIGURIEN

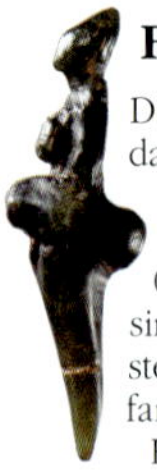

Venusfigur

Die früheste Kunst aus der Gegend datiert 35 000 Jahre zurück ins späte Paläolithikum. Unter den Funden aus den Höhlen von Balzi Rossi (heute im Museum zu besichtigen) sind 15 Venusfiguren aus Speckstein, die man in der Barma Grande fand, sowie die Zeichnung eines Przewalski-Pferdes, das man in der Grotta del Caviglione vor ungefähr 20 000 Jahren in den Fels ritzte.

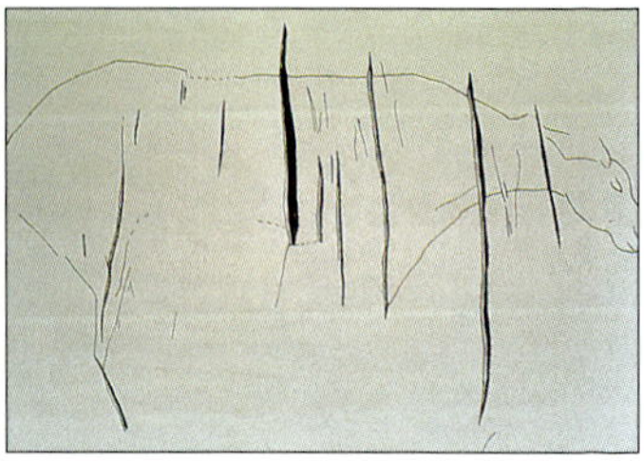

Przewalski-Pferd

Arene Candide
Die »Weiße Höhle« (sie wurde von einer Sanddüne bedeckt) ist nicht zu besichtigen. Die Funde sind im Archäologischen Museum von Pegli bei Genua.

Grotte di Toirano
In der Grotta della Bàsura wurden Hand-, Knie- und Fußabdrücke einiger Cro-magnon-Menschen entdeckt.

Die Höhlen Liguriens

Die ältesten Spuren unserer Vorfahren finden sich in der Grotta del Principe und sind rund 240 000 Jahren alt. Später lebten im Höhlenkomplex von Balzi Rossi Neandertaler, auch in vielen anderen Höhlen fand man Spuren von Frühmenschen: in Arma di Taggia bei San Remo und in der Grotta delle Fate bei Toirano in der Nähe von Finale Ligure. Unser nächster Verwandter, der *Homo sapiens sapiens*, ließ sich ebenfalls in Ligurien nieder, seine Hinterlassenschaften finden sich in Balzi Rossi, in Toirano und in der Höhle von Arene Candide in der Provinz Savona. Dort entdeckten Archäologen 20 Grabstätten, darunter das berühmte Grab des Giovane Principe (Junger Prinz).

Wegweiser zum prähistorischen Ligurien

Das Museo dei Balzi Rossi

Einige der wichtigsten prähistorischen Stätten Liguriens bieten faszinierende Einblicke, besonders Balzi Rossi mit seinem Museum *(siehe S. 169)* und die Grotte di Toirano *(siehe S. 146f)*. Im Vallée des Merveilles und am Monte Bego, beide direkt hinter der Grenze zu Frankreich, kann man sich auf alpinen Wanderwegen auf die Spuren von unseren Vorfahren begeben.

Wanderer im Vallée des Merveilles

Reste einer römischen Villa in Albisola

Römisches Ligurien

Das Ziel der Römer war es, entlang der Küste Handelshäfen zu errichten, aber die Ligurer machten es ihnen nicht leicht. Genua war einer der wenigen Orte, die sich ergaben, ohne größeren Widerstand zu leisten; im 3. Jahrhundert v. Chr. wurde es in das Römische Reich integriert.

Die Zähigkeit der Ligurer rief die Karthager auf den Plan. Unter der Führung von Hannibal und seinen Brüdern Hasdrubal und Mago standen sie den ligurischen Stämmen gegen die Römer bei. 205 v. Chr. besiegten die Karthager auch Genua und zerstörten es. Aber die Römer gaben nicht auf, und die Karthager mussten sich schließlich geschlagen geben. So setzten die Römer ihre Expansion nach Gallien fort und bauten das Straßennetz durch Ligurien aus. Die Via Postumia verband bereits 148 v. Chr. Genua mit Mediolanum (Mailand). Von größerer Bedeutung war jedoch die Via Julia Augusta, die entlang der Küste angelegt wurde (die heutige Via Aurelia folgt ihrem Verlauf).

Die Römer waren nicht nur Besatzer auf dem Durchmarsch, sie kolonialisierten die Region auch; nach und nach errichteten sie eine Reihe von Städten an der Küste, die größten waren Portus Lunae (Luni), Ingaunum (Albenga), Alba Docilia (Albisola), Genua (Genova), Portus Delphini (Portofino) und Segesta Tigulliorum (Sestri Levante). Allerdings blieb Ligurien für die Römer immer ein Nebenschauplatz fernab der Hauptrouten durch Italien. Die wichtigen Häfen waren anderswo.

Invasion der »Barbaren«

Heere der Westgoten unter Alarich erreichten Ligurien von Nordafrika aus im Jahr 409 n. Chr. Danach wurde die Region von den Goten und ihren Verbündeten, den Herulern, überfallen. Die feindlichen Heere kamen und gingen, in allen Teilen Italiens war die politische und militärische Situation sehr instabil. 536 n. Chr. drangen die Heere des Oströmischen Reichs unter der Führung Justinians I. ein. Sie besiegten die Goten, die Zeit unter byzantinischer Herrschaft verlief relativ ruhig. Schon im 5. Jahrhundert waren einzelne Bischofssitze und Bistümer gegründet worden, im Byzantinischen Reich entstanden weitere, darunter das von Albenga. Ligurien bekam den Namen *Provincia Maritima Italorum*.

Rotarius, König der Langobarden

Die byzantinische Herrschaft endete im Jahr 614 mit der Ankunft der Langobarden unter König Rotarius. Die Städte Liguriens kamen zusammen mit einem Teil der heutigen Toskana zum Frankenreich. Hier fielen 901 die Sarazenen ein, meist von

Zeitskala

205 v. Chr. Genua, mit Rom verbündet, wird von den Karthagern zerstört

Porträt Hannibals

4. Jahrhundert n. Chr. Ligurien wird als *Provincia Maritima Italorum* Teil des Byzantinischen Reichs

100 v. Chr. | **400 n. Chr.** | **600 n. Chr.**

409 n. Chr. Invasion der Westgoten unter Alarich

Alarichs Wappen

641–643 Langobarden unter Rotarius erobern Ligurien

Stützpunkten im Süden. Im 10. Jahrhundert, unter der Herrschaft von Berengarius, wurde der Nordosten von Italien in drei Regionen geteilt: Obertenga im Osten (einschließlich Genua), Aleramica in der Mitte mit Albenga und Arduinica im Westen mit Ventimiglia. Die Familien, die diese Territorien kontrollierten, konnten ihre Machtposition auch mehrere Jahrhunderte lang behaupten.

Schlacht gegen die Sarazenen (Miniatur, 14. Jh.)

Genuas Expansion entlang der Küste

Neben seiner stetig wachsenden Macht zur See versuchte Genua, seine militärische Vormachtstellung und seinen wirtschaftlichen Einflussbereich entlang der Küste weiter auszudehnen. Genueser besetzten einzelne Städte, Täler und die Gebirgspässe, auf denen man vom Mittelmeer zur Po-Ebene gelangte. Bis in die Po-Ebene dehnte Genua seinen Einflussbereich aus – ein wichtiger Schritt für eine Republik, die auf Agrarprodukte aus dem Hinterland angewiesen war.

Nach einem Jahrzehnt voller Schlachten und Allianzen war 1232 praktisch die gesamte Riviera di Levante unter der Kontrolle Genuas. Unter den Städten, die sich der Genueser Vorherrschaft besonders heftig widersetzten, waren Ventimiglia, das erst 1262 fiel, und Savona, das nach einem langen Unabhängigkeitskampf 1528 kapitulierte.

Der Aufstieg Genuas

Um das Jahr 1000 ging die Blütezeit der freien Kommunen zu Ende. Alles drehte sich um den Seehandel und die wirkungsvolle Bewaffnung der Handelsschiffe und Flotten. In dieser Zeit des ökonomischen Aufstiegs wurde Genua immer einflussreicher, was natürlich auch den Feinden nicht verborgen blieb. Mitte des 12. Jahrhunderts baute die Stadt eine neue Verteidigungsmauer, um sich vor den Truppen von Friedrich I. Barbarossa zu schützen. Nachdem das Heilige Römische Reich die Autonomie Genuas im Jahr 1162 offiziell anerkannte, herrschte viele Jahre lang ein erbitterter Streit mit Pisa um die Kontrolle der Mittelmeerinseln Korsika und Sardinien. Von den Häfen Noli und Savona legten Kreuzfahrerschiffe ab und kamen meist beladen mit reicher Beute zurück.

Der Hafen von Genua auf einem Gemälde aus dem 16. Jahrhundert

890 Beginn der Überfälle der Sarazenen

984 Benediktiner bauen die Abtei San Fruttuoso neu

1099 Die »Compagna«, ein Pakt der Distrikte Genuas, wird aufgesetzt

1133 Genua wird Bischofssitz

800

1000

935 Plünderung Genuas durch die Araber

Kreuz eines Ritters, der am ersten Kreuzzug teilnahm

1097 Genua entsendet zehn Schiffe zum ersten Kreuzzug

1162 Das Heilige Römische Reich erkennt die Autonomie Genuas an

Genuas Blütezeit

Die Münze
Genovino d'oro
(im 13. Jh. geprägt)

Die Handelsaktivitäten der großen Reederei-Familien machten aus Genua ab dem frühen 12. Jahrhundert eine wichtige Macht im Mittelmeer. Adelsdynastien wie die Familie Doria schickten Schiffe in alle Ecken der bekannten Ozeane. Der Machtzuwachs gipfelte auch darin, dass immer mehr Städte in Ligurien unter die Kontrolle Genuas kamen oder mit Genua kooperierten. Auch die Gegend um Asti (in Piemont) und die Provence unterstützten Genua und lieferten Salz, Getreide und andere Produkte. Simone Boccanegra wurde 1339 Genuas erster Doge auf Lebenszeit, die mächtigste Institution in dieser Zeit war allerdings die Banco di San Giorgio. In einer Stadt, die von vehementen Auseinandersetzungen zwischen rivalisierenden Familien geprägt war, nahm die Bank eine neutrale Position ein. Zu jeder Zeit waren Handelshäuser aus ganz Europa in Genua vertreten, die Abgesandten der Banco di San Giorgio gingen in den Schatzhäusern Europas ein und aus.

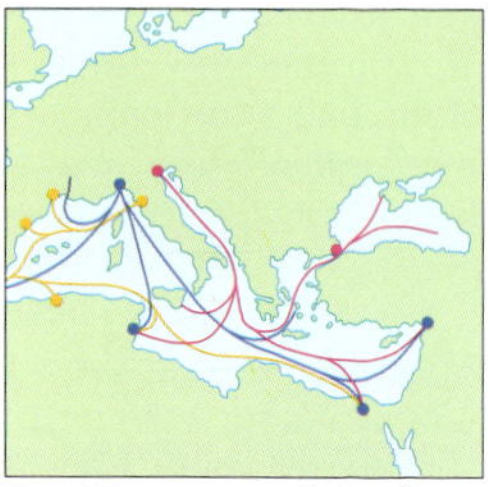

Das Mittelmeer (1250)

- *Genuas Handelsrouten*
- *Pisas Handelsrouten*
- *Venedigs Handelsrouten*

Rivalität mit Pisa und Venedig
Genua hatte zwei große Rivalen – Pisa und Venedig. Pisa wurde zwar bei Meloria geschlagen, aber mit dem Vorrücken der Türken sah Genua seine Besitztümer im Osten zunehmend bedroht. Das verstärkte die Rivalität mit Venedig.

Oberto Doria, Gründer der berühmten Genueser Dynastie, erobert 1270 die Stadt Dolceacqua.

Die Flotte Pisas bestand aus 72 Schiffen. Die Verluste Pisas waren dramatisch: 5000 Männer starben, 11 000 wurden als Gefangene in Ketten nach Genua gebracht.

Genua expandiert entlang der Küste
Viele Städte entlang der Riviera di Ponente waren im Einflussbereich Genuas, auch Albenga, das gezwungenermaßen immer mehr Zugeständnisse machen musste, bis es sich 1251 unterwarf. Ventimiglia gab 1261 nach, 1276 Porto Maurizio. Der Stich (1613) von Magini zeigt Schiffe vor der westlichen Riviera.

Die Eroberung Jerusalems beim ersten Kreuzzug (1096–99)

Genua und die Kreuzzüge

Die rund 250 Jahre andauernde Zeit der Kreuzzüge nutzten die rivalisierenden Seerepubliken für ihren Kampf um die Oberhoheit über die Handelsrouten, Kolonien und Verbündeten. Bei den beiden Kreuzzügen, die schließlich zur Eroberung von Jerusalem führten, spielte Genua mit dem *condottiero* Guglielmo Embriaco eine aktive Rolle zur See. In den Häfen Acre und Haifa (heute in Israel) bauten Genueser Kaufleute Wohn- und Lagerhäuser, aber auch Kirchen. Zu seinen besten Zeiten hatte Acre 50 000 Einwohner und 38 Kirchen. Es war der letzte Ort im Heiligen Land, das 1291 von den Arabern eingenommen wurde. Als die christlichen Heere im Heiligen Land unter Druck gerieten, verbündete sich Genua immer wieder mit den Rittern des Johanniterordens, mit den Armeniern oder sogar mit den Tataren im Kampf gegen Venedig, Pisa, die Templer und die ägyptischen Mamelucken.

Kampf zwischen Guelfen und Ghibellinen
Während der Auseinandersetzungen zwischen Papsttum und dem Heiligen Römischen Reich unterstützten die Guelfen die Päpste, die Ghibellinen die Kaiser. Auch die Aristokratie hatte feste Loyalitäten, die Familie Doria gehörte zu den Ghibellinen.

Die Felsen von Meloria (nach denen die Schlacht benannt ist) liegen sieben Kilometer vor Livorno.

Genuas Flotte bestand aus 93 Schiffen.

Meloria war zuvor Schauplatz einer anderen Schlacht, bei der Pisa, das mit Friedrich II., Kaiser des Heiligen Römischen Reichs, verbunden war, 1241 Genua schlug.

Die Schlacht von Meloria

Eines der Ereignisse, das die Vormachtstellung Genuas im Mittelmeer festigte, war die Schlacht von Meloria, bei der Genua seinen Rivalen Pisa schlug und dabei Besitztümer auf Korsika gewann. Im August 1284 lief die Flotte der Genueser unter dem Befehl von Oberto Doria vor Porto Pisano auf. Die Schlacht war heftig, der Ausgang ungewiss, bis eine zweite Genueser Flotte den Gegner überraschte. Das Gemälde *Battaglia della Meloria* von Giovanni David hängt im Palazzo Ducale in Genua.

Banco di San Giorgio
Die Bank wurde im frühen 15. Jahrhundert gegründet und verwaltete nicht nur das Genueser Vermögen, sondern engagierte sich auch in Genuas Kolonien, so in Famagusta auf Zypern. Rechts eine von der Bank geprägte »8-Reali«-Münze.

Andrea Doria, gemalt von Sebastiano del Piombo

Zusammenstösse mit anderen Seerepubliken

Während italienische Seerepubliken den Mittelmeerraum geografisch erkundeten und ihre Handelsgeschäfte expandierten, streckte auch Genua seine Fühler in alle Richtungen aus. Im Verlauf der Kreuzzüge – vom ersten, der zur Einnahme von Jerusalem führte, bis zum letzten missglückten, in dem Ludwig IX. von Frankreich gegen Nordafrika zog – fassten genuesische Händler im ganzen Mittelmeerraum Fuß und riefen überall *maone* ins Leben, Vereinigungen zur Finanzierung kommerzieller Unternehmungen. Genua erweiterte seinen Einflussbereich nach Osten bis zu den Häfen des Schwarzen Meers, wichtigen Handelsstationen an der Seidenstraße.

Es war eine Zeit starker Allianzen und immer heftigerer Zusammenstöße: Nach der Schlacht von Meloria (1284) gelang es Genua zwar, den Einfluss Pisas im Tyrrhenischen Meer und auf den großen Inseln einzudämmen und selbst Kontrolle über Korsika zu gewinnen, doch der Konflikt mit Venedig war noch lange nicht gelöst.

Die Genueser schlugen 1298 die venezianische Flotte in der Schlacht von Curzola im Adriatischen Meer. Doch trotz dieses Sieges blieb die Situation im östlichen Mittelmeer weiter angespannt. Unter dem Druck der angreifenden Türken kam es 1343 sogar zu einer kurzfristigen Allianz zwischen Genua und Venedig, doch insgesamt dauerte die erbitterte Rivalität an. Die letzten Schlachten waren entscheidend: 1379 unterlagen die Genueser bei Pola, 1380 fiel ihre Flotte bei Chioggia in venezianische Hände. Nach dem Pace di Torino (Friede von Turin) erholte sich die Seemacht nicht mehr, der Abstieg Genuas war vorprogrammiert.

Republik Genua

Seit 1339 wurde Genua von Dogen regiert, ein lebenslanges Amt, das der oberste Magistrat eingerichtet hatte. Diese relativ friedliche Zeit der Selbstbestimmung endete 1522 mit der Ankunft spanischer Truppen. Der Doge Andrea Doria unterstellte Genua dem Schutz von Karl V., König Spaniens und Kaiser des Heiligen Römischen Reichs – eine Demonstration, wie sich die Machtverhältnisse in der Stadt verändert hatten. Andrea Doria stammte aus einer der großen Familien Genuas *(siehe S. 79)*, er war ein talentierter

Kaiser Karl V., verbündet mit Andrea Doria

Zeitskala

1245–1252 Bau der Basilica dei Fieschi di San Salvatore

1251 Savona wird von Genua angegriffen

1252 Der *Genovino*, Europas erste Goldmünze, wird geprägt

1262 Ventimiglia wird geschlagen und kommt unter Genueser Einfluss

1284 Sieg Genuas über Pisa bei Meloria

Schlacht von Meloria

1298 Sieg Genuas über Venedig bei Curzola

1339 Simone Boccanegra wird der erste Doge von Genua

1361 San Remo wird freie Kommune

1250 | 1300 | 1350

Feldherr und Admiral und wählte seine Verbündeten mit Bedacht.

Im Zuge der Kriege zwischen Frankreich und Spanien landeten die Franzosen 1553 auf der von Genua beherrschten Insel Korsika, um einen Stützpunkt im Mittelmeer zu etablieren. Viele Genueser Festungen fielen, doch nach einem Friedensvertrag mussten sich die Franzosen zurückziehen.

Der Genueser Kolumbus

Die Schwierigkeiten auf Korsika waren damit allerdings noch lange nicht zu Ende. Nach der Seeschlacht von Lepanto (1571), in der die türkische Flotte von der von Spanien, Venedig und dem Papst gebildeten Heiligen Liga besiegt wurde, kam es zu Unruhen im Mittelmeerraum, zu Piratenüberfällen und zu einer Reihe von Aufständen auf Korsika. Die korsische Bevölkerung war unzufrieden mit der Kolonialmacht, doch erst 1768 trat Genua Korsika an Frankreich ab.

Die Schlacht von Lepanto (Gemälde aus dem 16. Jh.)

Aufstieg der anderen ligurischen Städte

Die Auseinandersetzungen zwischen dem Papsttum und dem Heiligen Römischen Reich, die ganz Europa prägten, waren an Ligurien nicht spurlos vorübergegangen. Fremde Adlige mischten sich zunehmend ein. So wurden die Visconti aus Mailand von den Ghibellinen der Riviera di Ponente zu Hilfe gerufen, Robert von Anjou griff auf der Seite der Guelfen ein.

Albenga, das lange versucht hatte, von Genua unabhängig zu bleiben, fiel nach einer Auseinandersetzung zwischen Guelfen und Ghibellinen an Genua. San Remo wurde von der Familie Doria annektiert, konnte sich aber 1361 zur freien Kommune innerhalb der Republik Genua erklären.

Nach Jahren der Autonomie wurde Savona 1528 von den Genuesern geschlagen. Sie bauten einen neuen Hafen und eine mächtige Festung, Il Priamàr. Auch La Spezia, zu Genua gehörig und seit 1371 Verwaltungssitz der Riviera di Levante, wurde gegen Ende des 14. Jahrhunderts befestigt und blieb bis zum Anfang des 19. Jahrhundert unter Genueser Kontrolle.

Viele kleinere Städte kamen im Machtbereich des prosperierenden Genua ebenfalls zu Wohlstand. So profitierten Camogli, Portofino und Chiavari von ihren blühenden Werften.

1407 Gründung der Banco di San Giorgio

1451 Christoph Kolumbus wird in Genua geboren

1522 Geburt der Republik Genua

1543 Bau von La Lanterna, die zum Wahrzeichen der Stadt Genua wird

1400 | **1450** | **1500**

1458 Kurze Periode französischer Herrschaft über Genua

Karavelle

1492 Kolumbus entdeckt Amerika

1528 Andrea Doria kommt an die Macht

Der Beschuss Genuas durch die französische Flotte, 1684

Der Abstieg Genuas

Im 16. Jahrhundert wurden in Genua zwei Verfassungen verabschiedet, die erste 1528 von Andrea Doria, in der zweiten von 1576 wurden die hierarchischen Strukturen der Stadtregierung festgeschrieben. Aber im Lauf der Zeit nahm die politische und militärische Macht Genuas ab, bedeutend blieb die Stadt nur noch wegen der Finanzkraft, die von den Banken ausging. Ein ganz offensichtliches Zeichen der schwindenden militärischen Präsenz war es, dass »Genova La Superba« (Genua, die Stolze) 1684 von der französischen Flotte unter Ludwig XIV. unter Beschuss genommen wurde.

Giuseppe Mazzini, in Genua geboren

Mit dem Machtverlust Genuas entstanden in der Region eine Reihe autonomer politischer Vereinigungen, so die Magnifica Comunità degli Otto Luoghi (»Herrliche Gemeinschaft der acht Städte«), die 1686 um Bordighera gegründet wurde. In einem Europa, in dem Nationalstaaten eine immer wichtigere Rolle spielten, war jedoch kein Platz mehr für solche kleinen autonomen Vereinigungen. Die reichen Familien Genuas zogen sich immer mehr vom Handel zurück und konzentrierten sich auf Finanzgeschäfte.

Das 17. und 18. Jahrhundert brachten außer dem Verkauf Korsikas an Frankreich (1768) zunächst keine einschneidenden Veränderungen. Genua geriet in die Mühlen der europäischen Expansionsbestrebungen und stellte sich auf die französisch-spanische Seite gegen Österreich und Sardinien-Piemont. Österreich besetzte 1746 die Stadt. Daraufhin brach ein Volksaufstand aus, den ein Knabe namens Balilla auslöste, indem er einen Stein auf eine österreichische Kanone warf.

Ligurien zwischen Frankreich und Italien

Die Truppen Napoleons I. brachten das politische Gleichgewicht in Ligurien vollkommen durcheinander. 1794 eroberte Frankreich Gebirgspässe in Grenzgebieten, 1797 schaffte Napoleon das Dogenamt ab und gliederte Genua in die neu gebildete Ligurische Republik ein. Diese wiederum kam 1805 zu Frankreich. Mit Napoleons Niederlage und dem Wiener Kongress war die Aussicht auf Unabhängigkeit dahin. Die Region kam mit dem Herzogtum Piemont zum Königreich Sardinien.

Sardiniens König stammte aus dem Haus Savoyen, eine Dynastie, die

Zeitskala

1576 Zweite Verfassung Genuas

1686 Gründung der Magnifica Comunità degli Otto Luoghi um Bordighera

1768 Verlust Korsikas

1550 | 1600 | 1650 | 1700 | 1750

Ludwig XIV., König von Frankreich

1684 Die französische Flotte nimmt Genua unter Beschuss

1746 Balilla löst die Revolte gegen Österreich-Piemont aus

viele architektonische Spuren in Genua hinterließ. Der Architekt Carlo Barabino baute 1828 das Teatro Carlo Felice, 1874 begannen die Bauarbeiten für den neuen Hafen in Genua, der 1919 und 1945 erweitert wurde.

Der Architekt Renzo Piano

Vielleicht lag es an Liguriens lange gehegten Vorbehalten gegen Piemont, dass das Risorgimento, die Bewegung für einen geeinten italienischen Nationalstaat, in Ligurien besonders stark auftrat. Giuseppe Mazzini, einer der wichtigsten Führer des Risorgimento, war gebürtiger Genueser; von Quarto (heute ein Stadtteil Genuas) machte sich 1860 Garibaldis »Zug der Tausend« auf den Weg nach Sizilien. 1861 wurde das Königreich Italien proklamiert, Ligurien im selben Jahr eingegliedert.

Vom 20. Jahrhundert bis heute

Seit Ligurien mit Savoyen zu Frankreich gehörte, wurden die Verkehrswege dorthin ausgebaut. Entlang der Küste und der Via Aurelia entstand eine Eisenbahnstrecke, die die Entwicklung der Region förderte. Kleinere Städte wie Bordighera, San Remo, Alassio, Santa Margherita und Lerici wurden beliebte Reiseziele für immer mehr reiche Besucher aus Europa.

In den 1930er Jahren, der Ära Mussolinis, erfuhr Genuas Zentrum größere Veränderungen, weitere erfolgten in den 1960er und 1970er Jahren.

Die Häfen und Küstenstädte Liguriens wurden während des Zweiten Weltkriegs stark beschädigt, in den Apenninen widersetzte man sich den deutschen Truppen. Nach dem Krieg wurden viele Anstrengungen unternommen, die Industrie wieder anzukurbeln und den Anforderungen des Fremdenverkehrs gerecht zu werden. In den 1960er Jahren baute man die Autobahn entlang der Riviera. Bis heute ist das Hinterland überwiegend landwirtschaftlich geprägt, zu den erfolgreichen neuen Produkten gehören Schnittblumen. Aber auch der Fremdenverkehr ist und bleibt natürlich eine wichtige Einnahmequelle.

Während die Küstenorte in den letzten Jahrzehnten immer wohlhabender wurden, erfuhren die Dörfer im Landesinneren eine gegenteilige Entwicklung. Die Landwirtschaft in den Bergen ist nicht mehr ertragreich genug, viele Menschen sind weggezogen.

In Genua dagegen wird seit gut einem Jahrzehnt immer mehr Geld investiert. Aus Anlass der 500-Jahr-Feiern der Entdeckung Amerikas (1992, Colombiadi) wurde der Hafenbereich unter Mitwirkung des Architekten Renzo Piano zu einem wahren Kultur- und Vergnügungszentrum umgestaltet. 2004 war Genua Kulturhauptstadt Europas, was die Revitalisierung der Altstadt und noch weitere Verschönerungen mit sich brachte.

Gute Autobahnen – ein wichtiger Wirtschaftsfaktor

1782 Niccolò Paganini in Genua geboren

1805 Giuseppe Mazzini in Genua geboren

1828 Carlo Barabino entwirft das Teatro Carlo Felice in Genua

1874 Baubeginn des neuen Hafens von Genua

1940–45 Genua erleidet im Zweiten Weltkrieg starke Bombenschäden

2004 Genua ist Kulturhauptstadt Europas

1800 | **1850** | **1900** | **1950** | **2000**

1797 Gründung der Republik Ligurien

1815 Ligurien wird Teil des Königreichs Sardinien

1860 Der »Zug der Tausend« setzt sich von Quarto in Bewegung

Garibaldi beim Aufbruch von Quarto

1992 Colombiadi (Kolumbus-Feierlichkeiten) in Genua

Logo der Colombiadi

GENUA – FÜHRER DURCH DIE STADTTEILE

Genua im Überblick

Die Hauptstadt von Ligurien, »Genova la Superba« (Genua, die Stolze), nahm über Jahrhunderte sowohl politisch als auch wirtschaftlich eine beherrschende Rolle in der Region ein. Vor allem die spektakuläre Lage der Stadt ist faszinierend. Vom Porto Antico, dem alten Hafenbecken, erstreckt sich ein Labyrinth mittelalterlicher Gassen *(carruggi)* an den Hängen direkt hinter dem Hafen; dahinter steigen an den Hügeln die »Neuen Straßen« empor; sie wurden im 16. und 17. Jahrhundert angelegt, als sich die reichen Genueser Handelsfamilien ihre Palazzi errichteten. Auch die Viertel, die im 19. und 20. Jahrhundert entstanden, liegen an steilen Hügeln. Aufgrund der Gegebenheiten gibt es Standseilbahnen und Aufzüge, von denen sich oft eine tolle Aussicht bietet. Seit einiger Zeit entwickelt die Stadt eine neue Dynamik: Aus Anlass der Kolumbus-Feierlichkeiten 1992 und der Ernennung zur Kulturhauptstadt Europas 2004 wurden viele spannende Projekte realisiert.

Il Palazzo Reale (siehe S. 77) *aus dem 17. Jahrhundert gehörte den Balbis, den Durazzos und dem Königshaus Savoyen. Heute ist hier die Galleria Nazionale.*

Il Palazzo Doria Pamphilj (siehe S. 78f) *war die Privatresidenz von Andrea Doria, dem großen Politiker und Admiral des 16. Jahrhunderts. Man kann seine Wohnräume besichtigen und die Gemälde, die er bei Künstlern wie Perin del Vaga und Sebastiano del Piombo in Auftrag gab.*

Das Aquarium (siehe S. 62f), *1992 im Porto Antico eröffnet, ist eine der beliebtesten neuen Sehenswürdigkeiten in Italien. Schon von außen ist die Anlage faszinierend, innen erwartet den Besucher eine Vielzahl verschiedenster mariner Tier- und Pflanzenarten.*

◁ **Il Porto Antico mit Renzo Pianos *Sfera* und dem Gebäude mit dem Spitznamen *Matitone* (dicker Bleistift)**

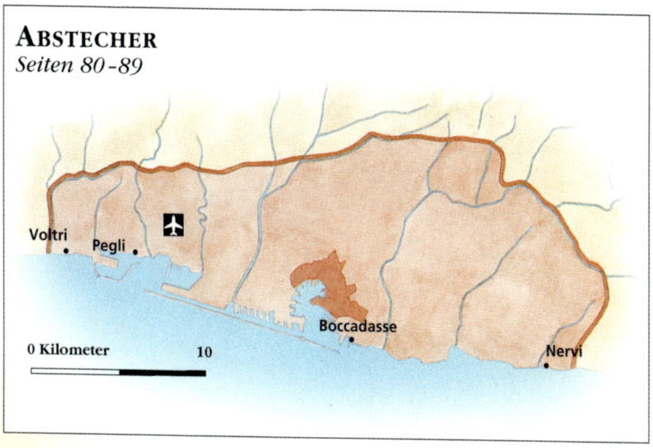

Die Via Garibaldi (siehe S. 68f) *wurde in den Jahren nach 1550 als Wohngebiet für die wichtigen Adelsfamilien Genuas angelegt. Seit langer Zeit beeindruckt die Straße viele Besucher, bis heute sind die Häuser gut erhalten.*

San Lorenzo (siehe S. 52f), *Genuas Kathedrale, wurde vom 11. bis zum 13. Jahrhundert im romanisch-gotischen Stil erbaut. Besonders die Skulpturen sowie die Cappella Lercari und die Cappella di San Giovanni Battista sind interessant.*

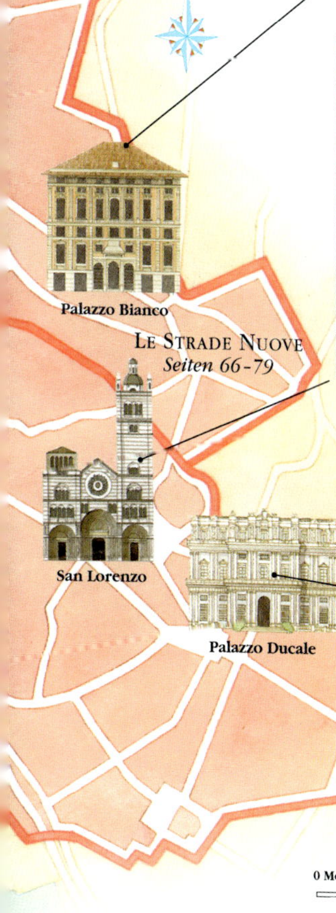

Il Palazzo Ducale (siehe S. 54) *war der Hauptsitz des Dogen von Genua. Nach dem Umbau im 16. Jahrhundert nahm der Palast majestätische Dimensionen an. Heute sind in dem Gebäude große Ausstellungen zu sehen.*

IL CENTRO STORICO

DAS ALTE ZENTRUM Genuas schließt sich direkt an den Porto Antico an: ein Labyrinth enger Gassen, kleiner Plätze und vieler Treppen. Das Centro Storico zählt zu den größten mittelalterlichen Stadtzentren in Europa; obwohl es in manchen Teilen lange vernachlässigt wurde, ist es außergewöhnlich gut erhalten. Hier stehen z.B. die Kathedrale San Lorenzo und der Palazzo Ducale, jahrhundertelang der Sitz der Macht. Sowohl öffentlicher als auch privater Wohlstand hat seine Spuren hinterlassen: Auf der einen Seite sieht man den Palazzo San Giorgio und die Loggia dei Mercanti, auf der anderen die Häuser der Familie Doria an der Piazza San Matteo und den Palazzo Spinola. Die Verbindung zwischen Altstadt und Hafen stellte lange Zeit ein städteplanerisches Problem dar. Bis weit ins 20. Jahrhundert gab es kaum geeignete Passagen zwischen beiden. Erst ab 1990 entstanden neue Übergänge, alte Gebäude wie das Teatro Carlo Felice wurden restauriert und neue Projekte wie Renzo Pianos Bauten im Hafen verwirklicht.

Statue am Palazzo San Giorgio

SEHENSWÜRDIGKEITEN AUF EINEN BLICK

Historische Gebäude
Casa di Colombo 11
Loggia dei Mercanti 19
Porta Soprana (Porta di Sant'Andrea) 10

Historische Straßen und Plätze
Piazza Banchi 18
Piazza De Ferrari 4
Piazza San Matteo 22
Porto Antico S. 60f 15

Museen und Sammlungen
Accademia Ligustica di Belle Arti 5
Museo Civico di Storia Naturale Giacomo Doria 8
Museo di Sant'Agostino 12
Palazzo Spinola 20

Attraktion
Aquarium S. 62f 16

Theater
Teatro Carlo Felice 6

Kirchen
Il Gesù (Sant'Ambrogio) 3
San Donato 13
San Lorenzo S. 52f 1
Santa Maria Assunta in Carignano 9
Santa Maria delle Vigne 21
Santa Maria di Castello 14
Santo Stefano 7

Palazzi
Palazzo Ducale 2
Palazzo San Giorgio 17

LEGENDE

▪	Detailkarte *siehe S. 50f*
i	Information
P	Parken

◁ **La Lanterna, der älteste funktionierende Leuchtturm der Welt, ist das Wahrzeichen Genuas**

Im Detail: Um die Piazza Matteotti

IM GASSENGEWIRR des Centro Storico bilden die weite Via San Lorenzo an der Kathedrale und die Piazza Matteotti vor dem Palazzo Ducale willkommene Freiflächen. Ganz in der Nähe ist die Piazza De Ferrari, ein Bauprojekt aus dem 19. Jahrhundert, das die Altstadt mit dem westlichen, modernen Teil Genuas verbinden sollte. Im Straßenlabyrinth kann man kaum merken, wie nahe das Meer ist; nur manchmal blitzt zwischen den Häusern ein wenig Blau auf. In der Altstadt gibt es zahlreiche Sehenswürdigkeiten: alte Kirchen wie Santa Maria di Castello, Santa Maria delle Vigne und Santo Stefano; Plätze wie Piazza Banchi, Piazza San Matteo und Piazza De Ferrari; private und öffentliche Gebäude, darunter das Geburtshaus von Christoph Kolumbus, der Palazzo Spinola oder der Palazzo San Giorgio mit seiner Freskenfassade, von dem man einen wunderbaren Blick auf den Hafen hat.

★ Piazza San Matteo
Im Herzen des Viertels, das die Familie Doria jahrhundertelang bewohnte, scheint sich der mittelalterliche Platz kaum verändert zu haben. Auch die Kirche San Matteo stammt aus dem Mittelalter.

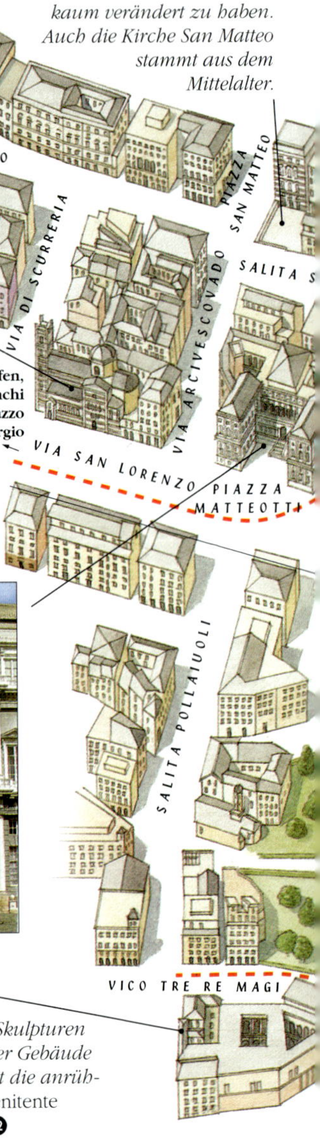

★ San Lorenzo
Die imposante Kathedrale ging im Gassengewirr der Altstadt fast unter, bis Mitte des 19. Jahrhunderts die Via San Lorenzo vor der Kirche angelegt wurde. ❶

★ Palazzo Ducale
Mit dem Bau des Sitzes des Dogen von Genua wurde im Mittelalter begonnen, im 16. und 18. Jahrhundert erfolgten große Umbauten. Der Palazzo hat zwei große Höfe und im Inneren viele wertvolle Kunstschätze. ❷

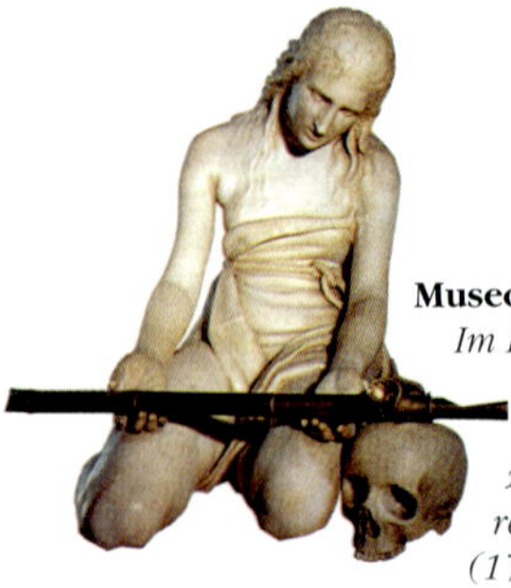

Museo di Sant'Agostino
Im Kreuzgang der zerstörten Kirche Sant'Agostino sind Skulpturen und einzelne Elemente alter Gebäude zu sehen. Eines der Stücke ist die anrührende Skulptur Maddalena penitente *(1796) von Antonio Canova.* ⓬

Chiesa del Gesù
Im späten 16. Jahrhundert bauten Jesuiten Il Jesù an der Stelle der alten Kirche Sant'Ambrogio. Im Inneren manifestiert sich Genuas Wohlstand: Marmorintarsien, Stuck und Fresken bilden den angemessenen Rahmen für zwei Werke von Rubens, den flämischen Künstler, der für verschiedene Genueser Adelshäuser malte. ❸

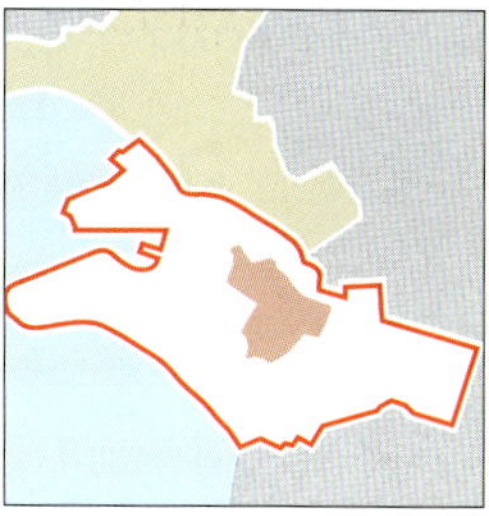

Zur Orientierung
Siehe Stadtplan, Karten 2, 3, 5 & 6

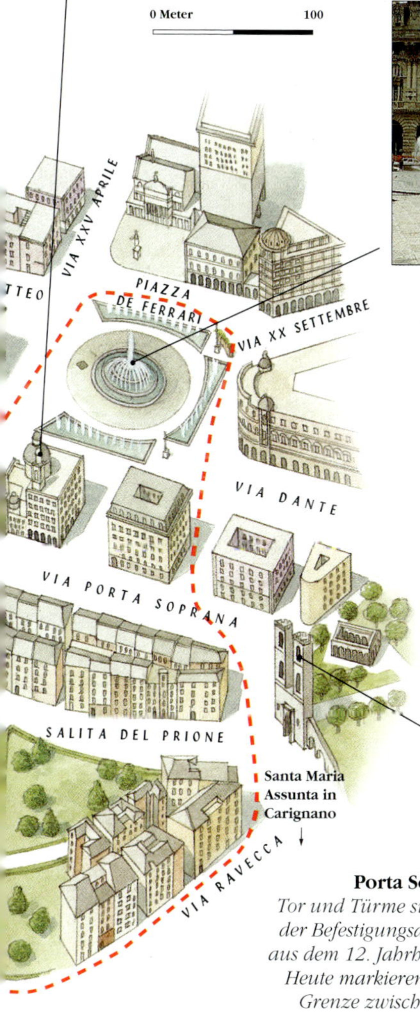

Piazza De Ferrari
Der Platz, an dem das berühmte Teatro Carlo Felice steht, wurde 2001 radikal umgestaltet und zur Fußgängerzone erklärt. Den Brunnen in der Mitte schuf Giuseppe Crosa di Vergagni im Jahr 1936. ❹

Nicht versäumen

- ★ Palazzo Ducale
- ★ Piazza San Matteo
- ★ San Lorenzo

Porta Soprana
Tor und Türme sind Teil der Befestigungsanlagen aus dem 12. Jahrhundert. Heute markieren sie die Grenze zwischen dem Centro Storico und der modernen Stadt. Die Casa di Colombo (siehe S. 56) *liegt in der Nähe.* ❿

Legende

- - - - Routenempfehlung

San Lorenzo ❶

Die Kuppel der Kapelle San Giovanni

San Lorenzo gab es schon im 9. Jahrhundert, wegen der sicheren Lage innerhalb der Stadtmauern wählte man die Kirche als Kathdrale. Im 12. Jahrhundert erfolgten Erweiterungsarbeiten im romanischen Stil; das heutige Erscheinungsbild ist gotisch, der größte Teil stammt aus dem 13. Jahrhundert, auch der untere Abschnitt der gestreiften Fassade. Bei Umbauten vom 15. bis zum 17. Jahrhundert kamen das Rosettenfenster im oberen Teil der Fassade sowie die Renaissance-Kuppel von Galeazzo Alessi und die Lercari-Kapelle mit ihren Fresken hinzu. San Lorenzo ist – neben Johannes dem Täufer – der Schutzpatron Genuas. Der Heilige wird oft mit einem Geldbeutel dargestellt, was den Genuesern einigen Spott einbrachte: Man sagt, sie hätten ihr glückliches Händchen bei Geldgeschäften dem heiligen Laurentius zu verdanken.

★ Skulpturen am Hauptportal
Die Skulpturen an mittelalterlichen Kirchenportalen sollten den Gläubigen die wichtigsten biblischen Geschichten nahebringen. Hier zeigen die Basreliefs an den Seiten Szenen aus dem Leben Marias und die Wurzel Jesse, die Reliefs oben im Tympanon den segnenden Christus, die Symbole der vier Evangelisten und das Martyrium des heiligen Laurentius.

Löwen
Zwei Löwenfiguren aus dem 19. Jahrhundert flankieren die Haupttreppe. An den Ecken der Fassade sind zwei romanische Löwen zu sehen.

Der Glockenturm wurde im 16. Jahrhundert gebaut.

Schwarz-weiß gestreifte Bogen

Das Rosettenfenster wurde 1869 erneuert; vom Originalfenster von 1476 stammen noch die Symbole der vier Evangelisten.

Marmorsäulen

Im Gewölbe des Presbyteriums und der Apsis sind Fresken von Lazzaro Tavarone zu sehen: *San Lorenzo und der Kirchenschatz* sowie das *Martyrium des San Lorenzo* (1622–24). Das Chorgestühl stammt aus dem 16. Jahrhundert.

In der Senarega-Kapelle (rechte Apsis) ist eine *Kreuzigung mit Maria, Johannes und Sebastian* (1597) von Federico Barocci.

Kuppel von Galeazzo Alessi (1556)

Romanische Blindbogen

INFOBOX

Piazza San Lorenzo. **Karte** 5 C3. *010 247 18 31.* **Kirche** *8–11.45, 15–18.45 Uhr.* **Museo del Tesoro** *Mo–Sa 9–12, 15–18 Uhr; 1. So im Monat 15–18 Uhr.* *nach Vereinb.*

★ Cappella di San Giovanni Battista
Die Kapelle, Johannes dem Täufer geweiht, ist das Werk von Domenico und Elia Gagini (Mitte 15. Jh.). Hier ist der Marmorschmuck besonders reich: Reliefs an der Front zeigen Szenen aus dem Leben des Johannes. Im Inneren befinden sich sechs Wandnischen und der steinerne Reliquienschrein, der einst die Asche des Heiligen enthalten haben soll (siehe unten).

NICHT VERSÄUMEN

- ★ **Cappella di San Giovanni Battista**
- ★ **Museo del Tesoro**
- ★ **Skulpturen am Hauptportal**

★ MUSEO DEL TESORO

Das ungewöhnliche Schatzmuseum, ein Entwurf von Caterina Marcenaro und Franco Albini, wurde 1953 eröffnet. Es liegt unterirdisch in der Nähe des Altarraums. Die besondere Atmosphäre ergibt sich aus den dunklen Wänden aus »pietra di Promotorio«. Dieser Stein ist für das mittelalterliche Genua typisch. Von Spots erleuchtet werden kostbare Gegenstände, die zum großen Teil von Kreuzrittern aus dem Heiligen Land nach Genua gebracht wurden. Besondere Aufmerksamkeit verdient der Sacro Catino, eine islamische Schale aus grünem Glas (9. Jh.), aus der angeblich Christus beim Letzten Abendmahl getrunken hat. La Croce degli Zaccaria ist eine byzantinische Reliquie (12. Jh.) aus Gold und Edelsteinen, der Chorrock von Papst Gelasio (15. Jh.) besteht aus Brokat mit Gold- und Silberfäden. Den fein gearbeiteten Silberschrein (12. Jh.), der die Asche von Johannes dem Täufer enthält, soll Kaiser Barbarossa der Kathedrale geschenkt haben. Der Schrein wird am 24. Juni in einer Prozession durch die Straßen getragen.

La Croce degli Zaccaria

Palazzo Ducale ❷

Piazza Matteotti 9. **Karte** 5 C3.
☎ *010 557 40 00.* ◯ **Ausstellungen** *Di–So 9–21 Uhr.* **Läden** *tägl.*
W www.palazzoducale.genova.it

DER PALAST wurde im Mittelalter erbaut und bekam seinen Namen (Dogenpalast) im Jahr 1339, als hier die Wahl des ersten Dogen von Genua, Simon Boccanegra, stattfand. Im späten 16. Jahrhundert wurde er vom lombardischen Baumeister Andrea Vannone zu seiner jetzigen Größe erweitert. Umbauten im klassizistischen Stil erfolgten nach einem Brand im späten 18. Jahrhundert unter dem Architekten Simone Cantoni. Dabei entstand die Fassade zur Piazza Matteotti, die Säulenpaare und Statuen aufweist; eine andere Fassade mit zahlreichen Fresken ist von der Piazza De Ferrari zu betrachten.

Zentrum des Palazzo ist Vannones attraktives Atrium, das an beiden Seiten von einem großen Innenhof mit Portikus begrenzt wird. Die Treppen zum ersten Stock zeigen Fresken von Lazzaro Tavarone und Domenico Fiasella.

Im Obergeschoss findet man prächtige Räume vor: Die **Dogenkapelle** weist Fresken (1655) von Giovanni Battista Carlone auf, die Szenen aus der glorreichen Vergangenheit der Stadt Genua zeigen. Dieses Thema nimmt auch der Wandschmuck der **Sala del Maggior Consiglio** sowie der **Sala del Minor Consiglio** auf. Im **Salone,** den Simone Cantoni gestaltete, sieht man einige Wandgemälde von Giovanni David (um 1780).

Im Jahr 1992 wurde der Palazzo restauriert, seitdem finden hier größere Ausstellungen statt. Es gibt Geschäfte, Cafés und Restaurants, darunter ein exklusives Dachrestaurant mit Panoramablick.

Türklopfer in Form eines Tritonen am Palazzo Ducale

Einer der Innenhöfe des Palazzo Ducale

Il Gesù (Sant'Ambrogio) ❸

Via Francesco Petrarca 1. **Karte** 5 C4.
☎ *010 251 41 22.* ◯ *tägl. 10.30–12, 16–19 Uhr (So bis 21.30 Uhr).* 📷 *mit Genehmigung.*

DIE KIRCHE an der Piazza Matteotti wurde von den Jesuiten errichtet, die Bauarbeiten für Il Gesù begannen 1589 über der älteren Kirche Sant'Ambrogio. Erst gegen Ende des 19. Jahrhunderts wurde die Fassade nach den Originalentwürfen von Giuseppe Valeriani fertig gestellt.

Das prunkvolle barocke Innere besteht aus einem einzigen Raum mit einer Kuppel.

***Der heilige Ignatius heilt eine Besessene* von Rubens, Il Gesù**

Der Marmorboden ist überaus farbenreich gestaltet; auch die Säulen und die Wände der Seitenkapellen sind mit Marmor verkleidet. Im oberen Teil zeigen sie vergoldete Stuckarbeiten und Fresken von Giovanni Battista Carlone (17. Jh.).

Die wertvollsten Gemälde der Kirche stammen aus dem 17. Jahrhundert, darunter sind Arbeiten von Guido Reni und eine *Kreuzigung* von Simon Vouet. Die Familie Pallavicino hatte auch bei Peter Paul Rubens Bilder bestellt: Zu sehen sind die Werke *Beschneidung Christi* (1605) sowie *Der heilige Ignatius heilt eine Besessene* (vor 1620); beides sind Meisterwerke.

Piazza De Ferrari ❹

Karte 6 D4.

DER PLATZ mit dem großen Brunnen wurde im späten 19. Jahrhundert angelegt, um den Verkehr zwischen dem Centro Storico und dem Westteil Genuas zu beruhigen. Beim Entwurf wurden die Accademia Ligustica di Belle Arti und das Teatro Carlo Felice integriert, beides Gebäude, die Carlo Barabino in den 1820er Jahren entwarf. Die neuen Palazzi wiesen alle möglichen Stile auf – je nach Geschmack der Auftraggeber. Im 20. Jahrhundert kam der neue Theaterbau hinzu, der 1991 eröffnet wurde, 2001 wurde der Platz erneut umgestaltet.

Accademia Ligustica di Belle Arti 5

Via Pertini 4. **Karte** 6 D3.
010 538 1226. *Di–Fr 15–19 Uhr.* *nach Vereinbarung.*
mit Genehmigung.
www.accademialigustica.it

IM JAHR 1751 gründeten Adlige und Studenten eine Schule der Schönen Künste *(belle arti)*, 1826–31 baute Carlo Barabino für die Accademia einen Palazzo. Der erste Stock beherbergt ein Museum mit Gemälden, die der Akademie gestiftet wurden. Werke aus dem 15. bis 19. Jahrhundert sind chronologisch angeordnet, darunter sieht man Arbeiten ligurischer Künstler (u.a. Gregorio De Ferrari und Bernardo Strozzi) sowie von Künstlern, die in Genua arbeiteten (wie Perin del Vaga und Anton Raphael Mengs).

***Polyptychon des heiligen Erasmus* von Perin del Vaga**

Teatro Carlo Felice 6

Passo Eugenio Montale 4. **Karte** 6 D3.
010 538 11, Kartenvorverkauf 010 589 329 oder 010 591 697.
nur für Vorstellungen. *Mo, nach Vereinbarung.*
www.carlofelice.it

DER KLASSIZISTISCHE Theaterbau, den Carlo Barabino in den 1820er Jahren entwarf, brannte 1944 nach einem Bombenangriff fast vollständig aus, nur einige Teile der Originalfassade blieben erhalten. Ignazio Gardella, Aldo Rossi und Fabio Reinhart entwarfen ein modernes Theater, das 1991 eröffnet wurde. Ein hoher rechteckiger Turm mit kleinen Fenstern überragt den Bau. Vier Bühnenplattformen können computergesteuert bewegt werden – Carlo Felice gilt als eines der modernsten Theater Europas.

Die ultramoderne Bühne des Teatro Carlo Felice

Santo Stefano 7

Piazza Santo Stefano 2. **Karte** 6 E4.
010 587 183. *Di–So 15.30–18.30 Uhr (im Aug auch So vorm.).*

ENDE DES 12. Jahrhunderts wurde die romanische Kirche Santo Stefano an der Stelle einer Benediktinerabtei errichtet. Nach den schweren Schäden im Zweiten Weltkrieg waren größere Restaurierungsarbeiten erforderlich.

Die Fassade zeigt Streifen aus schwarzem und weißem Marmor, typisch für die romanischen Kirchen von Ligurien. Über dem Hauptportal befinden sich eine runde Öffnung *(oculus)* und ein zweiflügliges Fenster. Die Apsis ist ein Ziegelbau, sie weist schöne Blindbogen mit Säulen auf. Auch der Turm aus dem 14. Jahrhundert ist dekorativ gemauert.

Im Presbyterium sieht man *Das Martyrium des heiligen Stephanus* (1524), eine Arbeit von Giulio Romano, und Gemälde verschiedener Künstler aus Genua und der Lombardei, darunter von Valerio Castello, Gregorio De Ferrari und Giulio Cesare Procaccini.

Museo Civico di Storia Naturale Giacomo Doria 8

Via Brigata Liguria 9. **Karte** 6 F5.
010 564 567. *Di–Fr 9–19 Uhr, Sa, So 10–19 Uhr.* *nach Vereinb.*
www.museodoria.it

GENUAS Naturhistorisches Museum wurde 1867 vom Marchese Giacomo Doria gegründet, der über 40 Jahre lang Direktor war. Zu sehen sind zahlreiche zoologische Funde, die im 19. Jahrhundert zusammengetragen wurden.

Die Räume im Erdgeschoss widmen sich den Säugetieren in rekonstruierten Lebensräumen. Beliebt ist der Paläontologische Saal mit dem Skelett des *Elephus antiquus italicus*, eines 1941 bei Rom gefundenen Urelefanten. Im Obergeschoss sieht man Reptilien, Amphibien, Vögel, Schmetterlinge und Insekten.

Das Museum organisiert viele Sonderausstellungen und Konferenzen.

Santo Stefano mit den markanten Streifen aus schwarzem und weißem Marmor

Santa Maria Assunta in Carignano ❾

Piazza di Carignano. **Karte** 3 A4.
010 540 650. *tägl. 7.30–11.30, 16–18.30 Uhr.*

DIE SCHÖNE Renaissancekirche erhebt sich auf einem Hügel am Rand des Stadtzentrums und ist eines der prägnantesten Wahrzeichen Genuas. Der Entwurf stammt von Galeazzo Alessi, einem Baumeister aus Perugia; Baubeginn war 1549, die Arbeiten dauerten mehr als 50 Jahre.

Monumentale Treppen führen hinauf zur breiten Fassade. Sie wurden zwar von Alessi konzipiert, aber erst im 19. Jahrhundert gebaut. Zwei Glockentürme flankieren die Fassade, die hohe zentrale Kuppel wird von vier kleineren Kuppeln umgeben. Den Skulpturenschmuck an der Fassade fertigte Claude David im 18. Jahrhundert, darunter steht eine Marienstatue über dem Portal, Statuen der heiligen Petrus und Paulus sind in den Seitennischen. Um die zentrale Kuppel verläuft ein Balkon – ideal für das eindrucksvolle Panorama.

Im Innenraum setzt sich das harmonische Äußere mit Säulen fort. Die Wandpfeiler haben korinthische Kapitelle. Wie im Petersdom in Rom sind in den vier Säulen, die die Kuppel tragen, Nischen mit Statuen, eine davon ist *Der heilige Sebastian* von Pierre Puget (1620–1694). Am zweiten Altar rechts sieht man das *Martyrium des heiligen Blasius* von Carlo Maratta (1625–1713), am sechsten Altar links die berühmte *Pietà* (um 1571) von Luca Cambiaso. Andere Gemälde stammen von den Künstlern Domenico Fiasella und Guercino. Auch die Orgel von 1656 verdient Beachtung.

Marienstatue in Santa Maria Assunta in Carignano

Die beiden mächtigen Türme der Porta Soprana

Porta Soprana (di Sant'Andrea) ❿

Via Di Ravecca 47 nero. **Karte** 6 D4.
010 246 53 46. *Sa, So, Feiertage 9–12, 14–18 Uhr.* *nur an Wochentagen für Gruppen nach Vereinbarung.* *mit Genehmigung.*

DAS TOR steht an der Stelle, an der schon im 9. Jahrhundert die Mauer durchbrochen war, um den Weg von Genua nach Osten zu ermöglichen. Gebaut wurde die Porta Soprana 1155 als Teil eines Mauerrings, der die Stadt vor Angriffen von Kaiser Friedrich I., genannt Barbarossa, schützen sollte *(siehe S. 87)*. Das Tor entspricht der Porta di Santa Fede auf der entgegengesetzten Seite Genuas. Restaurierungsarbeiten im Verlauf des 19./20. Jahrhunderts haben das historische Tor von Anbauten befreit, die über die Jahrhunderte angefügt wurden. So steht der spitze Mittelbogen, der von zwei imposanten Rundtürmen flankiert wird, wieder frei.

Casa di Colombo ⓫

Vico dritto di Ponticello. **Karte** 6 D4.
010 246 53 46. *Sa, So, Feiertage 9–12, 14–18 Uhr.* *ab 20 Personen nach Vereinbarung.*

ANGEBLICH ist dieses bescheidene Haus gleich bei der Porta Soprana der Ort, wo der 1451 in Genua geborene Christoph Kolumbus seine Jugend verbrachte – doch die Quellen sind zweifelhaft. Das Gebäude, das man heute besichtigen kann, ist auf jeden Fall eine Rekonstruktion aus dem 18. Jahrhundert, da das ursprüngliche Haus während des französischen Bombardements 1684 zerstört wurde.

In diesem Haus soll Christoph Kolumbus aufgewachsen sein

Im Rahmen der Vorbereitungen für die Kolumbus-Feiern 1992 wurde das benachbarte **Chiostro di Sant'Andrea** aus dem 12. Jahrhundert auch restauriert. Was man heute sieht, sind die einzigen Reste eines ehemaligen Benediktinerklosters, das Anfang des 20. Jahrhunderts abgerissen wurde.

Museo di Sant'Agostino ⓬

Piazza Sarzano 35 rosso. **Karte** 5 C5. *010 251 12 63. Di–Fr 9–19 Uhr, Sa, So 10–19 Uhr.* www.museosantagostino.it

Die Klosterkirche aus dem 13. Jahrhundert überlebte die Bombenangriffe des Zweiten Weltkriegs, während die übrigen Gebäude an der Piazza Sarzano schwer beschädigt wurden. Die schwarz-weiß gestreifte Fassade steht in schönem Kontrast zu dem eleganten Glockenturm, der mit farbigen Majolikas (zinnglasierten Keramikfliesen) verkleidet ist.

Grabmonument der Margarete von Brabant

Der Kirchenraum dient heute für verschiedene Veranstaltungen, die Gebäude des früheren Augustinerklosters wurden zum Museum umgebaut. Es gibt zwei Kreuzgänge, einen dreieckigen (14./15. Jh.) und einen rechteckigen (18. Jh.).

Das **Museum** präsentiert eine Sammlung von Skulpturen, die aus verschiedenen, teils zerstörten Kirchen und anderen Gebäuden stammen. Zu sehen sind auch Architekturfragmente und Genueser Kunst vom Mittelalter bis zum 18. Jahrhundert.

Zwei besondere Skulpturen stehen im Mittelpunkt der Sammlung. Das Grabmonument der Margarete von Brabant gab Kaiser Heinrich VII. für seine Frau in Auftrag, die 1311 während eines Genua-Aufenthalts starb. Es wurde 1313/14 in Pisa von Giovanni Pisano gefertigt, einem der berühmtesten italienischen Bildhauer jener Zeit. Die andere Skulptur ist die bewegende *Maddalena penitente* (1796) von Antonio Canova.

San Donato ⓭

Piazzetta San Donato 10. **Karte** 5 C4. *010 246 88 69. tägl. 8–12, 15–19 Uhr (Aug: Mo–Fr 8–12 Uhr, Sa 8–12, 15–19 Uhr). 16.–30. Aug.*

Diese Kirche aus dem 12. Jahrhundert gehört zu den besten Beispielen romanischer Architektur in Genua. Besonders prägnant und typisch für die Romanik ist der achteckige Glockenturm. Er hat drei Ebenen (die dritte wurde erst im 19. Jahrhundert angebaut), die mit Fenstern durchbrochen sind. Das auffällige Bauwerk war Vorbild für den Nordturm von San Benigno, den so genannten »Matitone« (großer Bleistift), im Porto Antico *(siehe S. 44)*.

An der Fassade fallen einige Änderungen auf, die im späten 19. Jahrhundert vorgenommen wurden, z. B. das Rosettenfenster. Das schöne Hauptportal jedoch ist noch original erhalten, hier ist ein römischer Architrav (waagerechter Steinbalken) integriert.

Der Glockenturm von San Donato

Rechts von der Kirche sieht man einen Schrein mit einer Statue der *Madonna mit Kind* aus dem 18. Jahrhundert. Derartige Skulpturen wurden damals im Centro Storico aufgestellt.

Der Innenraum von San Donato wird von einem Hauptschiff und zwei Seitenschiffen gegliedert, über den korinthischen Säulen verläuft eine Fenstergalerie. Manche der Säulen sind antiken römischen Ursprungs.

Eine *Madonna mit Kind* (1401) von Nicolò da Voltri befindet sich auf dem Altar der rechten Apsis; in der Cappella di San Giuseppe in der linken Apsis kann man ein schönes Triptychon des flämischen Malers Joos van Cleve sehen: Das mittlere Tafelpaneel zeigt die *Anbetung der Heiligen Drei Könige* (um 1515).

Moderne Kunst in der Villa Croce

Die Villa Croce, von Palmen umgeben

Via Jacopo Ruffini 3. *010 580 069. Di–Fr 9–19 Uhr, Sa, So 10–19 Uhr.* (So frei). www.museovillacroce.it

Das Museo d'Arte Contemporanea befindet sich im Viertel Carignano, das im 19. Jahrhundert als Wohnbezirk südlich des Zentrums angelegt wurde. Ein großer Park umgibt die Villa am Meer. Der klassizistische Bau aus dem späten 19. Jahrhundert wurde der Stadt 1951 von der Familie Croce vermacht. Das Museum besitzt rund 3000 Werke, vor allem italienische Grafiken und abstrakte Arbeiten, die zwischen 1930 und 1980 entstanden, darunter Werke von Fontana und Licini. Zu sehen sind auch Arbeiten junger Künstler aus Genua und anderen Teilen Liguriens. Das Museum unterstützt Talente, kauft ihre Werke, organisiert Ausstellungen und bietet eine Datenbank mit vielen Informationen zur lokalen Kunstszene.

Santa Maria di Castello ⓮

Salita Santa Maria di Castello 15. **Karte** 5 B4. *010 246 87 72.* **Kirche** *tägl. 8–12, 15–19 Uhr.* **Museum** *Mo–Sa 9–12, 15.30–18 Uhr (So bis 19 Uhr).*

Die Kirche steht an der Stelle eines alten römischen Forts *(castrum),* also dort, wo die Stadt Genua ihren Ursprung hat. Sehr früh baute man hier ein Gotteshaus, das im 12. Jahrhundert durch den heutigen romanischen Bau ersetzt wurde.

Mitte des 15. Jahrhunderts kam die Kirche in den Besitz der Dominikaner, die einige Klostergebäude sowie drei Kreuzgänge anbauten. Die gesamte Ausgestaltung der Kreuzgänge finanzierte die Familie Grimaldi, die zu jener Zeit als Mäzen vieler Projekte in Erscheinung trat. Viele Künstler der Stadt waren in ihrem Auftrag in Santa Maria di Castello beschäftigt. In den folgenden Jahrhunderten übernahmen andere Adelsfamilien die Ausschmückung der Seitenkapellen.

Die Steinfassade wird von einem Sims mit Blendarkaden gekrönt. Im Hauptportal ist ein römischer Architrav integriert, im Innenraum findet man weitere antike römische Elemente: Einige der korinthischen Kapitelle auf den Säulen aus rotem Granit stammen von römischen Gebäuden. In der **Cappella del Battistero** ist ein Sarkophag römischen Ursprungs.

Die Loggia dell'Annunciazione, Santa Maria di Castello

Die Apsis, die Kapellen und die Kuppel sind das Ergebnis der Umbauten, die zwischen dem 15. und dem 18. Jahrhundert erfolgten. In der Kapelle im linken Querschiff ist ein Werk von Il Grechetto (1616–1670) zu sehen: *Maria mit den Heiligen Katharina und Maria Magdalena sowie dem Bildnis des heiligen Dominicus.* Der Hochaltar zeigt eine schöne Marmorskulptur der *Himmelfahrt* aus dem späten 17. Jahrhundert.

Unter den Klostergebäuden verdient das zweite besondere Beachtung. Hier sieht man am Gewölbe der unteren der beiden Loggias, der **Loggia dell'Annunciazione,** Medaillons aus dem 15. Jahrhundert, die *Sibyllen* und *Propheten* zeigen. Die Wand schmückt das schöne Fresko *Verkündigung* von Justus von Ravensburg aus dem Jahr 1451.

Das kleine **Museum** zeigt Werke wie *Paradies* und die *Bekehrung des heiligen Paulus* (1513) von Ludovico Brea, die *Unbefleckte Empfängnis,* eine Holzskulptur aus dem 18. Jahrhundert von Maragliano sowie eine *Madonna mit Kind* aus dem 14. Jahrhundert von Barnaba da Modena.

Gleich neben der Kirche zeugt auch die **Torre degli Embriaci** (12. Jh.) von der Macht der Familie Embriaci, die in diesem Viertel lebte.

Porto Antico ⓯

Siehe S. 60f.

Aquarium ⓰

Siehe S. 62f.

Die Freskenfassade des Palazzo San Giorgio

Palazzo San Giorgio ⓱

Via della Mercanzia 2. **Karte** 5 B3. *010 24 11.* *Öffnungszeiten der Ausstellungen telefonisch oder im Fremdenverkehrsbüro erfragen.*

Der Palazzo gilt als der Ort, in dem Marco Polo nach der Schlacht von Curzola (zwischen Venedig und Genua) 1298 gefangen gehalten wurde. Während seines Arrestes traf Marco Polo einen Schriftsteller aus Pisa mit dem Namen Rustichello. Angeblich diktierte er diesem den detaillierten Bericht seiner Reisen, das Werk *Il Milione* (die erste deutsche Übersetzung trug den Titel *Wunderbare Reisen,* aktuelle Ausgabe: *Il Milione. Die Wunder der Welt*).

Fassadendetail am Palazzo San Giorgio

Der Palazzo besteht aus zwei Teilen: Der mittelalterliche, der Stadt zugewandte Trakt wurde 1260 als Sitz der Regierung (der *Capitani del Popolo*) gebaut und 1407 Sitz der Banco di San Giorgio. Der andere Trakt über dem Hafen wurde im 16. Jahrhundert errichtet. Die Fresken an der Fassade (1606–08) stammen von Lazzaro Tavarone, sie wurden erst in den 1990er Jahren bei Restaurierungsarbeiten entdeckt.

Der Raumbedarf der Banco di San Giorgio weitete sich ständig aus. Deshalb war auch der mittelalterliche Trakt vom Aus- und Anbau des Palazzo betroffen, er wurde außerdem im 19. Jahrhundert noch einmal umgebaut. Die Bank verwaltete die Zoll- und Steuereinnahmen der Republik und der Kolonien und war für den Reichtum Genuas im 15. Jahrhundert verantwortlich. Heute dient das Gebäude als Sitz der Hafenverwaltung.

Im **Salone delle Compere** sind die Statuen der *Protettori del Banco* (16. Jh.) sowie das *Wappen von Genua mit den Symbolen der Gerechtigkeit und Stärke* (1490/91) von Francesco De Ferrari zu sehen. Die **Sala dei Protettori** hat einen monumental wirkenden Kamin (1554) von Gian Giacomo Della Porta. Zu besichtigen sind auch die Manica Lunga, ein 128 Meter langer Korridor, der den Benediktinermönchen als Schlafsaal diente, und die Sala del Capitano del Popolo.

Piazza Banchi ⓲

Karte 5 B3.

Die lang gestreckte Piazza Caricamento, die der Palazzo San Giorgio auf einer Seite begrenzt, geht in die **Via Sottoripa** über. Die hübschen Arkaden wurden im 12. Jahrhundert als Ladenstraße gebaut, die unmittelbare Nähe zum Hafen war ein Garant für gute Geschäfte. Heute findet man hier einige Feinkost- und Spezialitätenläden sowie Snackbars.

Von hier führt die Via al Ponte Reale bis zur **Piazza Banchi,** die bis ins 18. Jahrhundert das Zentrum des Handels sowie die Verbindung zwischen Stadt und Hafen darstellte. Schon im Mittelalter wurde auf dem Platz ein florierender Kornmarkt abgehalten, auch Geldwechsler hatten hier ihre Stände – auf sie geht der Name des Platzes zurück. Ab dem 16. Jahrhundert tätigten die Geldwechsler und Händler ihre Geschäfte dann in der **Loggia dei Mercanti.**

Die erste Kirche am Platz mit dem Namen **San Pietro in Banchi** wurde im 9. Jahrhundert errichtet und 1398 bei einem Brand zerstört. Im 16. Jahrhundert begann man mit dem Wiederaufbau. Das Projekt lag in den Händen von Bernardino Cantone, der den Bau damit finanzierte, dass er im Erdgeschoss, also unter der Kirche, Läden baute und verkaufte. So liegt die Kirche ein ganzes Stockwerk erhöht, man erreicht sie über eine Treppe mit vielen Stufen.

Die Kirche hat eine achteckige Kuppel mit drei Spitztürmen (vier waren ursprünglich geplant). An der Fassade kann man unter den erhöhten Arkaden einige Fresken von Battista Baiardo bewundern. Sie wurden um 1650 gemalt und im Lauf der 1990er Jahre restauriert.

Stände an der Piazza Banchi, dahinter die Loggia dei Mercanti

San Pietro in Banchi an der Piazza Banchi

Loggia dei Mercanti ⓳

Piazza Banchi. **Karte** 5 B3.
nur für Ausstellungen, Infos im Fremdenverkehrsbüro.

Die elegante Renaissance-Loggia an der Piazza Banchi wurde im späten 16. Jahrhundert nach einem Entwurf von Andrea Vannone gebaut, um Platz für die Stände und Tische der Geldwechsler zu schaffen. Solche offenen, angebauten Bogenhallen waren im Mittelalter typische Orte für alle Arten von Läden, in Genua finden sich viele Beispiele.

Die Loggia an der Piazza Banchi ist rechteckig, das Gewölbe wird von Doppelsäulen getragen. Die Öffnungen wurden im 19. Jahrhundert verglast.

Von außen fällt ein skulptierter Fries aus dem 16. Jahrhundert von Taddeo Carlone ins Auge, innen das Fresko *Madonna mit Kind und den Heiligen Johannes der Täufer und Georg* von Pietro Sorri (1556–1621).

1855 wurde die Loggia dei Mercanti Sitz der ersten Börse von Italien. Heute wird das Gebäude für verschiedene Ausstellungen genutzt.

Porto Antico ⓯

Der alte Hafen stand 1992 im Zentrum der Kolumbus-Feierlichkeiten. Sie waren der Anlass, das bis dahin lange vernachlässigte Hafenviertel zu sanieren und verkehrsmäßig wieder besser an das Centro Storico anzubinden. Projektleiter war der Architekt Renzo Piano, dem es gelang, das Hafenviertel zu einer besonderen Attraktion zu machen. Er ließ leer stehende Gebäude restaurieren (aus den Baumwoll-Lagerhäusern des 19. Jahrhunderts wurden ein Multiplex-Kino und ein Ausstellungszentrum) und entwarf Neues, so den Bigo und das Aquarium. Mit ihrem maritimen Design fügen sich die neuen Bauten ausgezeichnet in das historische Ambiente ein.

Porta del Molo
Das auch als Porta Siberia bezeichnete Tor wurde 1553 von Galeazzo Alessi gebaut. Neben Verteidigungszwecken diente es als Zollgebäude.

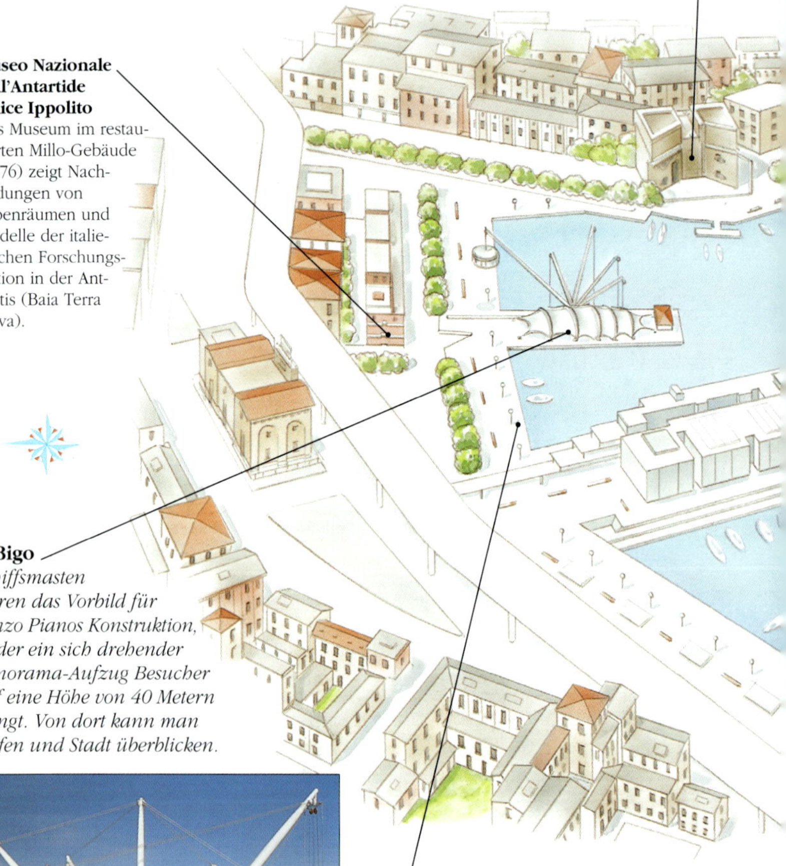

Museo Nazionale dell'Antartide Felice Ippolito
Das Museum im restaurierten Millo-Gebäude (1876) zeigt Nachbildungen von Lebenräumen und Modelle der italienischen Forschungsstation in der Antarktis (Baia Terra Nova).

★ Bigo
Schiffsmasten waren das Vorbild für Renzo Pianos Konstruktion, in der ein sich drehender Panorama-Aufzug Besucher auf eine Höhe von 40 Metern bringt. Von dort kann man Hafen und Stadt überblicken.

Ausflugsboote bringen Besucher in Bereiche, die ansonsten nicht zugänglich sind. Vom Hafenbecken bietet sich ein schönes Stadtpanorama, auch das Treiben im Hafen selbst ist interessant. Die Rundfahrten dauern rund 45 Minuten.

La Sfera von Renzo Piano
2001 wurde die »Sphäre«, eine futuristische Glaskuppel, gebaut. Hier wachsen viele Arten tropischer Pflanzen, von Mangroven über Kakao- und Gummibäume bis hin zu extrem seltenen Farnen. In der Kuppel leben auch Schmetterlinge und Chamäleons.

Infobox

Karte 5 A2. *010 248 57 11.* www.portoantico.it **Museo Nazionale dell'Antartide** *010 254 36 90.* *tägl. 10.30–18.30 Uhr.* www.mna.it **Bootsfahrten** Alimar. *010 256 775.* Cooperativa Battellieri *010 265 712.* **La Sfera** *Di–So 9.30 Uhr bis Sonnenuntergang.* **Città dei Bambini** *010 247 57 02.* *Di–So 11.30–19.30 Uhr (Einlass bis 18.15).* www.cittadeibambini.net **La Lanterna** *010 910 001.* *Sa, So 10–19 Uhr, sonst tel. anmelden.* **Bigo** *Di, Mi, So 10–20 Uhr, Do, Fr, Sa, Feiertage 10–23 Uhr.*

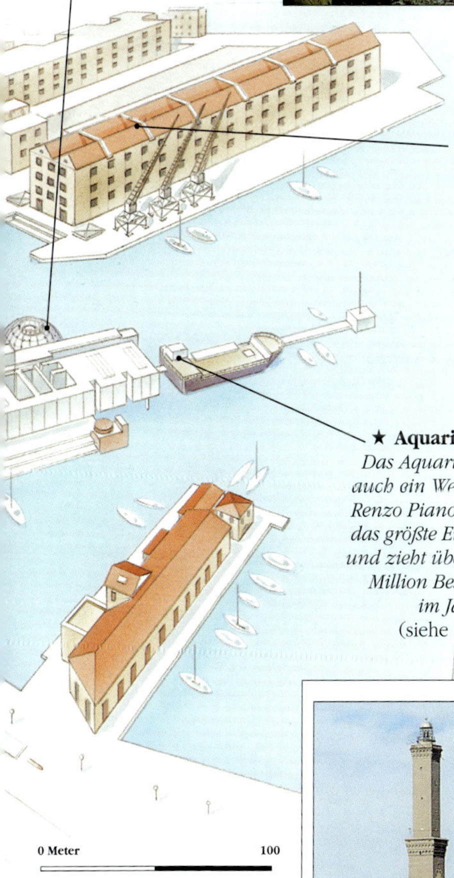

La Città dei Bambini ist das innovativste italienische Lern- und Unterhaltungszentrum für Kinder. Der Hightech-Park, bei dem man viel selbst anfassen kann, hat zwei verschiedene Routen – für Kinder von drei bis fünf sowie von sechs bis 14 Jahren.

★ Aquarium ⑯
Das Aquarium ist auch ein Werk von Renzo Piano. Es ist das größte Europas und zieht über eine Million Besucher im Jahr an (siehe S. 62f).

Nicht versäumen

★ Aquarium

★ Bigo

La Lanterna

Der älteste funktionsfähige Leuchtturm der Welt ist ein Wahrzeichen Genuas. Den ursprünglichen Turm aus dem 12. Jahrhundert zerstörten die Truppen von Ludwig XIII. von Frankreich, der heutige Bau mit den zwei übereinander gebauten Türmen entstand 1543. Er hat eine Leuchtweite von 52 Kilometern. Wer die 375 Stufen erklimmt, wird mit einem wunderbaren Blick belohnt. Demnächst soll im Fundament ein Museum eröffnen.

Aquarium (Acquario) ⑯

Maskottchen Splaffy

Das Aquarium wurde nach dem Entwurf des international bekannten Architekten Renzo Piano erbaut, der auch am Centre Pompidou in Paris beteiligt war. Technische Unterstützung kam vom amerikanischen Architekten Peter Chermayeff. Das größte Aquarium Europas steht auf einem im Hafen verankerten Schiff, die zahlreichen Becken können sowohl von einer Ebene unter Wasser als auch von oben betrachtet werden. Hier erfährt man viel über die verschiedenen Aspekte des marinen Lebens und begreift, wie sehr Mensch und Meer miteinander verbunden sind. Es gibt Rekonstruktionen diverser Ökosysteme, in denen man die Tier- und Pflanzenwelt beobachten kann.

★ Kolibri-Wald
Üppig wuchernder Regenwald ist der Lebensraum des kleinsten Vogels der Welt. Er zeichnet sich durch schillernde Farben und extrem schnelle Flügelschläge aus.

Korallenriff aus Madagaskar
In diesem farbenprächtigen Lebensraum gibt es zahlreiche Fischarten, von Muränen bis zu Kaiserfischen.

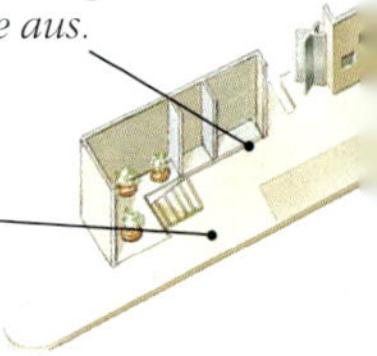

La Grande Nave Blu ist ein richtiges Schiff, das man 1998 für das Aquarium erwarb. Auf rund 2500 Quadratmeter Ausstellungsfläche gibt es 19 Becken.

Die Krokodile, die man hier sieht, sind normalerweise in verschiedenen Regionen Afrikas heimisch. Es gibt Exemplare, die zwar erst 18 Monate alt sind, dafür aber lebhafter als viele ältere Artgenossen. Zu sehen gibt es außerdem Krokodil-Babys und Eier, damit man den gesamten Lebenszyklus nachvollziehen kann.

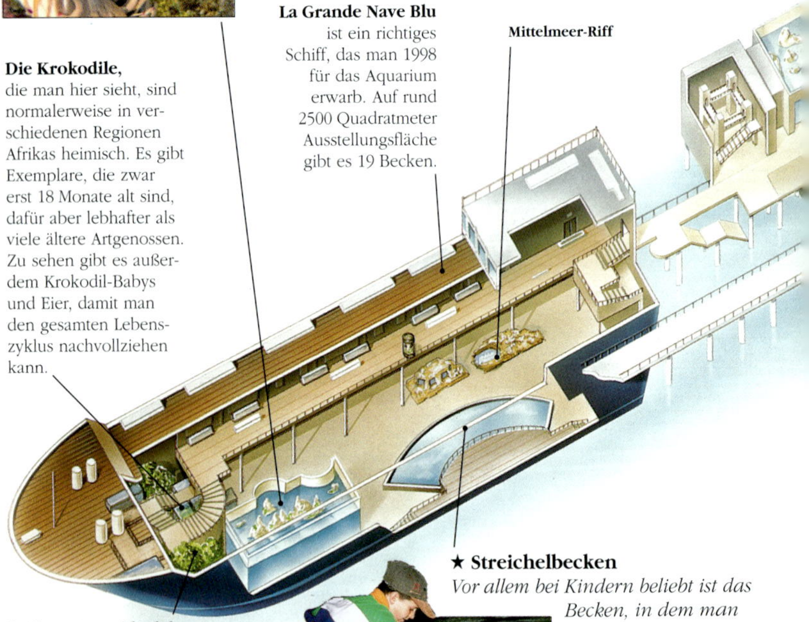

La Foresta umida del Madagascar ist eine gelungene Rekonstruktion des Regenwalds der Insel vor Afrika. Auf Madagaskar kommen viele Tier- und Pflanzenarten vor, die es sonst nirgendwo gibt.

★ Streichelbecken
Vor allem bei Kindern beliebt ist das Becken, in dem man Rochen und andere Fische berühren kann. Zutraulich nähern sich die Meeresbewohner den Händen, die sie streicheln wollen.

★ Haibecken
In dem großen Becken leben verschiedene Haiarten zusammen mit Rochen. Hier abgebildet ist ein Sägefisch.

> **INFOBOX**
>
> Ponte Spinola. **Karte** 5 A2. *010 234 56 78. Mo–Mi, Fr 9.30–19.30 Uhr (letzter Einlass 17.30), Sa, So, Feiertage 9.30–20.30 Uhr (letzter Einlass 18.30), Do 9.30–22 Uhr (letzter Einlass 20.30). Nov–März Mo.*
> www.acquariodigenova.it

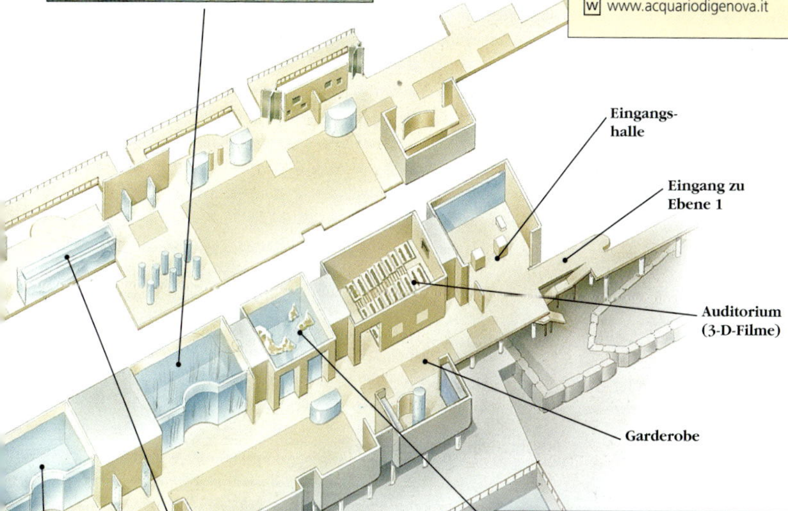

Humboldtpinguine
von den Küsten Chiles und Perus tummeln sich auf Ebene 2.

Seehundbecken
Im Juli 2001 kam Penelope (hier zu sehen) *dank des ersten Kaiserschnitts an einem Seehund zur Welt. Anfangs kümmerten sich Tierärzte und Biologen um das Tier, bis er zu den anderen Seehunden ins Becken gelassen werden konnte. Andere Seehund-Babys wurden 2003 und 2004 auf natürliche Weise geboren.*

Delfinbecken
Das Aquarium ist stolz auf den großen Nachwuchs bei Delfinen. Bonnie, ein Flaschennasendelfin aus dem Delphinarium di Riccione, hat zwei Junge geboren, 1994 und 2002. Zu sehen ist der junge Achille.

> **NICHT VERSÄUMEN**
>
> **★ Haibecken**
>
> **★ Kolibri-Wald**
>
> **★ Streichelbecken**

Einer der zahlreichen prächtigen Räume im Palazzo Spinola

Palazzo Spinola ⑳

Piazza Pellicceria 1. **Karte** 5 B2. *010 247 70 61. Di–Sa 8.30–19.30 Uhr, So, Feiertage 13–20 Uhr. 1. Jan, 1. Aug, 25. Dez. Kombi-Ticket für Palazzo Spinola & Palazzo Reale. nach Vereinbarung. bis zum 3. Stock. mit Genehmigung.* www.palazzospinola.it

Mit seinen Fresken sowie den prächtigen Möbeln und Gemälden strahlt dieser Palazzo die Eleganz und Faszination eines alten Adelssitzes aus. Die reiche Familie Grimaldi ließ den Palast im 16. Jahrhundert bauen, im 18. Jahrhundert ging er an die Familie Spinola über, 1958 schenkte diese ihn dem Staat.

In den unteren zwei Stockwerken ist die **Galleria Nazionale di Palazzo Spinola** untergebracht. Hier harmonieren die Kunstwerke perfekt mit den Räumen, die so restauriert wurden, wie sie als private Residenz der Spinolas aussahen.

Zwei bedeutende Freskenzyklen illustrieren die beiden Hauptphasen der Geschichte des Palazzo. Wandmalereien von Lazzaro Tavarone zeigen in zwei Sälen die *Leistungen und Persönlichkeiten der Familie Grimaldi* (1614–24). Die Fresken von Lorenzo De Ferrari entstanden 1730–37 in der großen Zeit der Spinola, sie schmücken die Galleria degli Specchi (Spiegelsaal) und die Salons. Zur Schenkung gehörten u. a. Werke von Guido Reni, Anthonis van Dyck und Il Grechetto.

Die **Galleria Nazionale della Liguria** im dritten Stock ist für Werke reserviert, die nicht zur Schenkung gehörten. Unter den Exponaten sind Antonello da Messinas *Ecce Homo* (um 1474), das *Porträt des Gio Carlo Doria zu Pferd* (1606) von Rubens sowie die Skulptur *Gerechtigkeit*, die Giovanni Pisano für das Grabmonument der Margarete von Brabant *(siehe S. 57)* schuf.

Ecce Homo **von Antonello da Messina, Palazzo Spinola**

Santa Maria delle Vigne ㉑

Vicolo del Campanile delle Vigne 5. **Karte** 5 C3. *010 247 47 61. tägl. 8–12, 15.30–18.30 Uhr.*

Das Gebiet, das heute die Piazza delle Vigne einnimmt, war vor 1000 Jahren mit Weinstöcken *(vigne)* bepflanzt, bevor die Stadt expandierte. Damals wurde die Kirche Santa Maria delle Vigne gebaut. Das einzige romanische Element, das die Zeiten überdauerte, ist jedoch der Glockenturm. Schon im 16. Jahrhundert ließ die Familie Grillo den Bereich um die Apsis neu gestalten, um 1640 wurde die ganze Kirche im barocken Stil komplett neu gebaut. Seitdem erfolgten noch mehrere Umbauten: Die Fassade von 1842 ist das Werk von Ippolito Cremona.

Im Inneren trennen breite Arkaden das Hauptschiff von den zwei Seitenschiffen. Vergoldeter Stuck und Fresken aus verschiedenen Perioden bedecken Wände und Decke. Das Presbyterium bemalte Lazzaro Tavarone 1612 mit Fresken, hier sieht man eine *Gloria Mariens*. In den Seitenschiffen und der achtecki-

Portale

Schieferpaneel mit dem heiligen Georg und dem Drachen

An vielen Stellen des Centro Storico sind Portale zu sehen, die Reliefs aus Marmor oder dem schwarzen Stein »pietra di Promontorio« (aus der Gegend um Lavagna) aufweisen. Diese Kunstwerke waren das Resultat ökonomischer Zwänge und der Raumnot: Im 15. Jahrhundert sahen sich die Adelsfamilien genötigt, die Erdgeschosse ihrer Palazzi als Läden zu nutzen. Damit sich ihre Privateingänge davon abhoben, ließen sie die Portale kunstvoll verzieren. Berühmte Bildhauer, allen voran die Mitglieder der Familie Gagini, entwickelten die Kunst der Steinbearbeitung in Reliefs weiter. Beliebte Motive waren Triumphe und Heldentaten der Auftraggeber, erst danach kamen biblische Szenen wie der heilige Georg im Kampf mit dem Drachen. Einige Portal-Kunstwerke sind im Museo di Sant'Agostino zu sehen.

Der romanische Glockenturm von Santa Maria delle Vigne

gen Kuppel waren zwischen dem 18. und 20. Jahrhundert verschiedene Künstler beteiligt. Die Kirche besitzt Gemälde von Gregorio De Ferrari, Bernardo Castello und Domenico Piola sowie ein Tafelbild mit einer *Madonna* (spätes 14. Jh.), das Taddeo di Bartolo zugeschrieben wird.

Piazza San Matteo ㉒

Karte 5 C3. **Chiesa di San Matteo** *010 247 43 61.* *tägl. 9–12, 15–18.30 Uhr.* *Spende.* *nur von außen.*

Vom 12. bis zum 17. Jahrhundert war hier der Hauptsitz der Familie Doria, die sich zusammen mit den anderen mächtigen Genueser Familien in einem abgegrenzten Bezirk der Stadt ansiedelte. Obwohl die Palazzi an diesem Platz im Lauf der Jahrhunderte verändert wurden, konnte die Piazza San Matteo ihren Charakter und besonderen Charme bewahren.

Die Gebäude sind teils mit schwarzem und weißem Marmor verkleidet, wie es zu jener Zeit schick war. Mit seiner mittelalterlichen Struktur besonders schön ist der **Palazzo di Lamba Doria** (Nr. 15), der nach dem Familienmitglied benannt wurde, das die venezianische Flotte bei Curzola 1298 besiegte. Ebenso verdient der **Palazzo di Andrea Doria** (Nr. 17) Beachtung. Dem Wunsch der Bürgerversammlung entsprechend, wur-

Einer der Palazzi der Doria an der Piazza San Matteo

de er dem Admiral 1528 überschrieben.

Die kleine Kirche **San Matteo** war das Privatgotteshaus der Dorias. Es wurde 1125 gebaut, Ende des 13. Jahrhunderts erfolgte eine Neugestaltung im gotischen Stil. Stützpfeiler gliedern die schwarzweiß gestreifte Fassade in drei Teile.

Im 16. Jahrhundert ließ Andrea Doria das Innere umbauen. Er ist – wie sein Vorfahre Lamba Doria – in der Krypta bestattet. Giovan Battista Castello, bekannt als Il Bergamasco, veränderte das Hauptschiff und die Seitenschiffe. Zusammen mit Luca Cambiaso malte er 1557–59 das Deckengewölbe. Die Statuen in den Apsisnischen sowie die Fresken des Presbyteriums und der Kuppel (1543–47) stammen von Angelo Montorsoli. Links von der Kirche befindet sich ein Kreuzgang (1308) mit Bogen auf schlanken Säulenpaaren.

Kreuzgang aus dem 14. Jahrhundert, San Matteo

OR DESIGN

Le Strade Nuove

Schmuckfries an der Fassade des Palazzo Doria Tursi

Wenn man durch Le Strade Nuove (»neue Straßen«) spaziert – besonders entlang der Via Balbi und der Via Garibaldi –, glaubt man sich ins 16. und 17. Jahrhundert zurückversetzt. Zu jener Zeit war Genua im Finanzwesen europaweit führend. Zwischen 1528 und 1630 erreichte das »Goldene Genueser Zeitalter« seinen Höhepunkt, die führenden Familien steckten ihren legendären Reichtum in neue Gebäude und gaben Kunst in Auftrag. Sie wollten nicht im Centro Storico wohnen, sondern ließen an den Hängen ein neues Viertel anlegen. Rubens war von den Palazzi in der Via Garibaldi derart begeistert, dass er davon Zeichnungen für eine 1622 erschienene Publikation machte. Die meisten Palazzi weisen Loggias und hängende Gärten auf, die die steilen Abhänge überwuchern. Oft arbeiteten mehrere Baumeister an einem Haus, leitender Architekt war Galeazzo Alessi. Ein Modell für seine Arbeiten war der 1529 für den Dogen Andrea Doria erbaute Palazzo Doria Pamphilj, der im 17. Jahrhundert als Vorbild für die Palazzi der Familie Balbi diente.

Sehenswürdigkeiten auf einen Blick

Historisches Gebäude

Albergo dei Poveri 9

Historische Straßen und Plätze

Piazza della Fontana Marose 1

Via Balbi 10

Via Garibaldi 3

Museen und Sammlungen

Galata Museo del Mare 14

Galleria di Palazzo Bianco 6

Museo di Arte Orientale Edoardo Chiossone 2

Palazzo Rosso S. 72ff 5

Palazzi

Palazzo Doria Pamphilj (del Principe) 15

Palazzo dell'Università 11

Palazzo Doria Tursi 4

Palazzo Reale 12

Kirchen

San Giovanni di Pré 13

San Siro 7

Santissima Annunziata del Vastato 8

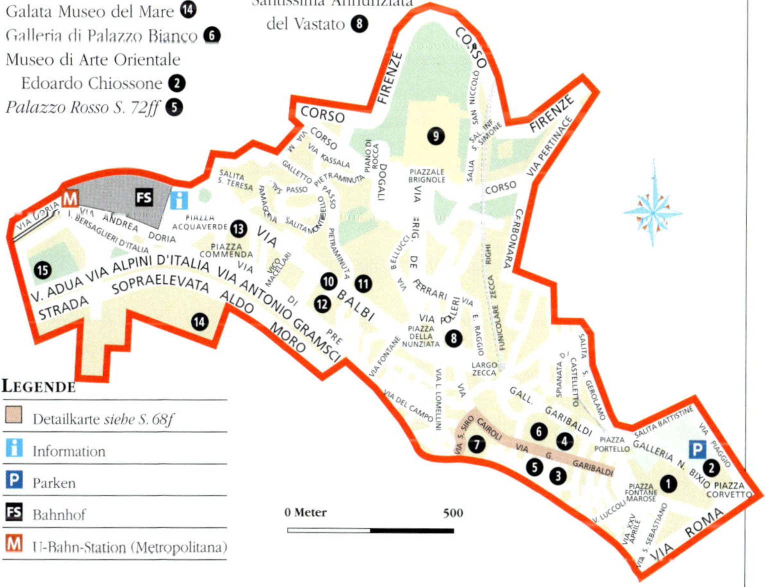

Legende

Detailkarte *siehe S. 68f*

Information

Parken

Bahnhof

U-Bahn-Station (Metropolitana)

Die prächtigen Palazzi an der Via Garibaldi zeugen von Genuas ehemaligem Reichtum

Im Detail: Um die Via Garibaldi

Die Via Garibaldi wurde Mitte des 16. Jahrhunderts als erste neue Straße angelegt, man nannte sie La Strada Nuova. Die Gebäude an der Straße sind wunderbar erhalten, das Innere ist prächtig. Oft beherbergen die Palazzi außergewöhnliche Kunstsammlungen – die reichen Familien waren in jener Zeit gerne als Mäzene tätig. Unter den öffentlich zugänglichen Palazzi sind der Palazzo Doria Tursi, der größte in der Straße und heute das Rathaus, sowie der Palazzo Bianco und der Palazzo Rosso, beide ausgezeichnete Kunstgalerien. Nicht weit davon steht die Kirche San Siro, die erste Kathedrale von Genua, die im 16. und 17. Jahrhundert prunkvoll ausgestattet wurde. Etwas hinter der Piazza della Fontana Marose am Ende der Via Garibaldi befindet sich das Museo »Edoardo Chiossone« *(siehe S. 70)* mit einer sehenswerten Sammlung orientalischer Kunst.

★ Palazzo Rosso
Die größte Kunstgalerie besitzt Schätze wie Porträts von van Dyck und Genueser Arbeiten aus dem 16. bis 18. Jahrhundert. ❺

Santissima Annunziata del Vastato, Palazzo Reale, Palazzo Doria Pamphilj

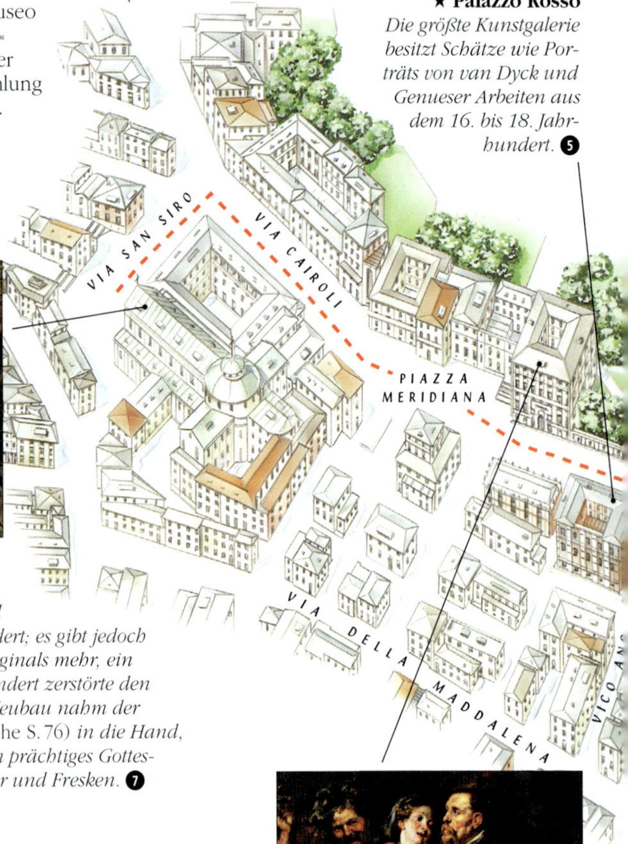

San Siro
Die alte Kathedrale Genuas stammt wohl aus dem 4. Jahrhundert; es gibt jedoch keine Spuren des Originals mehr, ein Feuer im 16. Jahrhundert zerstörte den Bau komplett. Den Neubau nahm der Theatiner-Orden (siehe S. 76) *in die Hand, geschaffen wurde ein prächtiges Gotteshaus mit viel Marmor und Fresken.* ❼

★ Palazzo Bianco
Nach umfangreichen Restaurierungsarbeiten wurde die Galerie im Jahr 2004 wiedereröffnet. In der Sammlung sind viele Genueser Arbeiten, aber auch bedeutende flämische Werke, z. B. das Gemälde Venus und Mars *von Rubens, das hier abgebildet ist.* ❻

Palazzo Doria Tursi
Der Palazzo aus dem 16. Jahrhundert ist dreimal so lang wie die anderen in der Via Garibaldi. Besonders schön ist der Innenhof mit den Doppeltreppen, die zur Loggia führen. ❹

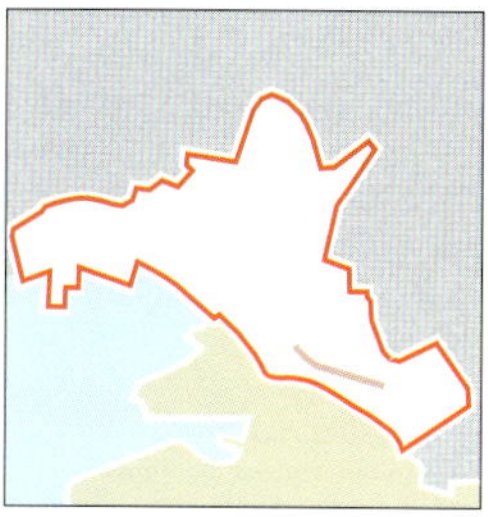

Zur Orientierung
Siehe Stadtplan, Karten 2, 5 & 6

Via Garibaldi
Ein Spaziergang durch die Fußgängerzone zwischen den schön erhaltenen Palazzi versetzt einen zurück bis in das »Goldene Zeitalter« der Genueser Aristokratie im 16. und 17. Jahrhundert. ❸

Der Palazzo Podestà (Baubeginn 1563) zeigt eine wunderbare Fassade, die vom Genueser Manierismus geprägt ist.

Der Palazzo Doria mit seiner Barockfassade wurde 1563–67 erbaut.

Legende

Routenempfehlung

Der Palazzo Carrega Cataldi beherbergt heute die Handelskammer.

Nicht versäumen

★ **Palazzo Bianco**

★ **Palazzo Rosso**

Piazza della Fontana Marose ❶

Karte 6 D2.

DIESER PLATZ verdankt seinen Namen einem alten Brunnen *(fonte)*, der in einem Dokument aus dem 13. Jahrhundert erwähnt ist, aber im 19. Jahrhundert zerstört wurde. Die autofreie, angenehme Piazza sieht etwas »zusammengestückelt« aus – das Ergebnis zahlreicher baulicher Veränderungen in den vergangenen Jahrhunderten.

Unter den Palazzi am Platz ist der **Palazzo Spinola »dei Marmi«** (Nr. 6) der wichtigste. Er wurde Mitte des 15. Jahrhunderts gebaut – also noch vor den Palazzi in der Via Garibaldi – und nach den schwarzen und weißen Marmorstreifen *(marmi)* der Fassade benannt. Der Bauplan musste das extrem steile Gelände mit einbeziehen.

Das einzige Gebäude, das zur selben Zeit wie die Garibaldi-Palazzi gebaut wurde, ist der **Palazzo Interiano Pallavicini** (Nr. 2). Ihn entwarf und baute Francesco Casella im Jahr 1565.

Museo di Arte Orientale Edoardo Chiossone ❸

Villetta Di Negro, Piazzalle Mazzini 4.
Karte 6 D2. *010 542 285.*
Di–Fr 9–13 Uhr, Sa So 10–19 Uhr.
Feiertage. Erdgeschoss.
www.museochiossonegenova.it

GENUAS MUSEUM für Orientalische Kunst liegt im **Parco della Villetta Di Negro.** Der Adlige Ippolito Durazzo entwarf den Park im frühen 19. Jahrhundert als botanischen Garten, um exotische Pflanzen zu akklimatisieren. Bis heute sieht man hier den originalen Mix aus exotischen und mediterranen Arten.

Für das Museum wurde 1971 eine Villa auf dem Hügel gebaut – Ersatz für eine ältere Villa, die im Zweiten Weltkrieg zerstört wurde.

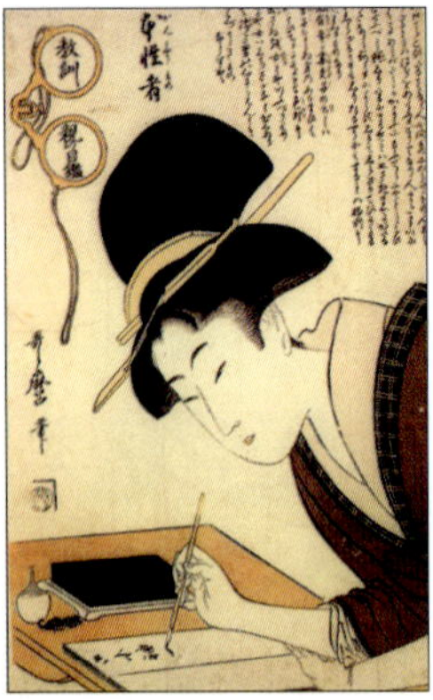

Kolorierter Holzdruck (frühes 19. Jh.) im Museo Chiossone

Diese Sammlung orientalischer Kunst gehört zu den führenden in Europa. Benannt ist sie nach Edoardo Chiossone (1833–1898), einem Maler und Graveuer aus Genua, der 1875–98 das Druckbüro des japanischen Finanzministeriums in Tokio betrieb und Banknoten für die japanische Regierung entwarf. Chiossone war auch als Porträtmaler am japanischen Hof geschätzt und machte sich einen Ruf als Sammler fernöstlicher Kunst.

Edoardo Chiossone vermachte seine Sammlung von rund 15 000 Stücken der Accademia Liguistica von Genua, wo er ausgebildet worden war. Unter den Gemälden, Drucken, Lack- und Emailarbeiten, Skulpturen, Keramiken und Textilien sind ausnehmend seltene Kunstwerke, auch die Sammlung von Samurai-Rüstungen hat Seltenheitswert. Zu erwähnen ist besonders ein *Sitzender Buddha*, eine Skulptur aus lackiertem Holz aus der Kamakura-Periode. Außerdem gibt es Ukiyoe-Malereien, die in Japan seit dem 17. Jahrhundert gefertigt wurden, darunter Werke von den Meistern Harunobu, Shunsho und Utamaro.

Skulptur im Museo Edoardo Chiossone

Via Garibaldi ❸

Karte 5 C2.

DIE FRANZÖSISCHE Schriftstellerin Madame de Staël (1766–1817) war von der Straße so beeindruckt, dass sie sie *Rue des Rois* (Straße der Könige) nannte. Für die Genueser war sie »la Strada Nuova delli Palazzi«. Die Via Garibaldi entstand, weil sich die Adligen Genuas unter Admiral Andrea Doria zu einer Art Oligarchie zusammenschlossen. Gemeinsam mit ein paar Familien, die durch Handel und Finanzgeschäfte zu Reichtum gekommen waren, wollten sie Mitte des 16. Jahrhunderts nicht länger in der engen Altstadt wohnen und begannen, ein neues Viertel zu erschließen.

Eingang zum Palazzo Lercari Parodi in der Via Garibaldi

Die ersten Palazzi wurden unter der Leitung des Architekten Bernardino Canton zwischen 1558 und 1583 gebaut. Man sieht im ersten Abschnitt, wie die Eingänge an beiden Seiten der Straße parallel angeordnet sind – ein Resultat der strengen Planung. Nur der riesige Palazzo Doria Tursi unterbricht die Symmetrie. In den meisten Gebäuden befinden sich heute Büros, Banken und Museen.

Der **Palazzo Cambiaso** (Nr. 1) geht zur Via Garibaldi und zur Piazza della Fontana Marose und verbindet die beiden. Der **Palazzo Lercari Parodi** (Nr. 3) wurde 1571–78 gebaut und hatte ursprünglich offene Loggias nach außen und innen, die heute zugebaut sind. Das Innere ist ungewöhnlich: Die Räume um den Innenhof dienten als Quartiere für Dienstboten, die wichtigen Räume befanden sich im ersten Stock – ganz im Gegensatz zur sonst üblichen Einteilung.

Der **Palazzo Carrega Cataldi** (Nr. 4) wurde 1561 von Bernardo Cantone und G. Battista Castello gebaut. Seine Fassade prunkt mit Fresken und Stuck.

Auch der **Palazzo Podestà** (Nr. 7) wurde von Cantone und Castello entworfen. Hier ist die Fassade ebenfalls reich mit Stuck verziert, dahinter gibt es jedoch eine für die damalige Zeit innovative Ausstattung mit einem ovalen Atrium und einem Garten.

Genuas Wappen an der Fassade des Palazzo Doria Tursi

Palazzo Doria Tursi ❹

Via Garibaldi 9. **Karte** 5 C2. *010 275 80 98.* *Di–Fr 9–19 Uhr, Sa, So 10–19 Uhr.*

Nicolò Grimaldi – er war so reich, dass Zeitgenossen ihn »monarca« nannten – ließ sich diesen überdimensionalen Palazzo bauen, der die geplante Symmetrie in der Via Garibaldi durchbricht. Die Bauarbeiten erfolgten 1569–79 unter der Leitung von Domenico und Giovanni Ponzello, auch der Bildhauer Taddeo Carlone war daran beteiligt.

Schon 1596 erwarb die Familie Doria den Palast. Sie behielt ihn bis 1848, als Kaiser Vittorio Emanuele I ihn kaufte und zum Sitz des Stadtrats machte.

Die Fassade mit dem imposanten Portal hebt sich schon durch die verschiedenfarbigen Steine ab: weißer Marmor, rosafarbener Stein aus Finale und dunkler Schiefer. Ein hoher Sockel verbindet den Mittelbau mit den beiden Seiten-Loggias. Letztere wurden erst im späten 16. Jahrhundert für die Dorias gebaut, fügen sich aber ausgezeichnet in den originalen Entwurf ein.

Der Innenhof mit der großen Treppe, die sich ab dem ersten Absatz elegant in zwei seitliche aufteilt, gehört zu den schönsten Genuas. Der Uhrenturm wurde 1820 errichtet.

Auch das Innere besticht durch Eleganz. Das Gebäude ist seit 2004 ein Museum, so dass man auch die meisten ehemaligen Privaträume besichtigen kann. Zur Sammlung gehören Kunstwerke und kunstvoll gearbeitete Gebrauchsgegenstände, Münzen, Porzellan und eine Violine, die 1742 Niccolò Paganini gehörte. Unter den ausgestellten Handschriften sind drei Briefe, die Christoph Kolumbus unterschrieben hat.

Der große Innenhof des Palazzo Doria Tursi mit Arkaden und Glockenturm

Palazzo Rosso ❺

Siehe S. 72ff.

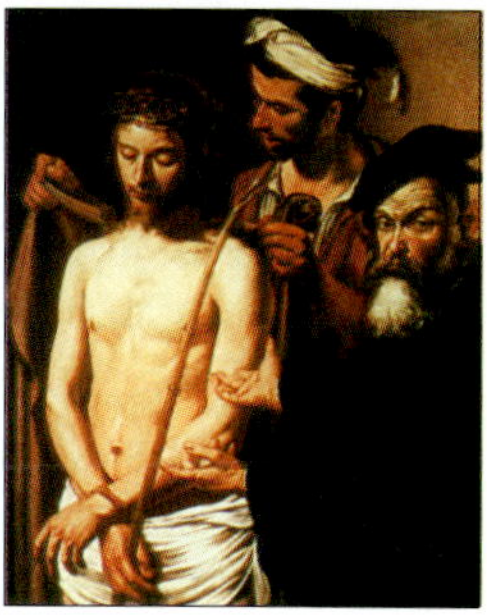

***Ecce Homo* (1605) von Caravaggio im Palazzo Bianco**

Galleria di Palazzo Bianco ❻

Via Garibaldi 11. **Karte** 5 C2. *010 557 20 13.* *Di–Fr 9–19 Uhr, Sa, So 10–19 Uhr.*
www.museopalazzobianco.it

Der Palazzo Bianco am Ende der Via Garibaldi wurde Mitte des 16. Jahrhunderts für die Familie Grimaldi gebaut. 1714 ließ Maria Durazzo Brignole Sale, die Herzogin von Galliera, eine neue, strahlend weiße Fassade gestalten – vielleicht damit sich das Haus vom nahen Palazzo Rosso, dem ersten Wohnsitz der Familie Brignole, abheben sollte.

1888 überschrieb eine spätere Herzogin von Galliera dieses Haus zusammen mit dem Palazzo Rosso der Stadt. Zur Schenkung gehörte auch eine ansehnliche Kunstsammlung, die die Familie Galliera im Laufe der Jahrhunderte zusammengetragen hatte.

Viele europäische Gemälde aus dem 13. bis 18. Jahrhundert sind ausgestellt, darunter Werke der flämischen Maler Gérard David, van Dyck und Peter Paul Rubens sowie Bilder von Murillo, Filippino Lippi, Caravaggio und Veronese. Vor allem aber ist ein Besuch der Galleria wie eine Tour durch die Genueser Kunstgeschichte. Zu den bekannten lokalen Künstlern gehören Luca Cambiaso, Bernardo Strozzi, Giovan Battista Castiglione (genannt »Il Grechetto«) sowie Alessandro Magnasco mit dem berühmten *Trattenimento in un Giardino di Albaro* (1735).

Palazzo Rosso ❺

Der Palazzo verdankt seinen Namen der rötlichen Farbe der Fassade. Er ist das letzte prächtige Gebäude in der Via Garibaldi und eine der wichtigsten Residenzen in Genua. Pierantonio Corradi baute ihn in den 1670er Jahren für die Familie Brignole Sale, die sich damals auf dem Höhepunkt ihrer Macht befand. Die beiden Hauptetagen wurden für die Brüder Gian Francesco und Ridolfo konzipiert, beide leidenschaftliche Kunstsammler. Als die Herzogin di Galliera, Maria Brignole Sale De Ferrari, den Palazzo 1884 der Stadt schenkte, gingen auch die reichen Sammlungen in die öffentliche Hand über. Im Zweiten Weltkrieg wurde der Palazzo Rosso schwer beschädigt, in den 1950er Jahren führte Franco Albini eine gelungene Restaurierung durch. Die Ausgestaltung mit Fresken und Stuck ist hier ebenso bewundernswert wie die Kunstwerke.

Die Deckenfresken von Gregorio De Ferrari in Saal 12 wurden 1942 durch eine Bombe zerstört.

★ Van-Dyck-Porträts
Unter den Porträts der Familie Brignole Sale in Saal 13 ist auch das von Anton Giulio. Van Dyck stellt den 22-Jährigen zu Pferd in einer Pose dar, die eigentlich Herrschern vorbehalten war – eine Reverenz an seinen hohen sozialen Status.

★ *Allegorie des Frühlings* von Gregorio De Ferrari
Für sein Deckenfresko, das 1686/87 in der Sala della Primavera enstand, wählte der Maler eine Szene, in der Venus Mars verführt. Das Meisterstück barocker illusionistischer Kunst schuf De Ferrari nicht allein, zahlreiche andere Künstler arbeiteten daran mit.

***Bildnis eines junges Mannes* von Albrecht Dürer**
Das Gemälde entstand 1506 während der zweiten Italienreise des Nürnberger Künstlers. Das Modell blickt nicht, wie bis dahin oft üblich, zur Seite, sondern sieht den Betrachter direkt an.

Legende

- Italienische und europäische Malerei, 15.–17. Jh.
- Genueser Malerei 16.–18. Jh.
- Sale delle Stagioni
- Säle mit Allegorien des Menschenlebens
- Verwaltungsbereich

Infobox

Via Garibaldi 18. **Karte** 5 C2.
010 247 63 51.
Di–Fr 9–19 Uhr, Sa, So 10–19 Uhr.
www.museopalazzorosso.it

Alcova

Der prächtige Raum aus dem 18. Jahrhundert weist Fresken auf, die mit viel vergoldetem Stuck gerahmt sind. In der Nische steht ein Hochzeitsbett (um 1780), Pastell-Porträts an der Wand zeigen Mitglieder der Familie Brignole Sale.

***Die Köchin* von Bernardo Strozzi**

Der Genueser Maler Strozzi (1581–1644) eiferte flämischen Vorbildern und dem Naturalismus Caravaggios nach.

Kurzführer

Die wichtigsten Kunstwerke im Palazzo Rosso sind auf zwei Stockwerken in 22 Sälen zu sehen, es gibt elf weitere Säle in Nebengebäuden. Im ersten Stock sind Arbeiten von Guido Reni und Guercino sowie des Genueser Malers Bernardo Strozzi zu sehen. Im zweiten Stock bilden – neben den Porträts der Familie Brignole Sale von Anthonis van Dyck – die prächtig ausgeschmückten Räume die Hauptattraktion, besonders die Sale delle Stagioni mit den Deckenfresken von Gregorio De Ferrari. Zur Galerie gehören auch die beste kunstgeschichtliche Bibliothek Liguriens sowie das centro didattico, das Aktionen für Kinder organisiert. Die Galerie wurde in letzter Zeit umorganisiert, der Standort mancher Kunstwerke kann sich geändert haben.

Nicht versäumen

★ ***Allegorie des Frühlings***

★ **Van-Dyck-Porträts**

Überblick: Palazzo Rosso

DAS MUSEUM erstreckt sich über zwei Stockwerke, überall sieht man Pracht: Antiquitäten, Skulpturen, Spiegel und Porzellan. Im oberen Stock, in dem man früher wohnte, wurden die Räume im 17. Jahrhundert mit Fresken ausgemalt – anschauliche Beispiele für barocke Dekoration. Die Gemälde der Familie Brignole Sale bilden den Kern der Sammlungen; es sind hauptsächlich Arbeiten italienischer und flämischer Meister sowie von Künstlern der Genueser Schule. Der Palazzo Rosso ist weit mehr als ein Museum; er war Wohnhaus, Residenz und Kunstgalerie zugleich. Daher gibt das Ensemble deutlichen Aufschluss über den Geschmack der Zeit, in der die Sammlungen zusammengetragen bzw. Künstler beauftragt wurden.

***Der heilige Sebastian* von Guido Reni in Saal 4**

Säle 2 bis 6: Italienische und europäische Malerei, 15.–17. Jahrhundert

DIESE UMFANGREICHE Sammlung bedeutender Gemälde wurde von Mitgliedern der Familie Brignole Sale zusammengetragen. Über zwei Jahrhunderte lang erwarben sie Kunst. Die Hochzeit zwischen Giovan Francesco Brignole Sale und Maria Durazzo erweiterte die Sammlung um die Stücke aus dem Besitz der Durazzos.

In Saal 1 hängt das *Ritratto di Maria Brignole Sale* (1856), eines der zahlreich vertretenen Familienporträts. Saal 2 präsentiert das bekannte *Bildnis eines jungen Mannes vor grünem Hintergrund* (1506) von Albrecht Dürer, aber auch das *Ritratto virile* (15. Jh.), das früher Pisanello zugeschrieben wurde, heute jedoch entweder Michele Giambono oder Gentile da Fabriano. Das Bild *Madonna mit Kind, Johannes der Täufer und Maria Magdalena* (1520–22) des Malers Palma il Vecchio zeigt eine bezaubernde Landschaft.

Saal 3 widmet sich Arbeiten der Venezianischen Schule des 16. Jahrhunderts, darunter sind Werke von Paolo Veronese und Tintoretto. Eines der schönsten Bilder ist *Judith und Holofernes* von Paolo Veronese. Der venezianische Stil wurde in der zweiten Hälfte des 17. Jahrhunderts in ganz Europa geschätzt – auch von den Brignoles, die zu diesem Zeitpunkt in großem Stil zu sammeln begannen. Andere Werke in Saal 3 sind von Paris Bordone und Alessandro Bonvicini, auch als Il Moretto bekannt.

Saal 4 präsentiert Gemälde des 17. Jahrhunderts, die aus der Emilia-Romagna, hauptsächlich aus Bologna stammen. Zu den Höhepunkten gehört eine *Verkündigung* auf Kupfer von Ludovico Carracci, der zusammen mit seinen Cousins Agostino und Annibale eine Schlüsselfigur der Bologneser Schule war. Zu seinen Schülern zählte auch Guido Reni; an dessen *Heiligem Sebastian* (1615/16) kann man sehen, wie die klassische Malerei menschliche Emotionen behandelte. Die Arbeiten des Malers Giulio Cesare Procaccini sind ebenfalls sehenswert.

Meisterschaft der Farbgebung: *Judith und Holofernes* von Paolo Veronese

Saal 5 enthält Bilder von Guercino (1591–1666), was zeigt, wie beliebt der Künstler in Genua war. *Die sterbende Kleopatra* wurde von der Familie Durazzo 1648 gekauft und kam im 18. Jahrhundert zur Sammlung der Brignole. Vom selben Maler stammen *Gottvater mit Engel* (um 1620), einst Teil eines großen Altarbilds mit dem Titel *Vestizione di San Guglielmo,* das heute in der Pinacoteca Nazionale di Bologna hängt, sowie das Werk *Selbstmord des Catone Uticense* (1641).

Saal 6 ist der neapolitanischen und römischen Malerei des 17. Jahrhunderts gewidmet. Zu sehen sind die *Rast auf der Flucht nach Ägypten* (1680) von Carlo Maratta, einige Werke von Mattia Preti, darunter *Die Auferstehung des Lazarus* (1630–40), bei dem Licht und Schatten höchst dramatisch eingesetzt sind.

Säle 7 bis 10: Genueser Malerei, 16.–18. Jahrhundert

DIESE SÄLE dokumentieren, wie viele Werke von sehr hoher Qualität die Genueser Schule während Genuas Blütezeit vom 16. bis 18. Jahrhundert hervorbrachte.

Saal 7 widmet sich vor allem dem Genueser Maler Bernardo Strozzi (1581–1644). Seine Bilder rangieren von der jugendlich wirkenden *Carità* über zwei religiöse Werke, die den heiligen Franziskus darstellen, bis hin zu

Arbeiten aus seiner späten Zeit wie die *Madonna mit Kind und dem heiligen Johannes,* die deutlich den Einfluss Caravaggios zeigt, und *Die Köchin,* die von flämischen Meistern beeinflusst ist.

In Saal 9 sieht man Gemälde von Sinibaldo Scorza (1589–1631) und Giovan Battista Castiglione (1610–1665), den man Il Grechetto nannte. Scorza war hauptsächlich Landschafts- und Tiermaler. Il Grechetto, ein hochtalentierter Zeichner und Graveur, nahm biblische Themen auf; seine *Flucht der Familie Abrahams* (1630er Jahre) ist ein gutes Beispiel dafür.

Saal 10 widmet sich den Genueser Künstlern des 17. und 18. Jahrhunderts. Unter anderem zu sehen sind Gemälde von Gioacchino Assereto, Giovanni Bernardo Carbone und Carlo Antonio Tavella, Spezialisten für die Darstellung idyllischer Landschaften.

Van Dycks *Geronima Brignole Sale und ihre Tochter Aurelia*

Säle 12 bis 17: Sale delle Stagione und Loggias

In Saal 12 waren ursprünglich die Fresken *Mythos des Phaethon* von Gregorio De Ferrari zu sehen, die im Zweiten Weltkrieg zerstört wurden und nur in Entwurfszeichnungen erhalten sind. De Ferraris Arbeiten in den anschließenden Räumen (13–16) sind jedoch erhalten. Die Deckenfresken in den vier Sale delle Stagione (Säle der Jahreszeiten) entstanden zwischen

Loggia delle Rovine (oder Loggia di Diana), mit Fresken von Piola

1687 und 1689, *Frühling* und *Sommer* stammen von Gregorio De Ferrari, *Herbst* und *Winter* von Domenico Piola (unterstützt von Enrico und Antonio Haffner). Auf den illusionistischen Bildern liegt Stuck über Fresken, eine komplexe Ikonografie kündet vom großen Ruhm der Familie Brignole Sale.

Der dekorative Zyklus findet seinen Höhepunkt in den Fresken der Loggia delle Rovine (oder Loggia di Diana) von Paolo Gerolamo Piola. Außerdem sind hier schöne Arbeiten Van Dycks zu sehen (zu den Highlights gehören die Porträts von *Anton Giulio Brignole Sale, Paolina Adorno Brignole Sale* sowie *Geronima Brignole Sale und ihre Tochter Aurelia*). Die Bilder wurden in der ersten Hälfte des 17. Jahrhunderts von Gio Francesco Brignole in Auftrag gegeben – eine eindrucksvolle Demonstration der ökonomischen Macht, die die Familie erlangt hatte.

Säle 18 bis 22: Säle mit Allegorien menschlichen Lebens

Giovanni Andrea Carlone, Bartolomeo Guidobono, Carlo Antonio Tavella und Domenico Parodi malten die Säle 1691/92 mit Fresken aus. Die Bilder tragen die Titel *Vita dell'uomo* (Saal 18), *Arti liberali* (19) und *Gioventù in cimento* (22).

Raum 21, Alcova, ist mit Originalmöbeln ganz im Stil des 18. Jahrhunderts ausgeschmückt. Perspektivische Wandgemälde von Andrea Leoncino schmücken Wände und Decke. Das Hochzeitsbett fertigte Gaetano Cantone im Jahr 1783.

Säle 29 bis 39: Nebengebäude (Münzen, Masse und Gewichte sowie Porzellan)

Auch die in den Nebengebäuden ausgestellten Stücke gehören zur Sammlung Brignole Sale, sie kamen durch Käufe oder als Geschenke hinzu. Zur numismatischen Sammlung gehören Münzen aus dem 6. bis 2. Jahrhundert v. Chr., römische Münzen (aus der Republik, der Kaiserzeit und dem Oströmischen Reich), in Genua geprägte Münzen aus dem 12. bis 19. Jahrhundert sowie Münzen, die in Ligurien, in anderen Teilen Italiens oder in den Genueser Kolonien geprägt wurden. Die Porzellansammlung umfasst schöne Majoliken und Porzellan aus Italien und anderen Ländern Europas aus dem 15. bis 19. Jahrhundert, darunter viele Stücke aus der Manufaktur Ginori, von der venezianischen Firma Cozzi (Saal 36), aus Meißen und Sèvres (Saal 37). Aus Sèvres stammt *Amore Minaccioso,* eine unglasierte Porzellanfigur des französischen Bildhauers Étienne Falconet. Zu sehen sind auch Stücke des Briten Josiah Wedgwood. In Saal 38 sind italienische Majoliken aus dem 18. Jahrhundert ausgestellt (Teller aus Pavia und Castelli d'Abruzzo), in Saal 39 Stücke des 16. Jahrhunderts aus Faenza, Deruta und Montelupo.

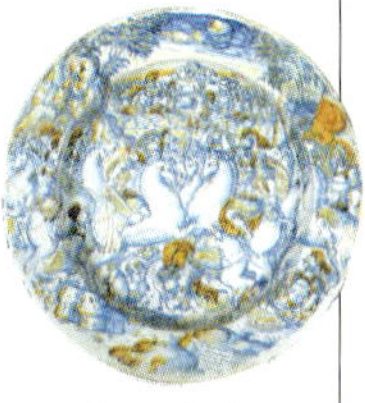

In Italien gefertigter Keramikteller

San Siro ❼

Via San Siro 3. **Karte** 5 B2.
010 246 16 74.
tägl. 8–12, 15–19 Uhr.

Eine Kirche San Siro wird zum ersten Mal im 4. Jahrhundert erwähnt. Bis zum 9. Jahrhundert war sie Genuas Kathedrale, dann ging dieser Titel auf San Lorenzo über. Nach einem Großbrand 1580 wurde San Siro unter den Theatinern neu gebaut. Der Orden war 1524 im Zuge der Gegenreformation gegründet worden und hatte eine neue Frömmigkeit in der römisch-katholischen Kirche zum Ziel.

Das Innere der Kirche San Siro, einst die Kathedrale Genuas

Die Außenfassade von San Siro, ein Entwurf von Carlo Barabino, bekam zwar erst 1821 seine heutige Form, der Schmuck im Inneren wurde zum Großteil in der zweiten Hälfte des 17. Jahrhunderts gefertigt. Ins Auge fällt der Marmor an den Wänden und am Boden, die Fresken und Stuckarbeiten stammen von Giovanni Battista und Tommaso Carlone. Der monumentale Hochaltar aus Bronze und schwarzem Marmor (1670) ist ein Werk von Pierre Puget. Besondere Beachtung verdient eine *Verkündigung* (1639) des Künstlers Orazio Gentileschi. Die Seitenkapellen wurden von Domenico Fiasella, Domenico Piola und Gregorio De Ferrari ausgestaltet. Letzterer schuf auch die Gemälde in der Sakristei.

Santissima Annunziata del Vastato ❽

Piazza della Nunziata 4. **Karte** 5 B1.
010 246 55 25. Mo–Fr 7–11.30, 16–18.30 Uhr, Sa, So 7.30–12.45, 16.30–18.45 Uhr.
nicht während Gottesdiensten.

Im Namen der Kirche verbinden sich der alte und der neue Name des Platzes, an dem sie steht. Die Piazza della Nunziata hieß früher Piazza del Vastato, was sich von *guastum* oder *vastinium* ableitet. Die beiden Begriffe beziehen sich darauf, dass der Distrikt nicht innerhalb der Stadtmauern lag und damit ohne jede Einschränkung militärisch genutzt werden konnte.

Die ursprüngliche Kirche stammt aus dem Jahr 1520, im 16. und 17. Jahrhundert wurde sie jedoch von der Familie Lomellini neu gebaut. Es gibt zwei Glockentürme und einen Portikus aus dem 19. Jahrhundert.

Mit der Innengestaltung waren 1627/28 die Brüder Giovanni und Giovan Battista Carlone beschäftigt, in den folgenden Jahrzehnten fügten Gioacchino Assereto, Giovanni Andrea Ansaldo und Giulio Benso weitere Schmuckelemente hinzu. Das Mittelschiff steht ganz im Zeichen der Glorifizierung Christi und der Jungfrau Maria. In den Gewölben der Seitenschiffe sind Fresken von Giovanni Carlone zu sehen: *Auferstehung* und *Pentecoste* (Pfingsten). Das Fresko *Mariä Himmelfahrt* in der Kuppel wurde von Andrea Ansaldo gemalt und später von Gregorio De Ferrari restauriert.

In den Seitengängen sind Szenen aus dem Alten und dem Neuen Testament zu sehen. Die Fresken im Presbyterium und in der Apsis (*Verkündigung* und *Himmelfahrt*) schuf Giulio Benso in einem grandiosen Rahmen aus gemalter Architektur.

Albergo dei Poveri ❾

Piazzale Brignole 2. **Karte** 2 E1.

Die Fassade fällt vor allem auf, wenn man sich dem Albergo dei Poveri von der Via Brignole De Ferrari her nähert. Es ist eine der ersten Wohltätigkeits-Institutionen Italiens, die hier in Genua im 17. Jahrhundert unter Emanuele Brignole erbaut wurde. Hier bekamen die Armen und Kranken Essen, Unterkunft und medizinische Versorgung – was nicht zuletzt für eine recht soziale Gesinnung der adligen Familien spricht.

An der weißen Fassade prangt das Wappen der Stadt Genua. Der Komplex hat vier Innenhöfe, in der Mitte steht eine Kirche. Auch Kunst ist hier vertreten: Gemälde von Giovan Battista Paggi, Pierre Puget und Domenico Piola. Vor kurzer Zeit wurde das Gebäude von der Universität übernommen, unter Umständen wird es jedoch bald öffentlich zugänglich sein.

Ganz in der Nähe verlaufen die **Salita di San Bartolomeo del Carmine** und die **Salita San Nicolò,** zwei gut erhaltene, steile, enge Straßen (*creuze*).

Sehr imposant für ein ehemaliges Armenhaus: Albergo dei Poveri

Der Innenhof eines Palazzo an der Via Balbi

Via Balbi ⑩

Karte 2 E2.

DIE STRASSE, die von der Piazza della Nunziata ab zweigt, war eine der urspüngrlichen Strade Nuove. Bartolomeo Bianco lieferte 1602 das Konzept und entwarf viele Palazzi an der Via Balbi. Die Arbeiten wurden von der Familie Balbi finanziert. Es war eine Abmachung mit der Regierung von Genua, deren Interesse es war, den Verkehrsfluss in der Stadt zu verbessern. (Ironischerweise ist die Via Balbi heute meist hoffnungslos verstopft.)

Im Jahr 1620 standen sieben Palazzi an der Via Balbi, wie etwa die Residenz der Balbis. Leider ist keines dieser Gebäude öffentlich zugänglich.

Der **Palazzo Durazzo Pallavicini** (Nr. 1) von 1618 hat ein schönes Atrium und eine prächtige Treppe aus dem 18. Jahrhundert. Im **Palazzo Balbi Senarega,** (Nr. 4) sind heute Fakultäten der Universität untergebracht. Fresken von Gregorio De Ferrari schmücken das Innere.

Palazzo dell'Università ⑪

Via Balbi. **Karte** 2 E2. *010 209 91.* *Mo–Fr 7–19 Uhr, Sa 7–12 Uhr.*

DAS WOHL berühmteste Gebäude an der Via Balbi wurde 1634–36 als Jesuitenkolleg von Bartolomeo Bianco gebaut. Seit 1775 dient es als Sitz der Universität von Genua; das Rektorat und einige Fakultäten sind hier untergebracht.

Wie in den Palazzi in der Via Garibaldi (besonders im Palazzo Doria Tursi) gibt es ein Atrium, einen erhöhten Innenhof (mit paarweise angeordneteten Säulen) sowie hängende Gärten.

In der **Aula Magna** stehen sechs Statuen (1579) von Giambologna, sie stellen die Kardinaltugenden Weisheit, Tapferkeit, Besonnenheit und Gerechtigkeit sowie die theologischen Tugenden Glaube, Hoffnung und Liebe dar.

Die **Biblioteca Universitaria** ist in der ehemaligen Kirche der Heiligen Gerolamo und Francesco Saverio untergebracht. Die Apsis mit den Fresken von Domenico Piola dient als Lesesaal.

Vase im Palazzo Reale

Palazzo Reale ⑫

Via Balbi 10. **Karte** 5 A1. *010 271 02 36.* *Di, Mi 9–13.30 Uhr, Do–So 9–19 Uhr.* *1. Jan, 1. Mai, 25. Dez.* *Kombiticket für den Palazzo Reale und den Palazzo Spinola.* www.palazzorealegenova.it

DIE FAMILIE BALBI ließ den Palazzo 1643–55 erbauen, doch nur etwa 50 Jahre später wurde er für Eugenio Durazzo komplett umgestaltet. Der Architekt des Umbaus war Carlo Fontana. Er entschied sich dafür, aus dem Renaissance-Palazzo ein barockes Schloss zu machen. Seinen Namen bekam das Gebäude 1825, als Genua Residenz der Hauses Savoyen wurde.

Auffallend ist Fontanas Innenhof, eine Kombination feiner Architektur in Rot und Gelb mit schönen Ausblicken über den Hafen. Das Bodenmosaik im Garten stammt ursprünglich aus einem Kloster.

Die Familie Durazzo und später das Haus Savoyen ließen die Räume von ihrem Anwesen im 18. und 19. Jahrhundert prächtig ausschmücken. Heute sind die Säle Teil der **Galleria Nazionale.** Zu bestaunen gibt es Mobiliar, Tapisserien, Fresken, Gemälde und Skulpturen. Einer der prunkvollsten Räume ist die Galleria degli Specchi (Spiegelsaal) aus dem 18. Jahrhundert. Die Deckenfresken hier wurden von Domenico Parodi gemalt. Aus der Savoyer Zeit stammen die Sala del Trono (Thronsaal), die Sala delle Udienze (Audienzsaal) und der Salone da Ballo (Ballsaal). Zu den wertvollsten Kunstwerken des Museums zählen Gemälde von Luca Giordano, van Dyck, Bernardo Strozzi, Il Grechetto und Valerio Castello sowie Skulpturen von Francesco Schiaffino und Filippo Parodi.

Die Galleria degli Specchi (Spiegelsaal) im Palazzo Reale

Loggias an der Piazza della Commenda

San Giovanni di Pré und La Commenda ⓭

Piazza della Commenda 1.
Karte 2 D2. *010 265 486.*
Obere Kirche *Mo–Sa 8–12.30, 15–19 Uhr, So 7.30–13, 15–19 Uhr.*
Untere Kirche *nur nach Vereinbarung.* *mit Genehmigung.*

San Giovanni di Pré wurde 1180 von Johannitern gegründet. »Pré« kommt von »prati« (Felder) und zeigt, wie weit außerhalb das Gotteshaus, das sich heute direkt am Hauptbahnhof befindet, damals lag. Die Kirche war romanisch, wurde aber im 14. Jahrhundert weitgehend umgebaut. Der Glockenturm mit dem pyramidischen Aufsatz ist original erhalten.

Eigentlich besteht San Giovanni di Pré aus zwei Kirchen. In der unteren Kirche betete das gemeine Volk, die obere war den Johannitern vorbehalten und wurde erst im 18. Jahrhundert der Öffentlichkeit zugänglich gemacht. Dafür musste man die Kirche »umdrehen«, in die Apsis baute man das Portal, eine zweite Apsis wurde am anderen Ende gestaltet.

Die obere und die untere Kirche ähneln einander: Säulen und gotische Bogen trennen die Gänge mit ihren Rippengewölben, viel blanker Stein schafft eine ganz besondere Atmosphäre, in der die Gemälde von Giulio Benso, Bernardo Castello und Lazzaro Tavarone gut zur Geltung kommen.

La Commenda direkt neben der Kirchen wurde im 11. Jahrhundert von den Johannitern erbaut, um Unterkünfte für die Pilger zu schaffen, die auf ein Schiff ins Heilige Land warteten. Das Gebäude diente auch als Hospital.

Der Portikus mit den zwei Loggias liegt zur Piazza dell Commenda. Der Komplex wurde zwar im 16. Jahrhundert umgebaut, Restaurierungsarbeiten in den 1970er Jahren brachten jedoch das romanische Originalgebäude wieder zum Vorschein. Heute wird der Komplex für Ausstellungen und andere Veranstaltungen genutzt.

Ein kurzer Spaziergang auf der Via di Pré nach Osten bringt Sie zur **Porta dei Vacca** (oder **Santa Fede**), einem gotischen Bogen von 1155, der jedoch durch Anbauten sehr verändert wurde.

Galata Museo del Mare ⓮

Calata De Mari 1, Darsena.
Karte 2 D3. *010 234 5655.*
Nov–Feb Di–So 10–18 Uhr; März–Okt tägl. 10–19.30 Uhr (Aug Fr 10–22 Uhr).
www.galatamuseodelmare.it

Das neue Schifffahrts- und Meeresmuseum – das größte seiner Art im Mittelmeerraum – wurde erst 2004 eröffnet und trägt viel zur Wiederbelebung des Hafens bei. Der Komplex kombiniert Architekturelemente des 16. bis 19. Jahrhunderts mit modernen Strukturen aus Glas, Holz und Aluminium. Er liegt am Darsena-Hafen bei der Stazione Marittima und der historischen Galata-Werft.

Das Museum illustriert die lange Seefahrergeschichte Genuas vom Mittelalter bis in die Gegenwart. Blickfang ist eine schön restaurierte Genueser Galeere des 16. Jahrhunderts, auffallend präsentiert hinter einem Glassegel, nachts beleuchtet und in der ganzen Bucht sichtbar.

In den 20 Sälen des Museums sind Karten und Navigationsinstrumente ausgestellt, aber auch ein gut erhaltenes Trockendock des 17. Jahrhunderts und ein rekonstruiertes Piratenschiff aus jener Zeit.

Viele Exponate sind interaktiv, man kann Schiffe begehen und somit hautnah erleben, wie das Leben auf See war. Sogar die Umsegelung von Kap Hoorn im Sturm kann man nachvollziehen.

Der prunkvolle Neptunbrunnen in den Gärten des Palazzo Doria Pamphilj

Palazzo Doria Pamphilj (del Principe) ⓯

Piazza del Principe. **Karte** 1 C1.
010 255 509.
Di–So 10–17 Uhr. *1. Jan, Ostern, 1. Mai, Aug, 25. Dez.*
vorher buchen. *Eingang an der Via San Benedetto 2.*
www.palazzodelprincipe.it

Als Andrea Doria auf dem Höhepunkt seiner politischen Macht war, ließ sich der Doge diesen fürstlichen Palazzo erbauen. Bis heute ist das Gebäude in der Hand der Familie Doria Pamphilj.

Die Bauarbeiten begannen 1529, mehrere existierende Gebäude wurden integriert. Als Karl V., Kaiser des Heiligen Römischen Reichs, 1533 als Gast hierher kam, war die

Andrea Doria als Neptun von Bronzino

Andrea Doria

Diese Darstellung von Andrea Doria (1468–1560), von Bronzino nach 1540 geschaffen und heute im Palazzo Doria Pamphilj zu sehen, macht »alles klar«: Der Admiral, obwohl nicht mehr jung, nimmt halb nackt eine heroische Pose ein – als Neptun, Gott des Meeres. Vereint sind hier zwei zentrale Themen seines Lebens – das Meer und die Kunst. Andrea Doria stammte aus einer der vornehmsten und mächtigsten Familien Genuas und musste doch vielen Herren dienen: erst verschiedenen italienischen Fürsten, dann – an der Spitze der Genueser Flotte – dem Papst, dann dem König von Frankreich und schließlich Kaiser Karl V. Kriege beförderten Dorias Karriere. Er war ein talentierter Soldat und Admiral, einer der wenigen, die die gefürchteten Piraten des Mittelmeers abwehren konnten. Die Genueser respektierten das und machten Andrea Doria 1528 zum Dogen. In dieser Position verabschiedete er eine aristokratisch orientierte Verfassung, die bis 1798 galt.

Innendekoration schon fast fertig. Einer der wichtigsten daran beteiligten Künstler war Perin del Vaga (um 1501 bis 1547), ein Schüler Raffaels, der von Andrea Doria nach Genua geholt worden war.

Durch das Marmorportal von Silvio Cosini kommt man in ein Atrium. Hier sieht man die Fresken *Geschichten der Könige von Rom* und *Militärische Triumphe*, beide 1529 von Perin del Vaga gemalt. Die **Loggia degli Eroi** im Obergeschoss weist eine Stuckdecke von del Vaga und Luzio Romano auf, an der inneren Wand zeigen die Fresken von del Vaga die zwölf Vorfahren der Familie Doria; die Werke leuchten nach Restaurierungsarbeiten wieder in den Originalfarben.

Auch die Deckenfresken im **Salone dei Giganti** stammen von del Vaga, sie stellen *Giganten, von Jupiter niedergestreckt* (1531) dar. Auf einem Wandteppich in der **Galleria** ist die *Schlacht von Lepanto* dargestellt, die Tapisserie wurde 1591 in Brüssel nach einem Entwurf von Luca Cambiaso gefertigt. Nach der Restaurierung sind auch die Privatgemächer von Andrea Doria und seiner Frau zu besichtigen.

Figur an der Fontana del Tritone

Um den Palazzo erstreckte sich vom Meer bis zum Monte Granarolo hinter dem Haus einst ein bezaubernder Park. Er wurde im 19. und 20. Jahrhundert stark verändert, um einer Eisenbahntrasse und einigen Straßenkreuzungen Platz zu machen. Auch der Zweite Weltkrieg hinterließ Schäden. Heute läuft ein Projekt, den Park wieder in den alten Zustand zurückzuversetzen, damit die **Fontana del Tritone** von Montorsoli (ein Schüler Michelangelos) und die **Fontana di Nettuno** (beide 16. Jh.) von Taddeo Carlone wieder richtig zur Geltung kommen.

Die **Stazione Marittima,** an der in den 1930er Jahren die Transatlantik-Schiffe ablegten, war einst der Privatkai von Andrea Doria.

Die restaurierten Fresken von Perin del Vaga in der Loggia degli Eroi

Abstecher

Die Stadt erstreckt sich vom Zentrum etwa gleich weit nach Westen und Osten, der Großraum Genua reicht von Voltri an der Riviera di Ponente bis nach Nervi an der Riviera di Levante. Jenseits der langen Umgehungsstraße Circonvallazione a Monte und der alten Stadtbefestigung beginnen die Bezirke, die erst bei der Eingemeindung in den 1920er Jahren zu »Grande Genova« kamen.

Eine der vielen Katzen, die die Fischer von Boccadasse füttern

Viele Sehenswürdigkeiten an der Küste und im bergigen Hinterland sind einen Abstecher wert: Der Park der Villa Durazzo Pallavicini in Pegli, im 19. Jahrhundert angelegt, birgt romantische Überraschungen. Die Wallfahrtskirchen oberhalb Genuas sind berühmt für ihre Krippen. Zu Genuas Stadtbefestigung aus dem 17. Jahrhundert gehören perfekt erhaltene Burgen. Ein mittelalterliches Juwel, die Kirche San Siro di Struppa, steht etwas weiter im Hinterland zwischen Weinbergen und Gärten. Eine der Hauptattraktionen Genuas ist der klassizistische Friedhof Cimitero di Staglieno.

An der Küste östlich des Stadtzentrums kommt man zunächst in den städtischen Bezirk Albaro mit seinen schönen Villen, gleich dahinter zieht Boccadasse mit der Atmosphäre eines alten Fischerdorfs Besucher und Einheimische an. Nervi, der bekannte Badeort mit seinen Jugendstilbauten, lädt zu Spaziergängen ein: Für den städtischen Park wurden die Gärten von drei Villen zusammengelegt, und die Passeggiata Anita Garibaldi ist einer der schönsten Küstenwege Italiens.

Sehenswürdigkeiten auf einen Blick

Historische Gebäude
Castello D'Albertis 6
Stadtmauern und Befestigungsanlagen 9

Bewohnte Gebiete
Albaro 12
Boccadasse 13
Nervi 14

Pegli 2
Voltri 1

Kirchen und Kapellen
Basilica di San Francesco di Paola 4
San Bartolomeo degli Armeni 8
San Siro di Struppa 11
Santuario della Madonnetta 7
Santuario di Oregina 5

Park
Parco Durazzo Pallavicini 3

Friedhof
Cimitero di Staglieno 10

Legende
- Zentrum von Genua
- Großraum Genua
- Autobahn
- Hauptstraße
- Nebenstraße
- Eisenbahn
- Stadtmauer
- Fährhafen
- Flughafen

0 Kilometer 5

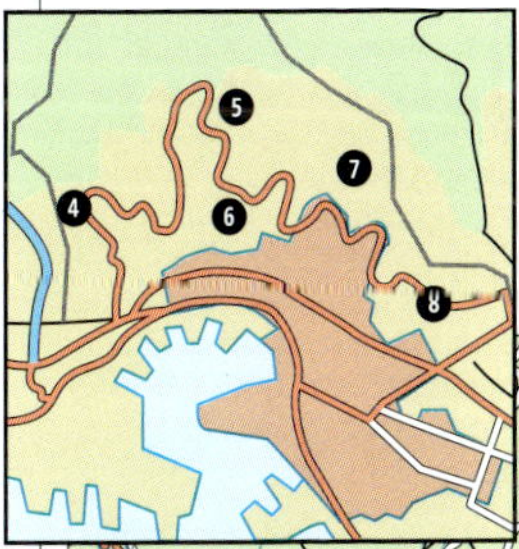

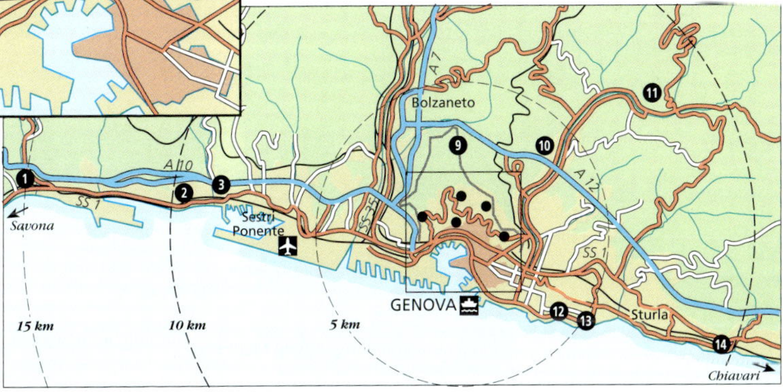

◁ **Der ägyptische Obelisk an einem der Teiche im Parco Durazzo Pallavicini in Pegli**

Die Villa Brignole Sale in einem Park bei Voltri

Voltri ❶

Straßenkarte D3.
FS Strecke Genova–Savona.

Fast nahtlos geht der Großraum an der Küste in die Gemeinde Voltri über. Hauptsehenswürdigkeit ist die **Villa Brignole Sale,** die auch Villa della Duchessa di Galliera genannt wird. Sie wurde ursprünglich im 17. Jahrhundert errichtet. Das heutige Gebäude stammt allerdings fast ausschließlich aus dem 18. Jahrhundert. 1870 ging der Palast in den Besitz von Maria Brignole Sale, Herzogin von Galliera, über. Auf 32 Hektar ließ sie einen Englischen Garten mit Pinien, Steineichen und Wildpark, aber auch mit romantischen Plätzchen und Bauernhäusern anlegen. Der Park ist öffentlich zugänglich, nicht jedoch die Villa mit dem prächtigen Interieur.

Links neben der Villa, an einem Platz mit wunderschönem Panoramablick, steht das **Santuario di Nostra Signora delle Grazie.** Die Herzogin von Galliera ließ die Kapelle im neogotischen Stil restaurieren, 1888 wurde sie hier beigesetzt.

Pegli ❷

Straßenkarte D3. FS

Wie die umliegenden Orte wurde auch Pegli 1926 der Stadt Genua eingemeindet. Seinen Ruf verdankt Pegli den Aristokraten Europas, die – wie auch die Genueser – schon Ende des 19. Jahrhunderts hier gern ihren Sommerurlaub verbrachten. Zwei Villen erinnern an die frühere Eleganz.

Die Villa Durazzo Pallavicini ist von einem bezaubernden Park umgeben, in dem man überall auf Pagoden, Bogen und andere architektonische Spielereien trifft *(siehe S. 84f).* Hier ist das **Museo Civico di Archeologia Ligure** untergebracht. Es zeigt Funde aus prähistorischen, etruskischen und römischen Zeiten, dazu eine Sammlung antiker Vasen, die Prinz Otto von Savoyen der Stadt 1866 schenkte. Zu den interessantesten Stücken zählen Werkzeuge aus den Höhlen von Balzi Rossi *(siehe S. 169)* sowie die älteste bekannte figürliche Stele (um 3000 v. Chr.) aus Lunigiana.

Die Villa Centurione Doria stammt aus dem 16. Jahrhundert und birgt Fresken von Lazzaro Tavarone. Das hier eingerichtete **Museo Civico Navale** verfolgt die Seefahrergeschichte Genuas. Unter den faszinierenden Objekten sind die Modelle von drei Karavellen, mehrere Navigationsinstrumente, Ghirlandaios Porträt von Christoph Kolumbus und eine Ansicht Genuas aus dem Jahr 1481 von De Grassi.

Pegli mit dem Flughafen im Hintergrund

Museo Civico di Archeologia Ligure
Via Pallavicini 11. *010 698 10 48.*
Di–Fr 9–19 Uhr, Sa, So, Feiertage 10–19 Uhr.
www.museoarcheologicogenova.it

Museo Civico Navale
Piazza C Bonavino 7.
010 696 98 85. *Di–Fr 9–13 Uhr, Sa 10–13 Uhr.*
www.museonavale.it

Parco Durazzo Pallavicini ❸

Siehe S. 84f.

Votivbilder in der Basilica di San Francesco di Paola

Basilica di San Francesco di Paola ❹

Piazza San Francesco di Paola 4.
Karte 1 C1. *010 261 228.*
32, 35. *tägl. 7.30–12, 15.30–18 Uhr.*

Die Kirche liegt direkt an der Circonvallazione a Monte, der Panoramastraße, die an den Hängen oberhalb des Zentrums von Genua verläuft. Vom Kirchhof auf einem Felsvorsprung über dem Bezirk Fassolo hat man einen wunderbaren Blick über den Porto Antico. Man kann den alten Hafen zu Fuß erreichen, wenn man dem steilen gepflasterten Weg mit den Kreuzwegstationen folgt.

Die Basilika stammt aus dem frühen 16. Jahrhundert, im folgenden Jahrhundert nahmen sich einflussreiche Familien wie die Doria, die Balbi und die Spinola ihrer an und sorgten für eine prächtige Innenausstattung mit Stuck und vielfarbigem Marmor. In den Seitenkapellen befinden sich Kunstwerke wie die *Krippe* (1565) von Luca Cambiaso in der dritten Kapelle rechts oder die *Fußwaschung* von Orazio De Ferrari in der Kapelle am Ende des linken Gangs. Anton Maria Maragliano, einer der produktivsten Bildhauer im Ligurien des 17. Jahrhunderts, schuf die Holzstatue der Jungfrau Maria in der Apsis.

Detail des Grabmonuments von Alessandro de Stefanis

Die Kirche ist auch eine Wallfahrtsstätte der Seeleute, zahlreiche Votivgaben zeugen von der Gläubigkeit der Menschen, die ihr Leben der See anvertrauten.

Santuario di Oregina ❺

Salita Oregina 44. **Karte** 2 D1.
010 212 024. 39, 40.
tägl. 8–12, 16–19 Uhr.

Die Geschichte der Wallfahrtskirche ist verbunden mit der Anbetung der Madonna di Loreto. In allerschönster Lage über Stadt und Meer ragt das Gotteshaus über einem baumbestandenen Platz am Ende einer Treppe auf.

Einige Mönche wählten 1634 diesen damals noch ländlichen Ort als Einsiedelei. Sie errichteten sofort eine schlichte Kapelle, die schon im folgenden Jahr von den Franziskaner-Minoriten übernommen wurde. Zwischen 1650 und 1655 entstand die heutige Kirche. Weitere Umbauten erfolgten 1707, als die Kuppel hinzukam und die Fassade so umgestaltet wurde, dass sie dem barocken Zeitgeschmack entsprach. Der obere Teil der Frontseite weist Pilaster mit korinthischen Kapitellen, große Fenster und einen stuckverzierten, geschwungenen Ziergiebel auf.

Beachtenswert im Inneren sind u. a. das Gemälde *Wachender Engel* von Mulinaretto am rechten Altar und das Gemälde *Der heilige Joseph mit dem Jesuskind* von Andrea Carlone (1639–1397) am linken Altar. Außerdem gibt es zahlreiche Erinnerungsstücke aus der Zeit des Risorgimento, darunter das Grabmonument von Alessandro de Stefanis, einem lokalen Helden, der 1848 starb. In den Räumen des Pfarramts sind Flaggen aus Ligurien und der Lombardei zu sehen.

Bekannt ist die Kirche wegen der *Krippe*, die Figuren aus dem frühen 18. Jahrhundert enthält.

Castello D'Albertis ❻

Corso Dogali 18. **Karte** 2 E1.
010 272 38 20/34 64. 39, 40.
Okt–März Di–So 10–17 Uhr; Apr–Sep Di–So 10–18 Uhr.
www.castellodalbertisgenova.it

Das burgähnliche Gebäude wurde zwischen 1886 und 1892 errichtet, es steht auf dem Hügel der Bastion von Montegalletto, nicht weit vom Stadtzentrum entfernt. Initiiert wurde der Bau von Enrico Alberto D'Albertis (1846–1932), einer schillernden Figur, Seefahrer, Kapitän und Entdecker. D'Albertis engagierte eine Gruppe von vier Architekten, die sich unter der Leitung von Alfredo D'Andrade, einer wahren Kapazität in Sachen Neogotik, an das Projekt machten.

Über den Ruinen einer massiven spätmittelalterlichen Befestigungsanlage (16. Jh.) entstand das Castello D'Albertis, ein verschachtelter Komplex mit zinnenbewehrten Mauern und Türmen, an denen der spanisch-maurische Einfluss nicht zu übersehen ist. Die Terrakotta-Verkleidung soll das Ganze so wirken lassen, als sei es wirklich eine romanische Burganlage.

Der Kapitän vermachte sein Werk 1932 der Stadt Genua. Zum Nachlass gehörte die ethnografische Sammlung D'Albertis', die man im **Museo delle Culture del Mondo** besichtigen kann.

Zu sehen sind u. a. Sonnenuhren, die der Kapitän selbst anfertigte, nautische Instrumente, Karten, Fotografien und Zeichnungen. Außerdem bereichert eine Schenkung des American Committee of Catholic Missions von 1892 das Museum: Indianische Kleidungsstücke, Gebrauchsgegenstände, Kunsthandwerk, Schmuck, Terrakotta, Masken, Skulpturen und Vasen der zentralamerikanischen Kulturen der Maya und der Azteken. Zahllose Objekte aus Südostasien und Ozeanien kommen dazu – mit der Eintrittskarte erwirbt man einen Ausflug in ferne Länder und Kulturen.

Neogotik mit maurischen Anklängen: das Castello D'Albertis

Parco Durazzo Pallavicini ❸

NICHT VERSÄUMEN

★ **Tempio di Diana**

Einer der vier Tritonen um den Tempel der Diana

VERANTWORTLICH FÜR die Gestaltung des Parks der Villa Durazzo Pallavicini war Michele Canzio, der Bühnenbildner des Genueser Teatro Carlo Felice *(siehe S. 55)*. Zwischen 1837 und 1846 legte er auf einer Fläche von elf Hektar einen Park im englischen Stil an, ganz im romantischen Geist jener Zeit. Auftraggeber war der Marchese Ignazio Alessandro Pallavicini, der die Villa von seiner Tante Clelia Pallavicini Durazzo erbte. Sie war eine Pflanzenliebhaberin und hatte schon Ende des 18. Jahrhunderts einen botanischen Garten angelegt. Heute sieht man hier über hundert exotische Arten, darunter Fleisch fressende Pflanzen.

Die Burg aus dem 14. Jahrhundert steht zwischen Bäumen auf dem Hügel. Die quadratische Anlage um den runden Wehrturm wurde für einen imaginären Adligen jener Zeit entworfen. Im Inneren finden sich Fresken und Stuckornamente wie in den meisten anderen Gebäuden im Park. Leider steht die Burg nicht für Besichtigungen offen.

DER PARK ALS THEATERKULISSE

Fries am Tempel der Flora

Michele Canzio war Bühnenbildner und entwarf den Park wie eine romantische Kulisse für ein altes Märchen. Die Geschichte könnte sich beim Gang durch die Anlage als typisches romantisches Melodram mit einem Prolog und drei Akten zu je vier Szenen entwickeln. Die gotische und die klassische Avenue bilden die Szenerie für den Prolog. Der erste Akt, die Rückkehr zur Natur, passt gut zur Eremitage, zum Lustgarten, zum alten See und zur Quelle. Den zweite Akt, die Entdeckung der Geschichte, könnte man sich auf dem Weg vom Madonnenschrein über das Schweizer Chalet zur Burg und zum Mausoleo del capitano vorstellen. Für den dritten Akt, die Reinigung, findet man die passende Umgebung bei den Grotten, am großen See, an der Statue der Flora mit ihrem bezaubernden Tempel sowie an dem kleinen Platz, der von Zypressen und einem Wasserlauf umgeben ist.

Chinesische Pagode
Das Dach der Pagode ist mit kleinen Glocken und geschnitzten Drachen geschmückt. Die exotische, spielerische Konstruktion, eine der charmantesten im ganzen Park, kann man über eine geschwungene Eisenbrücke erreichen.

INFOBOX

Via Pallavicini 13, Pegli.
010 698 10 48. *1, 2, 3.*
Di–So 9–19 Uhr (Okt–März 10–17 Uhr). *25. Dez, 1. Jan.*

Der Triumphbogen trägt eine lateinische Inschrift, die den Betrachter auffordert, das städtische Leben zu vergessen und harmonisch in die Natur einzutauchen. Die Reliefs und Statuen stammen von Gian Battista Cevasco.

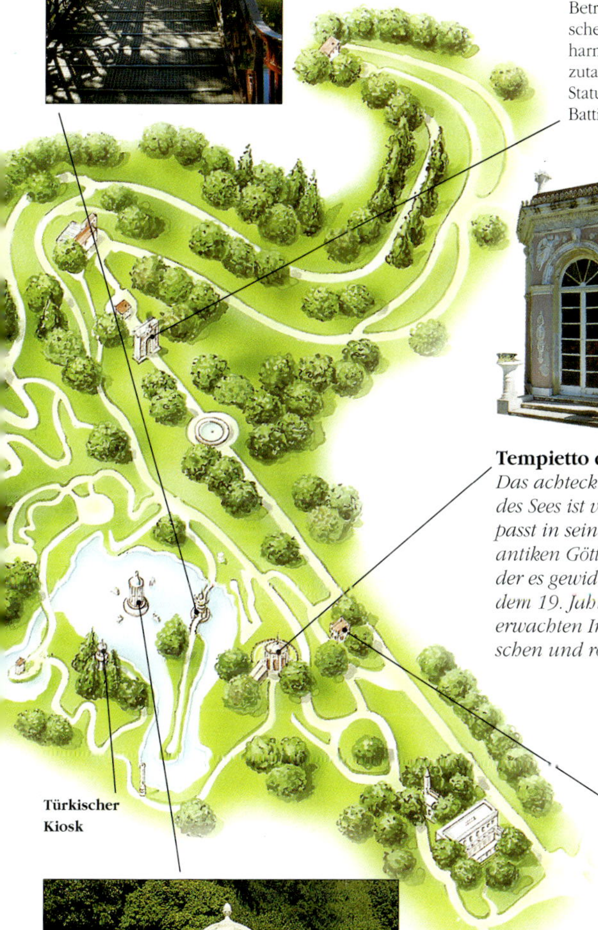

Tempietto di Flora
Das achteckige Tempelchen südlich des Sees ist von Hecken umgeben. Es passt in seiner Zierlichkeit gut zur antiken Göttin des Pflanzenreichs, der es gewidmet ist. Der Bau aus dem 19. Jahrhundert zeugt vom neu erwachten Interesse an der griechischen und römischen Klassik.

★ Tempio di Diana
Der runde ionische Tempel steht im See und ist der römischen Göttin der Jagd gewidmet. Eine Diana-Statue, die Arbeit von Gian Battista Cevasco, präsentiert sich elegant unter der Kuppel. Sie wird von vier ringsum aufgestellten Tritonen (ab den Hüften fischleibige Männer) bewacht.

Bodenmosaik, Santuario della Madonnetta

Santuario della Madonnetta ❼

Salita della Madonnetta 5. **Karte** 2 F1. *010 272 53 08. Standseilbahn Zecca–Righi. 33. tägl. 9–12, 15–19 Uhr (Sommer 16–18 Uhr).*

Am Ende der *creuza,* einer der zahlreichen steilen, gepflasterten Gassen steht diese Wallfahrtskirche; sie gehört zu den Highlights an der Circonvallazione a Monte.

Der barocke Komplex wurde 1696 für den Augustinerorden gebaut. Das Bodenmosaik vor der Kirche aus dunklen und hellen Kieseln stammt aus dem 18. Jahrhundert. In einer Nische der Außenwand entdeckt man eine *Pietà* aus Marmor von Domenico Parodi.

Der lichte Hauptraum innen hat die Form eines unregelmäßigen Achtecks, seitlich leiten zwei Treppen zum Presbyterium. Eine weitere Treppe führt zum so genannten *scurolo,* einer unterirdischen Kammer. Hier steht auf dem Altar die Statue der *Madonnetta,* der Schutzheiligen der Kirche. Giovanni Romano schuf die Figur im 17. Jahrhundert. Die Kapelle daneben birgt eine hölzerne *Pietà* (1733) von Anton Maria Maragliano.

In der Krypta findet man einige der meistbesuchten Krippen *(presepi)* Genuas. Von besonderem Interesse sind sie, weil hier Teile des alten Stadtzentrums originalgetreu nachgebaut sind. Die hölzernen Krippenfiguren wurden im 17. und 18. Jahrhundert geschnitzt, einige von Maragliano, andere von den Gaginis, einer Bildhauerfamilie, die ursprünglich aus der Lombardei stammt.

In der Sakristei hängt eine *Verkündigung* (1490), die Ludovico Brea zugeschrieben wird. Der Künstler stammte aus Nizza und arbeitete zwischen 1475 und 1520 in Ligurien *(siehe S. 159).*

San Bartolomeo degli Armeni ❽

Piazza San Bartolomeo degli Armeni 2. **Karte** 6 F1. *010 839 24 96. 33. tägl. 8.30–11.30, 15–18.30 Uhr.*

Basilianer (ein Orden der Anhänger des heiligen Basilius) gründeten die Kirche 1308, der Orden der Barnabiten übernahm sie und baute sie 1775 um. Ein Konventsgebäude aus dem 19. Jahrhundert umgibt die Kirche fast vollständig, nur der Glockenturm aus dem 13. Jahrhundert ist erhalten.

San Bartolomeo ist bekannt, weil hier die kostbare Reliquie »Santo Volto« (Heiliges Gesicht) aufbewahrt wird. Sie wird auch »Santo Sudario« oder »Mandillo« (im lokalen Dialekt »Taschentuch«) genannt, in der Forschung ist sie als »Mandylion von Genua« bekannt. Es ist im Kern ein kleines Stück Stoff mit dem Gesicht Christi, das der Legende nach nicht von Menschenhand geschaffen wurde. Leonardo Montaldo, der Doge von Genua, bekam die Reliquie 1362 als Geschenk von Johannes V. Palaiologos, dem byzantinischen Kaiser, wohl als Gegenleistung für militärische Unterstützung.

»Santo Volto« hat als Hintergrund eine goldene und silberne Filigranarbeit, ein Meisterwerk byzantinischer Goldschmiedekunst. Zehn umrahmende Tafeln stellen den Ursprung des Porträts sowie andere historische Szenen dar.

Das Triptychon *Madonna mit Heiligen* (1415) in San Bartolomeo

Krippenszene im Santuario della Madonnetta

Die Tradition der Weihnachtskrippen

Die Tradition der Weihnachtskrippen *(presepi)* geht wahrscheinlich auf die Jesuiten zurück, die in der ersten Hälfte des 17. Jahrhunderts in Genua besonders aktiv waren. Der Brauch war sehr populär, wenn auch nicht ganz so stark ausgeprägt wie etwa in Neapel. Im 17. und 18. Jahrhundert stellten die Adelsfamilien in ihren Privatkapellen *presepi* auf. Als auch diese Gotteshäuser öffentlich zugänglich wurden, begannen die Menschen, an Weihnachten die Krippen zu besuchen. Heute kann man die Krippen das ganze Jahr über in manchen Kirchen am Rand von Genua sehen, auch im Santuario della Madonnetta und im Santuario di Oregina. Die Figuren sind in der Regel aus Holz geschnitzt, manchmal auch aus Wachs, Ton oder Gips gefertigt. Neben den aus der Bibel bekannten Figuren kann man in vielen Krippen ein junges, lächelndes Bauernmädchen oder eine alte Bauersfrau mit verzerrten Zügen entdecken. Der häufig dargestellte lahme Bettler *(lo zoppo)* wurde als ein mittlerweile verbreitetes Symbol für Armut und Bedürftigkeit bekannt.

Das wertvollste Kunstwerk der Kirche ist hingegen das Triptychon am Hochaltar *Madonna mit Heiligen* (1415) von Turino Vanni.

Stadtmauern und Befestigungsanlagen ❾

Parco Urbano della Mura.
FS Strecke Genova–Casella. 40, 64. Standseilbahn Zecca–Righi. organisiert von der Cooperativa DAFNE (010 247 39 25).

Genuas Stadtmauern wurden im Lauf der Jahrhunderte mehrere Male an anderen Stellen aufgebaut. Spuren der Mauern von 1155 und 1536 existieren noch; das 13 Kilometer lange Dreieck, das die Innenstadt bis heute umgibt, stammt aus dem 17. Jahrhundert. Diese Befestigungen, La Nuova Mura (neue Mauer), plante Bartolomeo Bianco. Größere Veränderungen wurden im frühen 19. Jahrhundert vorgenommen, nachdem sich bei einem österreichischen Angriff deutlich gezeigt hatte, wie unzulänglich die Verteidigungsanlagen waren. Die meisten Forts an der Mauer stammen aus dieser Zeit.

Am besten erkundet man die Stadtmauern, indem man die Strada delle Mura entlangfährt. Sie beginnt an der Piazza Manin nördlich des Centro Storico und folgt der Linie der Mauern aus dem 17. Jahrhundert, die zugleich den Parco Urbano delle Mura begrenzen. An der Piazza Manin steht das **Castello Mackenzie** (1896–1906), entworfen von Gino Coppedè, der Einflüsse von Mittelalter, Renaissance und Jugendstil vermischte.

Wenn man der Mauer entgegen dem Uhrzeigersinn folgt, kommt man zum **Forte Castellaccio,** das schon im 13. Jahrhundert exisiterte, im 16. Jahrhundert von Andrea Doria und in den 1830er Jahren erneut umgebaut wurde. Einer der Türme ist die Torre della Specola, an der Hinrichtungen stattfanden.

Das **Forte Sperone** steht auf dem Monte Peralto an der Spitze des Dreiecks. Es stammt ursprünglich aus dem 16. Jahrhundert, die massive Zitadelle, die man heute sieht, wurde jedoch erst 1826/27 unter dem Haus Savoyen erbaut.

Ein Stück von den Stadtmauern entfernt ragt das 1828 fertig gestellte **Forte Puin** empor. Sein quadratischer Turm ist eines der Kennzeichen des Parco Urbano delle Mura. Das polygonale **Forte Diamante** erhebt sich noch weiter landeinwärts auf einem Hügel. Es stammt von 1758 und ist vollständig erhalten.

Zurück an der Stadtmauer erreicht man das rechteckig angelegte **Forte Begato,** dessen Bastionen einen schönen Ausblick bieten. Das **Forte Tenaglia** über dem Valle del Polcevera wurde im 16. Jahrhundert erwähnt, im 19. umgebaut und im Zweiten Weltkrieg stark beschädigt.

Luftansicht von Forte Diamante an den alten Stadtmauern

Grabmonument von Giuseppe Mazzini im Friedhof Staglieno

Cimitero di Staglieno ❿

Piazzale Resasco 1.
010 870 184. 12, 14, 34, 48. tägl. 7.30–16.50 Uhr. 1. Jan, Ostermontag, 1. Mai, 24. Juni, 15. Aug, 8. Dez, 26. Dez.
W www.cimiterodistaglieno.it

Riesig und monumental ist der klassizistische Friedhof am Ufer des Flusses Bisagno nordöstlich des Stadtzentrums. Carlo Barabino plante die Anlage, starb aber, bevor das Projekt 1844–51 umgesetzt wurde.

Auf 160 Hektar stehen Tausende Grabmale, ein Shuttle-Bus fährt Friedhofsbesucher herum. Die meisten Monumente sind prächtig, manche extrem pompös – hier lässt sich der Reichtum der Genueser Familien ablesen.

Am Hügel erhebt sich die runde Cappella dei Suffragi, geschmückt mit Statuen von Cevasco, der auch die Skulpturen im Parco Durazzo Pallavicini (*siehe S. 84f*) schuf. Unübersehbar ragt die gewaltige Marmorstatue *Glauben* (19. Jh.) von Santo Varni empor. Das bekanntesteste Monument ist das Grabmal von Giuseppe Mazzini, dem großen Philosophen aus der Zeit des Risorgimento. In der protestantischen Sektion ist Constance Mary Lloyd, Gattin von Lord Byron, bestattet.

Zwei Bereiche mit Bäumen, die breite Boschetto Regolare und die Boschetto Irregolare mit ihren gewundenen Pfaden, tragen zur besonderen Atmosphäre des Friedhofs bei.

San Siro di Struppa ⓫

Via di Creto 64.
010 809 000. 12, 14.
Sommer tägl. 8–20 Uhr; Winter tägl. 8–18.30 Uhr.

Die Abtei liegt zwischen Weingärten im Mittleren Bisagno-Tal im Bezirk Struppa, ganz im Nordosten des Großraums Genua. Sie wurde um das Jahr 1000 erbaut und nach dem ersten Bischof von Genua, San Siro, benannt. Der Heilige ist hier im 4. Jahrhundert geboren und soll den Basilisk, ein schreckliches Monsterwesen, getötet haben.

Holzstatue von San Siro, 1640

Seit dem späten 16. Jahrhundert erlebte die Kirche eine Reihe von Umbauten im Zeitgeschmack, worunter der frühromanische Bau erheblich litt. In den 1920er und 1960er Jahren gab es Projekte, der Kirche wieder ihre ursprüngliche Form zu geben. So wurden z. B. die Steinmetzarbeiten aus grauem Sandstein und das Mosaik aus hellen und dunklen Kieseln vor der Kirche rekonstruiert.

Die Fassade mit dem Rosettenfenster wird von Strebepfeilern in drei Teile gegliedert, was mit den drei Gängen im Innenraum korrespondiert. Auch der Glockenturm hat dreigeteilte Fenster.

***Polyptychon des San Siro* (1516), San Siro di Struppa**

Innen sieht man Reste der Originalfresken. Die Säulen im Kirchenschiff weisen interessante Kapitelle auf. An der Wand des rechten Seitengangs steht eine vergoldete Holzstatue von *San Siro*, sie stammt von 1640 und wird restauriert. Der Hochaltar ist modern, an der Vorderseite ist ein Architrav aus einem Genueser Palazzo des 16. Jahrhunderts integriert.

Das *Polyptychon des San Siro* (1516) im linken Gang zeigt den Heiligen auf dem Thron, acht Szenen aus seinem Leben sowie Maria mit dem Kind. Es wird vermutet, dass es eine Arbeit von Pier Francesco Sacchi ist.

Albaro ⓬

Straßenkarte D3.

Albaro ist einer der Orte, der 1926 Genua eingemeindet wurde. Hier beginnt die »Zona del Genovesato di Levante«, eine fast nahtlose Reihe von Siedlungen bis Nervi. Die Panoramastraße Corso d'Italia verläuft direkt an der Küste.

Ab dem Mittelalter bauten die reichen Adligen in Albaro ihre Landhäuser, und bis heute ist es ein beliebter Wohnbezirk. Man sieht viel Modernes, auch einige Bausünden, aber auch eine Reihe schöner Vorstadtvillen.

Eine davon ist die **Villa Saluzzo Bombrini** aus dem 16. Jahrhundert, auch »Il Paradiso« genannt. Ihren bezaubernden Renaissance-Garten sieht man auf dem Gemälde *Trattenimento in un Giardino di Albaro* (1735) von Alessandro Magnasco, das im Palazzo Bianco (*siehe S. 71*) hängt. Die **Villa Saluzzo Mongiardino** stammt aus dem frühen 18. Jahrhundert; hier wohnte 1832 der englische Dichter Lord Byron.

Die **Villa Giustinani Cambiaso** (1548), das Werk des großen Renaissance-Architekten Galeazzo Alessi, war zu jener Zeit Vorbild für viele andere Bauten. Ein großer Park umgibt das erhöht liegende Haus, heute ist hier die Universität mit der Fakultät

Il Trenino di Casella

Der Trenino di Casella auf einem Viadukt

Genova–Casella
Via alla Stazione per Casella 15, Genova. 010 837 321. www.ferroviagenovacasella.it 33.

Die 1929 eröffnete Linie Genova–Casella ist eine der wenigen Schmalspurbahnen, die in Italien noch in Betrieb sind. Die 24 Kilometer lange Fahrt von der Piazza Manin in Genua ins bergige Hinterland dauert rund 55 Minuten. Auf der Strecke durchquert man Wälder, fährt über Viadukte und durch Tunnels. Der höchste Punkt der Reise liegt auf 458 Metern bei Crocetta, der alten Grenze der Republik Genua. Casella auf 410 Metern ist Endstation. Der Streckenverlauf ist oft steil, die Bahn heißt auch »Tre valli«, nach den Tälern Val Bisagno, Val Polcevera und Valle Scrivia. Die kleinen Bahnhöfe (Trensasco, Campi, Pino, Torrazza, Sardorella, Vicomorasso und Sant'Olcese) sind gute Ausgangspunkte für Wanderungen oder Radtouren, Räder gibt es an den Stationen zu mieten. Auch eine Trattoria findet man an jedem Bahnhof. Sie haben die Wahl, ob Sie mit einem modernen oder einem alten Waggon fahren; auf jeden Fall sollten Sie reservieren.

Die Villa Luxoro in Nervi, Sitz des Museo Giannettino Luxoro

für Ingenieurswesen untergebracht. Im Inneren befinden sich Schmuckreliefs im Stil des klassizistischen Manierismus. Zwei Fresken von Gian Battista Castello und Luca Cambiaso zieren die Loggia im Obergeschoss.

Boccadasse ⓭

Straßenkarte D3.

Am Beginn der Riviera di Levante, aber immer noch zum Großraum Genua gehörig, liegt Boccadasse, das sich bis heute den Charme eines Fischerdorfs erhalten hat. Die Fassaden sind in warmen Farben angestrichen, die Häuser drängen sich eng am Hang um den kleinen Hafen. Boccadasse ist eines der Lieblingsziele der Genueser für Tagesausflüge, besonders am Wochenende drängen sich häufig Menschenmassen durch die engen Gassen. In ruhigen Zeiten jedoch kann man durchaus den Eindruck bekommen, das Fischerdorf habe sich über Jahrhunderte nicht verändert.

Der kleine Fischerhafen von Boccadasse

Nervi ⓮

Straßenkarte D3. FS

W www.nervi.ge.it

Nervi war ab der zweiten Hälfte des 19. Jahrhunderts eines der beliebtesten Ferienziele der europäischen Aristokratie. Heute ist es eher bekannt für das Festival Internazionale della Danza (internationales Tanzfestival), das hier alljährlich im Sommer stattfindet.

Auf der zwei Kilometer langen Passeggiata Anita Garibaldi, die der Marchese Gaetano Gropallo im 19. Jahrhundert anlegen ließ, genießt man einen wunderbaren Panoramablick. An klaren Tagen kann man bis zum Monte di Portofino sehen. An der Strecke steht die Torre Gropallo aus dem 16. Jahrhundert, die der Marchese »mittelalterlich« umgestalten ließ.

Im Städtchen wurden die Gärten von drei Villen zusammengelegt und bilden heute einen hübschen, mehr als neun Hektar großen Park mit exotischen und typisch mediterranen Pflanzen.

Die erste dieser Villen, Villa Gropallo, ist Sitz der Stadtbibliothek, die Villa Serra beherbergt die **Raccolta d'Arte Moderna,** eine Galerie mit schönen ligurischen Gemälden aus dem 19./20. Jahrhundert. Die **Raccolta Frugone** in der Villa Grimaldi Fassio zeigt hauptsächlich figürliche Arbeiten aus derselben Zeit.

***Porträt der Miss Bell* von Boldini, Raccolta Frugone**

Das **Museo Giannettino Luxoro** besitzt drei Gemälde von Alessandro Magnasco. Noch bekannter ist es allerdings für seine Sammlungen von dekorativer Kunst und Kunsthandwerk mit vielen Keramiken, Uhren und Krippenfiguren.

Raccolta d'Arte Moderna
Villa Serra, Via Capolungo 3.
010 557 47 39.
Di–So 10–18 Uhr.

Raccolta Frugone
Villa Grimaldi, Via Capolungo 9.
010 322 396. *Di–Fr 9–19 Uhr, Sa, So 10–19 Uhr.*

Museo Giannettino Luxoro
Villa Luxoro, Viale Mafalda di Savoia 3. *010 322 673.*
Di–Fr 9–13 Uhr, Sa 10–13 Uhr.
mit Genehmigung.

Stadtplan

Bei den Sehenswürdigkeiten von Genua sowie bei den Genueser Restaurants und Hotels, die im Kapitel *Zu Gast in Ligurien* aufgeführt werden, finden Sie jeweils Kartenverweise, die sich auf die sechs Karten des Stadtplans beziehen. Die erste Zahl der Kartenverweise benennt die Karte, dann folgen die Koordinaten: Die unten abgebildete Übersichtskarte zeigt, welche Karte welches Gebiet abdeckt. Ein Verzeichnis aller Straßen und Plätze folgt auf den nächsten Seiten. Außer den Sehenswürdigkeiten sind im Stadtplan zahlreiche hilfreiche Einrichtungen eingetragen, so Postämter, Polizeireviere, Krankenhäuser, wichtige Bushaltestellen, Bahnhöfe, Sportplätze, Parks und Kirchen. Der mittelalterliche Stadtkern von Genua (Il Centro Storico) mit seinen engen Gassen ist auf den Karten 5 und 6 vergrößert dargestellt, damit Sie sich in diesem Labyrinth möglichst leicht orientieren können.

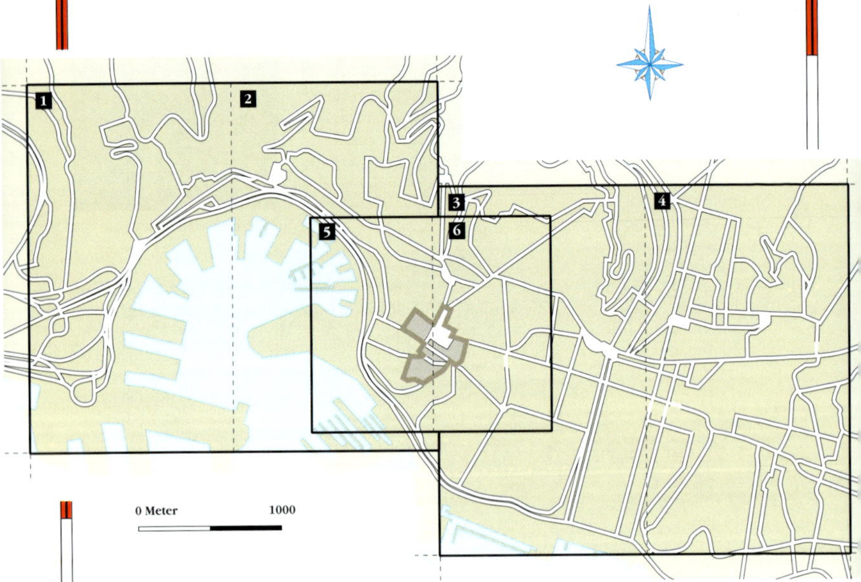

Massstab der Karten 1–4

0 Meter 300

Massstab der Karten 5–6

0 Meter 150

Legende

- Hauptsehenswürdigkeit
- Wichtiges Gebäude
- Bahnhof
- Wichtige Bushaltestelle
- U-Bahn-Station (Metropolitana)
- Parken
- Information
- Krankenhaus mit Notaufnahme
- Polizei
- Kirche
- Post

Kartenregister

1
A
B
C
1
2
3
4
5
VIA PORTA DEGLI ANGELI
VIA DELLE MURA DI PORTA MURATA
VIA PORTA DEGLI ANGELI
VIA POMPOSA
VIA FERRARA
VIA SAN MARINO
BOLOGNA
VIA DE ALBERTIS
VIA C. GIORDANA
VIA L. SPALLANZANI
VIA
PIAZZALE PESTARINO
VIA FAENZA
VIA VENEZIA
SALITA
VIA SOTTO LE MURA DEGLI ANGELI
MURA DEGLI ANGELI
VIA BUONVICINI
DEGLI
VIA PESCIO
VIA DIGIONE
ALIZERI
VIA FEDERICO
PIAZZA SOPRANIS
VIA RATTI
VIA VENEZIA
ANGELI
GAETANO
PORTICO CHIUSO
VIA S. FERMO
VIA SAN BARTOLOMEO DEL FOSSATO
SAL. BASTIONI
VIA
ANGELI
VIA RINALDO RIGOLA
MELEGARI
BARBARESCHI
FOSSATO
PIAZZALE DELLA CAMIONALE
COL
VIA DINO
VIA A. CANTORE
VIA DI FRANCIA
VIA MILANO
STRADA SOPRAELEVATA
VICO SAN FORTUNATO
V. SAN BENIGNO
MILANO
SAN LAZZARO
DELLA CHIAPPELLA
VIA ALBERTAZZI
VIA CAMIONABILE
PASSO FRANCIA
DELLA
VIADOTTO
VIA CHIUSA
VIA RAMPA
VIA NUOVO PASSO
PIAZZALE SAN BENIGNO
PIAZZALE PORTO FRANCO
GALLERIA ROMAIRONE
VIA
La Lanterna
LARGO DELLA LANTERNA
VIA DELLA SANITÀ
VIA GIOVANNI BETTOLO
VIA DELLA
VIA LUGO
BOLOGNA
VIA BONANNI
V. ROMAGNA
SALITA GESÙ GIUSEPPINA E MARIA
SALITA DI GRANAROLO
VIA TALAMONE
FUNICOLARE
VIA GRANAROLO
VIA BARI
SAL. CALD
PRINCIPE
LARGO S. FRANCESCO DA PAOLA
S. ROCC
VIA RAVENNA
VIA
VIA FORLÌ
ALL'ASILO
SALITA SAN FRANCESCO DA PAOLA
SAN FRANCESCO DA PAOLA
SALITA SAN ROCCO
VIA CEPPI
PAGANO
VIA MINETTI
VIA DORIA
VIA GARBARINO
S. TEODORO
VIA SAN BENEDETTO
V. AMBA ALAGI
VIA FASSOLO
VIA BUOZZI
VIA ADUA
PIAZZETTA DEL PAPA
VIA L. GAGLIARDO
PIAZZA S. TEODORO
VIA ALDO M
PIAZZA DINEGRO
M
VIADOTTO C. IMPERIALE
P

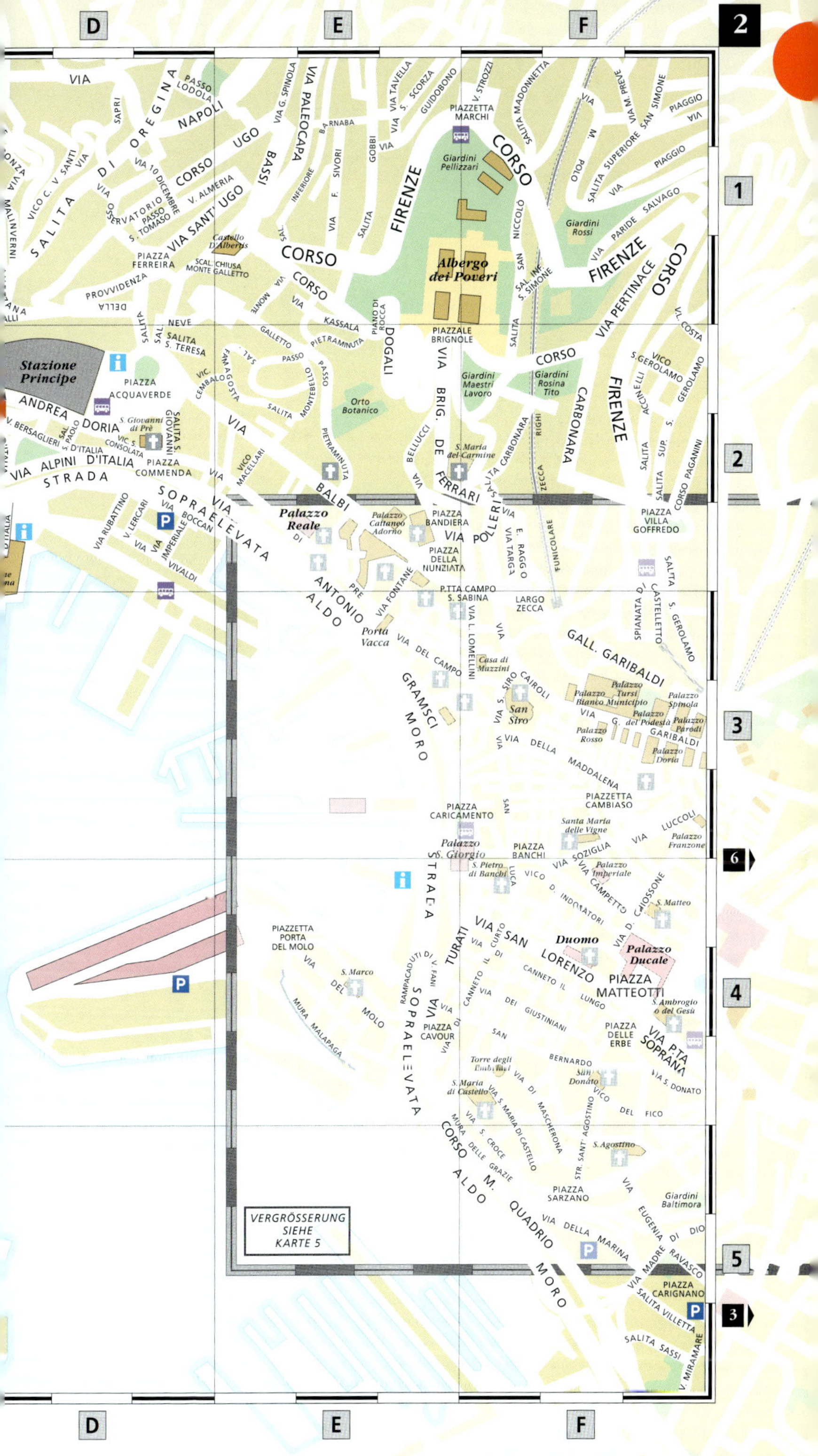
D
E
F
2
1
2
3
4
5
6
3
Stazione Principe
Albergo dei Poveri
Giardini Pellizzari
PIAZZETTA MARCHI
CORSO FIRENZE
CORSO UGO BASSI
VIA SANT' UGO
VIA ALMERIA
SALITA DI OREGINA
VIA NAPOLI
PASSO LODOLA
VIA SAPRI
VIA 10 DICEMBRE
PASSO S. TOMASO
Castello D'Albertis
PIAZZA FERREIRA
SCAL. CHIUSA MONTE GALLETTO
PROVVIDENZA
CORSO DOGALI
VIA G. SPINOLA
VIA PALEOCAPA
VIA F. SIVORI
VIA GOBBI
VIA TAVELLA
VIA S. SCORZA
GUIDOBONO
V. STROZZI
SALITA MADONNETTA
VIA M. POLO
VIA M. PREVE
SAN SIMONE
PIAGGIO
SALITA SUPERIORE
Giardini Rossi
SALVAGO
VIA PARIDE
CORSO FIRENZE
VIA PERTINACE
VL. COSTA
VICO S. GEROLAMO
PIAZZALE BRIGNOLE
VIA BRIG. DE FERRARI
Giardini Maestri Lavoro
Giardini Rosina Tito
CORSO CARBONARA
CORSO FIRENZE
Orto Botanico
SALITA S. TERESA
PIAZZA ACQUAVERDE
VIA ANDREA DORIA
S. Giovanni di Prè
SALITA S. GIOVANNI
PIAZZA COMMENDA
VIA ALPINI D'ITALIA
STRADA SOPRAELEVATA
VIA BALBI
S. Maria del Carmine
VIA BELLUCCI
SALITA CARBONARA
ZECCA
Palazzo Reale
Palazzo Cattaneo Adorno
PIAZZA BANDIERA
PIAZZA DELLA NUNZIATA
VIA POLLERI
VIA E. TARGA
VIA RAGGIO
FUNICOLARE
PIAZZA VILLA GOFFREDO
SALITA S. GEROLAMO
SPIANATA D. CASTELLETTO
P.TTA CAMPO S. SABINA
LARGO ZECCA
VIA ANTONIO DI PRE
VIA ALDO GRAMSCI
VIA MORO
Porta Vacca
VIA DEL CAMPO
VIA L. LOMELLINI
Casa di Mazzini
VIA CAIROLI
San Siro
GALL. GARIBALDI
Palazzo Tursi
Palazzo Bianco Municipio
Palazzo Spinola
Palazzo del Podestà
Palazzo Parodi
Palazzo Rosso
Palazzo Doria
VIA DELLA MADDALENA
PIAZZETTA CAMBIASO
PIAZZA CARICAMENTO
Palazzo S. Giorgio
Santa Maria delle Vigne
LUCCOLI
Palazzo Franzone
PIAZZA BANCHI
S. Pietro di Banchi
VIA SOZIGLIA
VIA CAMPETTO
Palazzo Imperiale
VICO D. INDORATORI
S. Matteo
VIA SAN LORENZO
Duomo
Palazzo Ducale
PIAZZA MATTEOTTI
PIAZZETTA PORTA DEL MOLO
VIA DEL MOLO
S. Marco
MURA MALAPAGA
VIA TURATI
STRADA SOPRAELEVATA
PIAZZA CAVOUR
VIA DEI GIUSTINIANI
S. Ambrogio o del Gesù
PIAZZA DELLE ERBE
VIA PTA SOPRANA
VIA S. DONATO
Torre degli Embriaci
San Donato
S. Maria di Castello
VIA DI MASCHERONA
VICO DEL FICO
S. Agostino
STR. SANT' AGOSTINO
MURA DELLE GRAZIE
CORSO ALDO M. QUADRIO
PIAZZA SARZANO
Giardini Baltimora
VIA DELLA MARINA
VIA EUGENIA
VIA MADRE DI DIO
RAVASCO
PIAZZA CARIGNANO
SALITA VILLETTA
SALITA SASSI
V. MIRAMARE
MORO
VERGRÖSSERUNG SIEHE KARTE 5
D
E
F

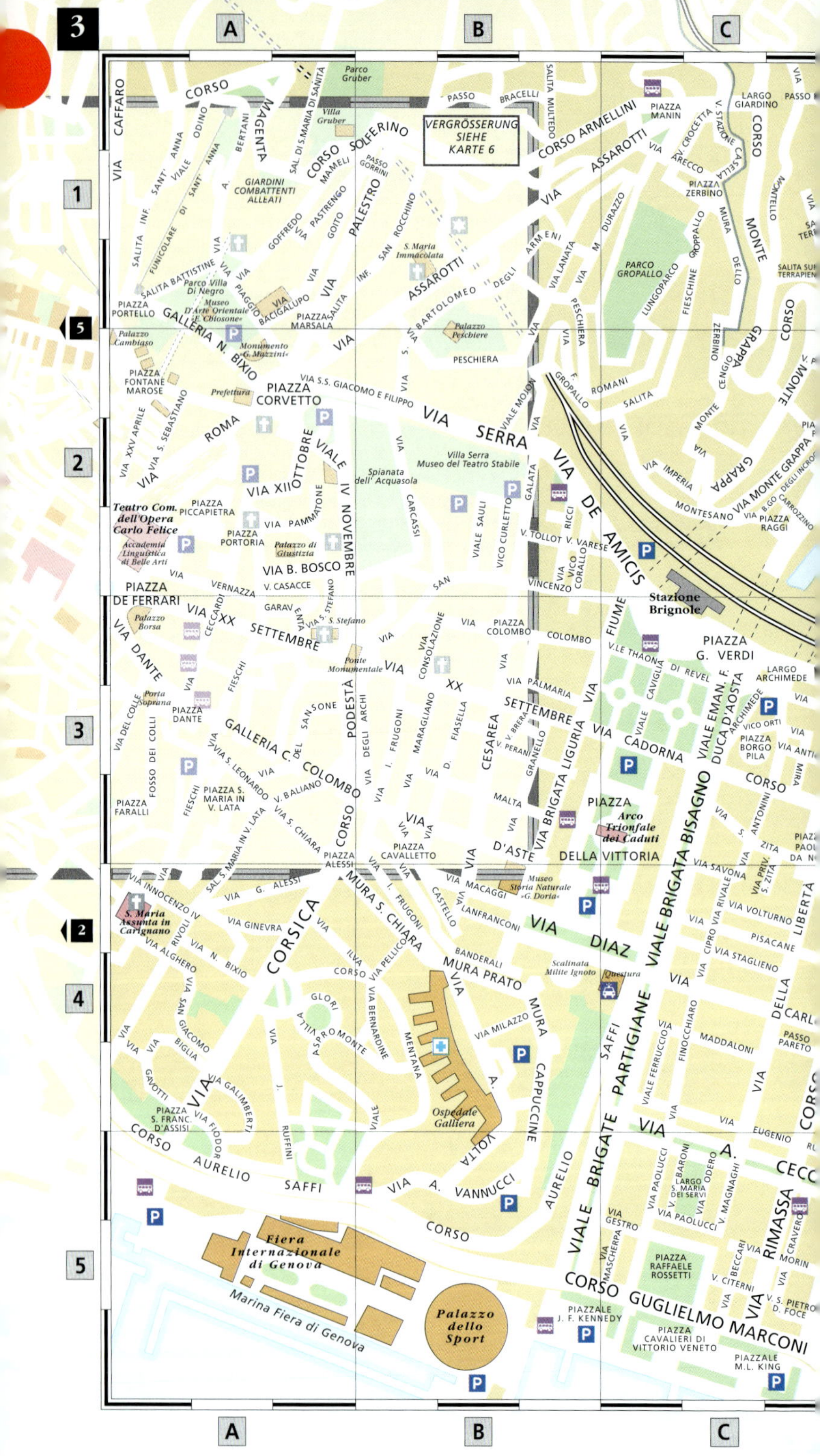
3
A
B
C
1
2
3
4
5
VERGRÖSSERUNG SIEHE KARTE 6
Parco Gruber
Villa Gruber
CORSO MAGENTA
CORSO SOLFERINO
CORSO ARMELLINI
PIAZZA MANIN
VIA ASSAROTTI
GIARDINI COMBATTENTI ALLEATI
S. Maria Immacolata
Parco Villa Di Negro
Museo D'Arte Orientale »E. Chiossone«
PIAZZA PORTELLO
PIAZZA MARSALA
GALLERIA N. BIXIO
Palazzo Cambiaso
Monumento G. Mazzini«
Palazzo Peschiere
PESCHIERA
PARCO GROPALLO
PIAZZA ZERBINO
PIAZZA FONTANE MAROSE
Prefettura
PIAZZA CORVETTO
VIA S.S. GIACOMO E FILIPPO
VIA SERRA
Villa Serra Museo del Teatro Stabile
Spianata dell' Acquasola
VIA XII OTTOBRE
VIALE IV NOVEMBRE
VIA DE AMICIS
VIA MONTE GRAPPA
PIAZZA RAGGI
Teatro Com. dell'Opera Carlo Felice
Accademia Linguistica di Belle Arti
PIAZZA PICCAPIETRA
PIAZZA PORTORIA
Palazzo di Giustizia
VIA B. BOSCO
PIAZZA DE FERRARI
Palazzo Borsa
VIA XX SETTEMBRE
S. Stefano
Ponte Monumentale
PIAZZA COLOMBO
Stazione Brignole
PIAZZA G. VERDI
LARGO ARCHIMEDE
VIA DANTE
Porta Soprana
PIAZZA DANTE
GALLERIA C. COLOMBO
VIA CADORNA
VIALE BRIGATA LIGURIA
VIALE BRIGATA BISAGNO
VIALE DUCA D'AOSTA
PIAZZA BORGO PILA
PIAZZA FARALLI
PIAZZA S. MARIA IN V. LATA
PIAZZA ALESSI
PIAZZA CAVALLETTO
PIAZZA DELLA VITTORIA
Arco Trionfale dei Caduti
Museo Storia Naturale »G. Doria«
S. Maria Assunta in Carignano
CORSO
MURA S. CHIARA
VIA DIAZ
VIALE BRIGATE PARTIGIANE
Scalinata Milite Ignoto
Questura
MURA PRATO
VIA MILAZZO
MURA CAPPUCCINE
Ospedale Galliera
PIAZZA S. FRANC. D'ASSISI
CORSO AURELIO SAFFI
VIA A. VANNUCCI
VIALE BRIGATE
LARGO S. MARIA DEI SERVI
PIAZZA RAFFAELE ROSSETTI
Fiera Internazionale di Genova
Marina Fiera di Genova
Palazzo dello Sport
PIAZZALE J. F. KENNEDY
CORSO GUGLIELMO MARCONI
PIAZZA CAVALIERI DI VITTORIO VENETO
PIAZZALE M.L. KING
RIMASSA

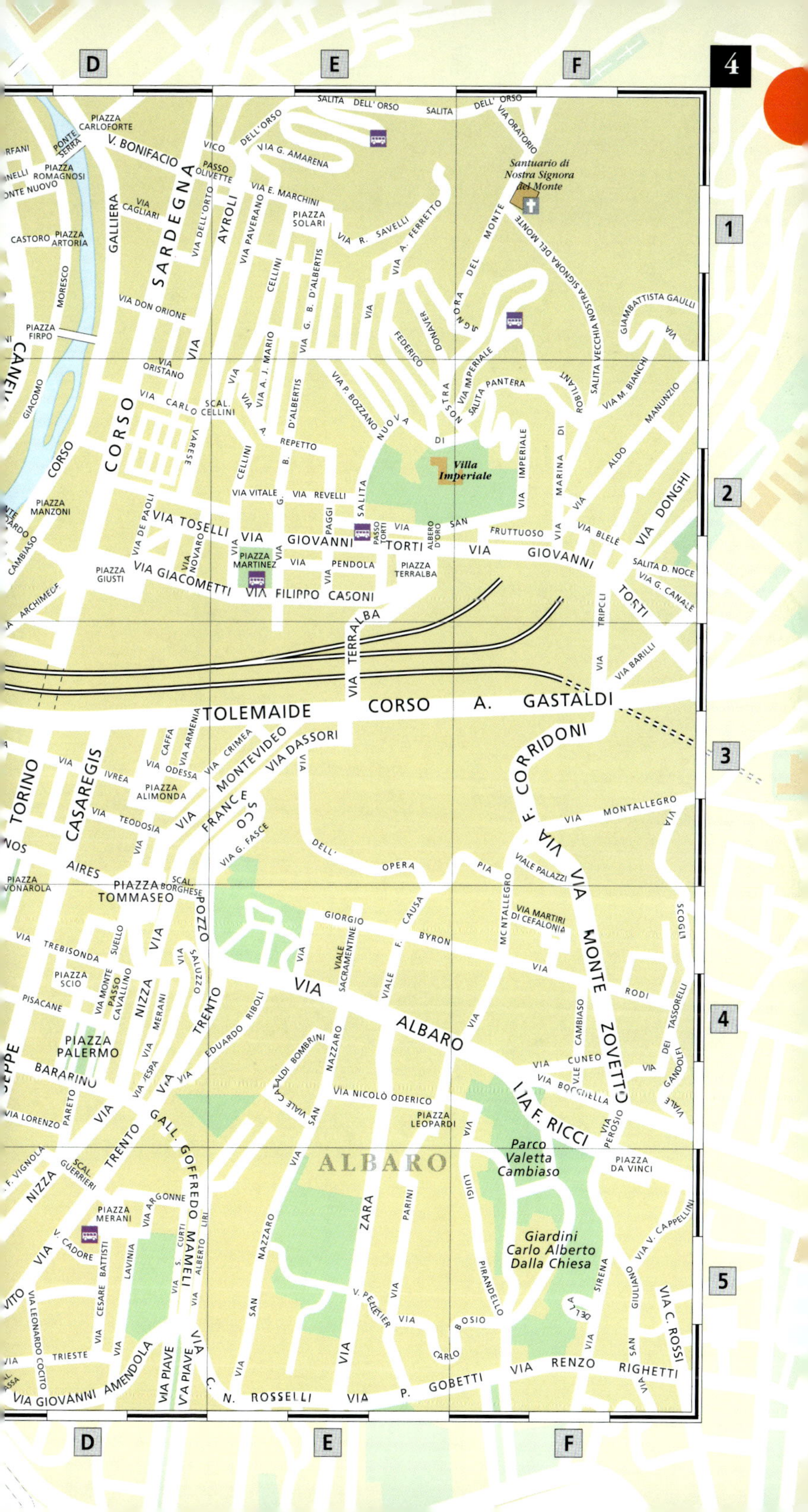

4
D
E
F
1
2
3
4
5
Santuario di Nostra Signora del Monte
Villa Imperiale
Parco Valetta Cambiaso
Giardini Carlo Alberto Dalla Chiesa
ALBARO
SALITA DELL' ORSO
SALITA DELL' ORSO
VIA ORATORIO
PIAZZA CARLOFORTE
PONTE SERRA
V. BONIFACIO
VICO PASSO OLIVETTE
VIA G. AMARENA
PIAZZA ROMAGNOSI
CORSO SARDEGNA
VIA E. MARCHINI
PIAZZA SOLARI
VIA R. SAVELLI
VIA A. FERRETTO
VIA CAGLIARI
GALLIERA
VIA DELL'ORTO
AYROLI
VIA PAVERANO
CELLINI
VIA G. B. D'ALBERTIS
CASTORO
PIAZZA ARTORIA
MORESCO
VIA DON ORIONE
SALITA NOSTRA SIGNORA DEL MONTE
VIA NOSTRA SIGNORA DEL MONTE
GIAMBATTISTA GAULLI
FEDERICO DONAVER
PIAZZA FIRPO
VIA ORISTANO
VIA A. J. MARIO
VIA P. BOZZANO
NUOVA
VIA IMPERIALE
SALITA PANTERA
ROBILANT
SALITA VECCHIA
VIA M. BIANCHI
MANUNZIO
CORSO
VIA CARLO SCAL. CELLINI
VARESE
REPETTO
DI
IMPERIALE
VIA MARINA DI
ALDO
VIA DONGHI
PIAZZA MANZONI
VIA VITALE
VIA REVELLI
SALITA PAGGI
PASSO TORTI
VIA TOSELLI
VIA DE PAOLI
VIA GIOVANNI TORTI
ALBERO D'ORO
SAN FRUTTUOSO
VIA BLELÈ
PIAZZA MARTINEZ
VIA NOVARO
VIA PENDOLA
PIAZZA TERRALBA
SALITA D. NOCE
VIA G. CANALE
PIAZZA GIUSTI
VIA GIACOMETTI
VIA FILIPPO CASONI
VIA TRIPOLI
ARCHIMEDE
VIA TERRALBA
VIA BARILLI
CORSO A. GASTALDI
TOLEMAIDE
CORSO TORINO
CASAREGIS
CAFFA
VIA ARMENIA
VIA CRIMEA
VIA MONTEVIDEO
VIA DASSORI
VIA F. CORRIDONI
VIA IVREA
VIA ODESSA
PIAZZA ALIMONDA
VIA FRANCESCO
VIA MONTALLEGRO
VIA TEODOSIA
VIA G. FASCE
VIA DELL' OPERA PIA
VIA MONTE ZOVETTO
AIRES
VIALE PALAZZI
PIAZZA SAVONAROLA
PIAZZA TOMMASEO
SCAL. BORGHESE
POZZO
VIA GIORGIO BYRON
VIA F. CAUSA
MONTALLEGRO
VIA MARTIRI DI CEFALONIA
SCOGLI
VIA TREBISONDA
SUELLO
VIALE SACRAMENTINE
VIALE
PIAZZA SCIO
VIA MONTE PASSO CAVALLINO
SALUZZO
VIA NIZZA
RODI
PISACANE
VIA ALBARO
VIA MERANI
TRENTO
EDUARDO RIBOLI
NAZZARO
CAMBIASO
DEI TASSORELLI
PIAZZA PALERMO
VIA JESPA
VIALE CASTALDI BOMBRINI
VIA CUNEO
VIA BOCCHELLA
V.LE GANDOLFI
BARABINO
VIA NICOLÒ ODERICO
VIA F. RICCI
VIA LORENZO PARETO
GALL. GOFFREDO MAMELI
SAN
PIAZZA LEOPARDI
VIA PEROSIO
PIAZZA DA VINCI
F. VIGNOLA
SCAL. GUERRIERI
NIZZA
VIA ZARA
PARINI
LUIGI PIRANDELLO
PIAZZA MERANI
VIA ARGONNE
VIA V. CAPPELLINI
V. CADORE
VIA CESARE BATTISTI
LAVINIA
VIA S. CURTI
ALBERTO LIBRI
SAN NAZZARO
SIRENA
GIULIANO
VIA C. ROSSI
VIA LEONARDO COCITO
V. PELLETIER
VIA BOSIO
DELLA
TRIESTE
VIA CARLO
VIA PIAVE
VIA RENZO RIGHETTI
VIA GIOVANNI AMENDOLA
C. N. ROSSELLI
VIA P. GOBETTI

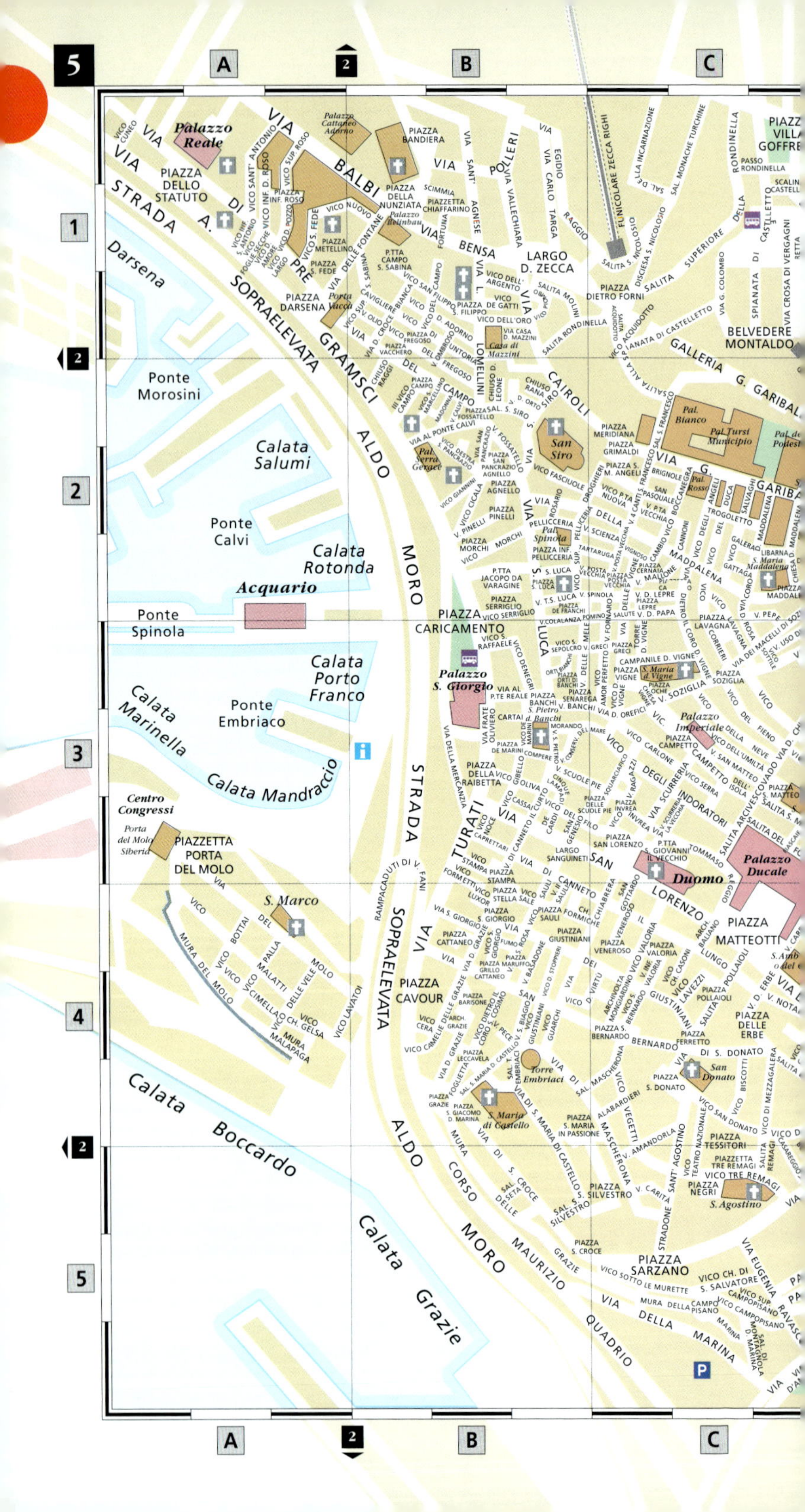
5
A
B
C
1
2
3
4
5
Palazzo Reale
Via Balbi
Piazza dello Statuto
Via di Pre
Strada A. Sopraelevata Gramsci
Darsena
Piazza Darsena
Piazza della Nunziata
Largo D. Zecca
Funicolare Zecca Righi
Piazza Dietro Forni
Belvedere Montaldo
Galleria G. Garibaldi
Via Cairoli
Casa di Mazzini
San Siro
Pal. Bianco
Pal. Tursi Municipio
Pal. Rosso
Via G. Garibaldi
Ponte Morosini
Calata Salumi
Ponte Calvi
Calata Rotonda
Acquario
Ponte Spinola
Aldo Moro
Piazza Caricamento
Palazzo S. Giorgio
Calata Porto Franco
Ponte Embriaco
Calata Marinella
Calata Mandraccio
Centro Congressi
Piazzetta Porta del Molo
S. Marco
Via Turati
Via San Lorenzo
Duomo
Palazzo Ducale
Palazzo Imperiale
Piazza Matteotti
Piazza Cavour
Strada Sopraelevata
Piazza delle Erbe
San Donato
Torre Embriaci
S. Maria di Castello
S. Agostino
Piazza Sarzano
Calata Boccardo
Calata Grazie
Corso Maurizio Quadrio
Via della Marina
Mura Malapaga
Mura del Molo

D
E
F
1
2
3
4
5
CORSO MAGENTA
CORSO SOLFERINO
Villa Gruber
SALITA DI S. MARIA DI SANITÀ
SALITA SUP. S. ROCCHINO
LARGO PACIFICI
PASSO DELL'ACQUIDOTTO
VICO BARNABITI
PIAZZA S. BARTOLOMEO
VIA G. BERTORA
VIA MAMELI
PASSO GORRINI
Giardini Combattenti Alleati
VIA GOFFREDO
VIA PASTRENGO
VIA PALESTRO
VIA SAN ROCCHINO
S. Maria Immacolata
VIA ASSAROTTI
VIA CURTATONE
VIA DEGLI ARMENI
VIA CAFFARO
VIALE ODINO
VIALE DI SANT' ANNA
SALITA INF. SANT' ANNA
FUNICOLARE
VIALE G. BOTTARO
VIA A. BERTANI
PIAZZA CAPPUCCINI
VIALE PADRE SANTO
DISTACCO DI PIAZZA MARSALA
VIA GOITO
SALITA INF. SAN ROCCHINO
SALITA DELLE BATTISTINE
PIAZZA PORTELLO
Parco Villa Di Negro
Museo D'Arte Orientale »E. Chiossone«
VIA PIAGGIO
V. BACIGALUPO
PIAZZA MARSALA
V. CALATAFIMI
VIA S. BARTOLOMEO
Palazzo Peschiere
VIA PESCHIERA
GALLERIA N. BIXIO
Monumento »G. Mazzini«
VIA GRENCHEN
Pal. Cambiaso
Pal. Pallavicino
Pal. Negrone
Pal. Pantaleo Spinola
VICO STELLA
PIAZZA FONTANE MAROSE
Pal. Spinola Pessagno
Prefettura
PIAZZA CORVETTO
VIA S.S. GIACOMO E FILIPPO
VIA SERRA
VIALE MOJON
SALITA S. CATERINA
VIA ROMA
VIA XXV APRILE
VIA MAZZINI
LARGO SAN GIUSEPPE
GALLERIA G. MAZZINI
PASSO OZANAM
VIA CEBA
VIA DEI
VIALE IV NOVEMBRE
VIA XII OTTOBRE
Spianata dell' Acquasola
Villa Serra Museo del Teatro Stabile
PIAZZA PICCAPIETRA
Teatro Com. dell'Opera Carlo Felice
PASSO DEL TEATRO
Accademia Linguistica di Belle Arti
LARGO FUCINE
LARGO XII OTTOBRE
VIA BALILLA
VIA PAMMATONE
PIAZZA PORTORIA
Palazzo di Giustizia
SALITA CARCASSI
SALITA MISERICORDIA
VIALE SAULI
VICO CHIUSO CURLETTO
VIA B. BOSCO
VIA 5 DICEMBRE
VIA CASACCE
VIA S. STEFANO
SALITA TOSSE
VIA VINCENZO
SAN
VIA FOSCOLO
VIA GALATA
VIA PINELLI
VIA VERNAZZA
VIA S. LOMELLINI
VIA GARAVENTA
PIAZZA S. STEFANO
S. Stefano
VIA U.
VICO S. VINCENZO
VIA COLOMBO
PIAZZA COLOMBO
VIA CONSOLAZIONE
Palazzo Borsa
VIA BOCCARDO
V. MORCENTO
VIA XX SETTEMBRE
VIA CECCARDI
VIA FIESCHI
VIA PORTA D'ARCHI
SALITA S. VIALE
Ponte Monumentale
VIA DANTE
VIA MEUCCI
VIA G. CARDUCCI
Chiostro S. Andrea
Casa di Cristoforo Colombo
Porta Soprana
PIAZZA DANTE
PORTA S. ANDREA
VICO DEL PONTICELLO
VIA DEL SEMINARIO
VIA PACE
VIA MARAGLIANO
VIA PONTE
VIA PERANI
VIA FIASELLA
VIA CESAREA
VIA G. D'ANNUNZIO
VIA MURETTE
FOSSO DEI COLLI
GALLERIA C. COLOMBO
VIA DEL SANSONE
CORSO PODESTÀ
VIA DEGLI ARCHI
VIA I. FRUGONI
VIA D.
VIA MALTA
PASSO FIESCHI
SALITA S. LEONARDO
VIA BALIANO
PIAZZA S.LEONARDO
SALITA S. MARIA IN V. LATA
PIAZZA FARALLI
VIA IPPOLITO D'ASTE
VIA GRANELLO
VIA S. CHIARA
VICO SANT'IGNAZIO
PIAZZA S. MARIA IN VIA LATA
VIA S. MARIA IN V. LATA
SAL. MONTAGNOLA
PIAZZA ALESSI
SCAL. C. POLI
PIAZZA CAVALLETTO
VIA G. MACAGGI
Museo Storia Naturale »G. Doria«
3

Die Regionen Liguriens

Ligurien im Überblick

Ligurien ist eine der kleinsten Regionen von Italien. Neben einer wildromantischen Landschaft – an der Küste wie im Hinterland – kann es mit einer reichen Kulturgeschichte aufwarten. Genua, die Hauptstadt Liguriens, liegt ziemlich genau in der Mitte. Östlich erstreckt sich die Riviera di Levante (mit der Provinzhauptstadt La Spezia), die an die Toskana und an die Emilia-Romagna grenzt. Im Westen, an der Riviera di Ponente, die an Piemont und Frankreich grenzt, liegen die Provinzhauptstädte Savona und Imperia. Bei Besuchern beliebt ist Ligurien hauptsächlich wegen seiner langen Küste, an der an vielen Stellen die Felsen steil ins Meer abfallen. Dies ist besonders in den Cinque Terre und um Portofino der Fall, beide an der Riviera di Levante. An der Küste liegen Badeorte, die im Sommer oft überlaufen sind, aber auch historisch interessante Städte wie Albenga und Bordighera. Im bewaldeten, bergigen Hinterland *(entroterra)* stößt man auf einige faszinierende mittelalterliche Städte, z. B. Pieve di Teco, Pigna und Dolceacqua.

Albenga (siehe S. 148ff) *birgt in seinem historischen Zentrum einige der ältesten und wichtigsten Monumente der Region, so die Kathedrale San Michele* (oben) *und ein frühchristliches Baptisterium.*

Die Stadt Cervo (siehe S. 153) *liegt am Hügel, überragt von der Kirche San Giovanni Battista (1686–1734). Mit ihrer konkaven Stuckfassade gibt sie ein schönes Beispiel des ligurischen Barock ab.*

Das Casino (siehe S. 164) *in San Remo ist ein schönes Beispiel für den Belle-Époque-Stil, der um 1900 in den edleren Badeorten beliebt war. Bis heute sieht man im Trubel der Stadt noch viele altehrwürdige Gebäude.*

◁ **In warmen Farben erstrahlen die Palazzi in Camogli an der Riviera di Levante**

***Portofino** (siehe S. 110f) präsentiert sich von der Hafenseite als Ensemble mit schmalen, pastellfarbenen Häusern. Die Stadt ist eine der ansprechendsten der Region, der Küstenabschnitt von Portofino gehört zu den bekanntesten von ganz Italien.*

***Luni** (siehe S. 127) nahe der Grenze zur Toskana ist eine wichtige archäologische Stätte mit einem großen römischen Amphitheater. Aus Luni stammen diese prähistorischen figürlichen Stelen.*

***Die Kirche San Pietro** (siehe S. 120) in Portovenere stammt aus dem 12. Jahrhundert, birgt aber noch Elemente aus dem 6. Jahrhundert. Sie wurde auf einem Felsvorsprung direkt am Meer errichtet.*

Riviera di Levante

Schon im 19. Jahrhundert »entdeckten« und priesen die englischen Dichter Percy Bysshe Shelley und Lord Byron diesen Teil der Welt; sogar eine Bucht an der Riviera di Levante, der Golfo dei Poeti, ist ihnen zu Ehren benannt. Sie und andere Reisende waren damals wie heute verzaubert von der Schönheit der romantischen Küstenlandschaft, von mildem Klima, intensiven Farben und bizarren Höhlen.

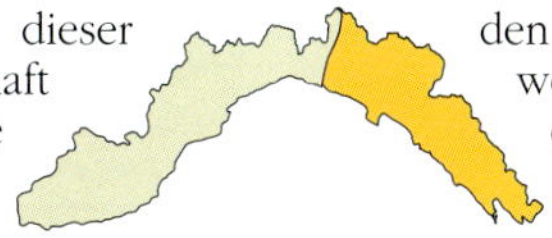

Viele Küstenorte in dieser bezaubernden Landschaft haben eine besondere Lage: Da die Apenninen unmittelbar hinter der Küste aufragen und die Felsen oft steil bis ins Meer abfallen, mussten die Menschen fast jeden Quadratmeter der Natur abringen. Gleich hinter den Orten und manchmal bis in die Dörfer hinein ziehen sich zerklüftete Täler und Schluchten, viele Häuser kleben fast an den Hängen – ob an der Küste oder im Hinterland.

An der Riviera di Levante liegen zahlreiche schicke Ferienorte wie Portofino, Santa Margherita Ligure und Rapallo, einst ein beliebtes Ziel der europäischen und vor allem englischen Aristokratie, heute hauptsächlich von Italienern besucht. Fremdenverkehr gibt es in dieser Gegend schon seit dem 19. Jahrhundert, ein wirtschaftlich bedeutender Faktor wurde er jedoch erst in der zweiten Hälfte des 20. Jahrhunderts, als mit den vielen Gästen unausweichlich Neubauten aus dem Boden schossen. In der Hochsaison sind auch heute noch die Strände und Straßen voll, aber was manche als chaotisch empfinden, ist für andere ganz normal.

Als Gegenbewegung zur schnellen touristischen Erschließung des Gebiets, die Luftverschmutzung und Bodenerosion mit sich brachte, wurden entlang der Küste und im Inland einige Naturschutzgebiete, Nationalparks und Meeresreservate gegründet (z. B. in den Cinque Terre).

Die Entwicklung im Landesinneren verläuft völlig anders als an der Küste. Es ist eine Agrargegend, aber in manchen Gebieten wird der Bevölkerungsrückgang zum Problem, wie überall in den Apenninen. Die Flüsse Magra, Vara und Aveto schneiden tiefe Täler in die Berglandschaft, und weite Teile der Region sind von dichten Wäldern bedeckt.

Grüne Fensterläden und Balkone mit Blumen schmücken viele ligurische Häuser

◁ Die Kirche San Pietro bei Portovenere, direkt am Meer gelegen

Überblick: Riviera di Levante

Der schmale Küstenstreifen der Riviera di Levante beginnt südöstlich von Genua und erstreckt sich bis in die östlichen Gebiete der Lunigiana. Es gibt bekannte Strände und traditionell elegante Badeorte – von Camogli, Rapallo und Portofino im Nordwesten bis Portovenere im Südosten. Ins Hinterland kommen weniger Besucher, dabei gibt es hier attraktive Städte mit historischer Architektur, z. B. Varese Ligure und Sarzana sowie die archäologischen Stätten von Luni. Die Gegend ist ideal zum Wandern, vor allem die Kastanienwälder bieten ein reizvolles Ambiente. Zu den wichtigsten Sehenswürdigkeiten der Region gehören die Festungen von Sarzana, die Kirchen San Salvatore dei Fieschi und Sant' Andrea di Borzone sowie die Abtei San Fruttuoso, Beispiel der romanischen Architektur, die sich in der Region bereits im 3. und 4. Jahrhundert entwickelte.

Siehe auch

- ***Übernachten*** S. 178ff
- ***Restaurants*** S. 190ff

Tellaro im Abendlicht

Sehenswürdigkeiten auf einen Blick

Abbazia di Sant'Andrea di Borzone 8
Ameglia 25
Bocca di Magra 26
Bogliasco 1
Bonassola 14
Camogli 3
Campiglia 17
Castelnuovo di Magra 28
Chiavari 7
Cinque Terre S. 118f 16
Fiascherino und Tellaro 23
La Spezia S. 124f 20
Lavagna 10
Lerici 22
Levanto 15
Luni 27
Moneglia 13
Montemarcello 24
Palmaria, Tino und Tinetto 19
Portofino S. 110f 4
Portovenere 18
Rapallo 6
San Terenzo 21
Santa Margherita Ligure 5
Santo Stefano d'Aveto 9
Sarzana S. 128f 29
Sestri Levante 11
Torriglia 2
Varese Ligure 12

Fischerboote in Manarola, einem Dorf der Cinque Terre

Die Hafenpromenade von La Spezia, der Provinzhauptstadt im Süden der Riviera di Levante

An der Riviera di Levante unterwegs

Hauptverbindungen im südlichen Teil Liguriens sind die A12 (Autobahn zwischen Livorno und Genua) und die A15 (zwischen Parma und La Spezia). Die Küste entlang verläuft die Strada Statale 1, die alte Via Aurelia. Viele kleinere Straßen verbinden die Küste mit dem Hinterland, oft fährt man dabei durch spektakuläre Landschaften. Die Eisenbahnlinie Genua–Livorno sorgt dafür, dass die meisten Orte sehr gut mit dem Zug erreichbar sind (Ausnahme: Portofino). Es gibt gute Busverbindungen zwischen allen Küstenorten und ins Inland. In der Hochsaison laufen Fähren die größeren Küstenorte zwischen Portofino und La Spezia (einschließlich Cinque Terre) an, von La Spezia verkehren auch Fähren zu einigen Mittelmeerinseln.

Fassaden in Bogliasco in den typischen Farben

Bogliasco ❶

Genua. **Straßenkarte** D4. *4600.* *Via Aurelia 106, 010 347 04 29.* *Festa Patronale della Madonna del Carmine (Juli); Festa Patronale della Madonna della Guardia (Aug).*

In einer weiten Bucht mit dem treffenden Namen Golfo di Paradiso liegt das elegante Bogliasco, Wohn- und Ferienort zugleich. Es gibt ein paar kleine Strände; die Häuser gruppieren sich um die Mündung des Flusses Bogliasco, über den sich eine mittelalterliche Brücke, der Ponte Romano, spannt.

Über der Stadt ragt das rund 1000 Jahre alte **Castello** auf, ein Verteidigungsturm, der zur Zeit der Republik Genua errichtet wurde. Hoch auf einer Klippe im Westen steht die Gemeindekirche (18. Jh.), die Terrasse hat ein Mosaik aus hellen und dunklen Kieseln. Beachtung verdient auch das **Oratorio di Santa Chiara** (15. Jh.): Das Innere birgt aufwändig verzierte Prozessionskreuze, eines davon fertigte Maragliano 1713.

Torriglia ❷

Genua. **Straßenkarte** D3. *2300.* *Genova.* **Ente Parco d'Antola,** *Via Nostra Signora della Provvidenza 3, 010 944 931.* *Presepe di Pentema (Dez/Jan).*

Der kleine Ort in den bewaldeten Antola-Bergen ist bei Genuesern schon lange als Sommerfrische beliebt. In römischer Zeit hatte Torriglia Bedeutung, damals war es als Knotenpunkt an der Hauptstraße zwischen Genua und der Emilia-Romagna ein wichtiges Zentrum für den Handel mit den größeren Siedlungen in der Po-Ebene. Von hier führen viele Wanderwege in das Naturschutzgebiet um den Monte Antola.

Über der Stadt ragen die immer noch eindrucksvollen Ruinen eines mittelalterlichen **Castello** auf. Es wurde von der Familie Malaspina gebaut, später von der Familie Fieschi besetzt und war ab der zweiten Hälfte des 16. Jahrhunderts im Besitz der Familie Doria.

Umgebung: Von Torriglia bieten sich zwei Ausflüge an: Der erste führt nach **Pentema,** das rund sechs Kilometer nördlich an einer kleinen Bergstraße liegt. Nach einer Fahrt durch dichten Wald erreicht man das bezaubernde Dorf, in dem ein paar nahezu identische kleine Häuser auf Terrassen am Hang stehen, überragt von einer Kirche. Die Straßen sind nicht asphaltiert, manche sind mit Geröll aus dem Fluss gepflastert.

Wohltuende Stille herrscht am **Lago del Brugneto,** acht Kilometer östlich von Torriglia. Der Stausee zwischen den Bergen liegt auf dem Gebiet des **Parco Regionale del Monte Antola** und dient der Wasserversorgung von Genua. Ein 13 Kilometer langer Wanderweg führt um den See. Wenn Sie ihn umrunden wollen, sollten Sie rund sechs Stunden dafür einplanen.

Camogli ❸

Genua. **Straßenkarte** D4. *5900.* *Via XX Settembre 33, 0185 771 066.* www.camogli.it *Sagra del Pesce (zweiter So im Mai).*

Die alte Fischer- und Seefahrerstadt am Golfo di Paradiso ist nach den Frauen *(mogli)* benannt, die die Arbeit und die Geschäfte betrieben, während ihre Männer auf See waren. Der bezaubernde mittelalterliche Kern mit seinem Gassengewirr und den Treppen erstreckt sich um den Hafen. Hier stehen schmale Häuser, einige davon sechs Stockwerke hoch.

Ein Felsvorsprung am Ufer wird »Isola« genannt, wohl weil er einst separat stand. Hier wurde im 12. Jahrhundert die **Basilica di Santa Maria Assunta** gebaut, die allerdings seither viele Veränderungen erfahren hat. Hinter der klassizistischen Fassade ist der Innenraum reich geschmückt. Das Fresko im Mittelschiff stammt von Francesco Semino und Nicolò Barabino, die Marienstatue aus dem 18. Jahrhundert am Hochaltar von Bernardo Schiaffino. Auf einem Felsen über dem Meer steht das **Castel Dragone,** es stammt aus dem Mittelalter, wurde aber stark verändert.

Das **Museo Marinaro Gio Bono Ferrari** dokumentiert die ruhmreiche Phase in der Geschichte Camoglis, die heute kaum mehr vorstellbar ist: Im 18. und 19. Jahrhundert besaß die Stadt über 3000 Handelsschiffe, die für die großen europäischen Staaten unterwegs waren.

Die Uferstraße von Camogli mit der »Isola« im Hintergrund

Die Seeseite von Santa Margherita Ligure

Sogar an Seegefechten gegen Napoleon war die Flotte von Camogli beteiligt.

Das Museum zeigt Schiffsmodelle, Navigationsinstrumente sowie Gemälde von Schiffen, die oft von den Besitzern als Votivbilder in Auftrag gegeben wurden. Auch im Kreuzgang neben dem **Santuario di Nostra Signora del Boschetto** vor Camogli kann man viele Votivbilder sehen.

Wenn Sie die Gegend im Mai besuchen, sollten Sie das Fest Sagra del Pesce *(siehe S. 28)* nicht versäumen, bei dem Fisch in einer riesigen Pfanne gekocht wird.

Museo Gio Bono Ferrari

Via GB Ferrari 41. *0185 729 049.* *Mo, Do, Fr 9–12 Uhr, Mi, Sa, So, Feiertage 9–12, 15–18 Uhr (Juni–Sep 16–19 Uhr).*

Portofino 4

Siehe S. 110f.

Santa Margherita Ligure 5

Genua. **Straßenkarte** E4. *10 800.* *Via XXV Aprile 2/B, 0185 287 485.* www.apttigullio.liguria.it *Nostra Signora della Rosa (Juli).*

In einer schmalen Bucht am Golfo del Tigullio hat Santa Margherita einen schönen Hafen, Grandhotels und Villen zu bieten. Die hübsche Rokokokirche Santa Margherita d'Antiochia gab der Stadt, die sich erst im 19. Jahrhundert aus den beiden Dörfern Pescino und Corte bildete, den Namen. Bald wurde die neue Stadt ein beliebtes Ferienziel, vor allem Briten kamen im 19. Jahrhundert hierher.

Auf dem Hügel zwischen den beiden früheren Dörfern gestaltete man den öffentlichen **Parco di Villa Durazzo.** Die Villa auf der Anhöhe besitzt noch die Originalmöblierung sowie eine Kunstsammlung, vom Park bieten sich schöne Ausblicke über die Stadt und auf das Meer.

Am Fuße des Hügels, im Bezirk Corte, steht eine Kapuzinerkirche aus dem 17. Jahrhundert mit einem Holzkreuz aus dem 15. Jahrhundert.

Rapallo 6

Genua. **Straßenkarte** E4. *29 300.* *Lungomare Vittorio Veneto 7, 0185 230 346.* www.apttigullio.liguria.it *Mostra Internazionale dei Cartoonists (Nov/Dez); Festa della Madonna di Montallegro (Juli).*

Rapallo, mitten im Golfo del Tigullio gelegen, war bereits in vorrömischer Zeit besiedelt und wurde im Mittelalter zum Bündnispartner der Republik Genua. Es ist wahrscheinlich einer der bekanntesten Ferienorte an der Riviera di Levante. Hier gibt es einen großen Yachthafen und ein Schwimmbad, man kann segeln, Tennis spielen, reiten und auf einem 18-Loch-Platz golfen.

Das Klima und die Landschaft zogen ab dem 19. Jahrhundert vor allem Engländer an. Max Beerbohm (1872–1956), der englische Kritiker und Literat, lebte hier viele Jahre. Vom frühen Fremdenverkehr zeugen viele Nobelhotels und Jugendstil-Cafés, die sich am **Lungomare Vittorio Veneto** reihen.

Im Zentrum durchziehen die parallel verlaufenden Straßen Via Venezia, Via Mazzini und Via Marsala den mittelalterlichen »Borgo Murato«, in dessen Grenzen die Häuser eng nebeneinander stehen. Interessante historische Gebäude sind die Kirche Santo Stefano (17. Jh.), der Turm aus dem 15. Jahrhundert daneben und der mittelalterliche Ponte di Annibale mit seinem 15 Meter weiten Bogen.

Von der Piazza Pastene am Wasser aus erreicht man das **Castello,** die alte Seefestung, die 1551 zur Abwehr von Piratenangriffen gebaut wurde. Eine Standseilbahn bringt Besucher zum **Santuario di Montallegro** (16. Jh.), von dem man den Blick über die Küste genießen kann.

In der Villa Tigullio ist das **Museo del Merletto,** das über 1400 feine Gespinste aus dem 16. bis 19. Jahrhundert präsentiert: Geklöppelte Spitzen für Kleider, Deckchen und Kopfkissen sowie einige Entwurfszeichnungen sind zu sehen.

Das Castello von Rapallo, eine Verteidigungsanlage von 1551

Umgebung: Östlich von Rapallo liegt das kleine **Zoagli,** das sich trotz der Bombenschäden des Zweiten Weltkriegs das Flair eines Fischerdorfs erhalten konnte.

Museo del Merletto

Villa Tigullio, Parco Casale. *0185 633 05.* *Di, Mi, Fr, Sa 15–18 Uhr, Do, Sa 10–11.30 Uhr.*

Portofino ❹

DEN NAMEN DES ORTES trägt auch die Halbinsel, die drei Kilometer ins Meer ragt und den Golfo di Paradiso vom Golfo di Tigullio trennt. Der trockene südliche Teil ist zerklüftet und voller Macchie, im nördlichen Teil gedeihen Wälder und Kastanienhaine. Bereits in der Römerzeit galt *Portus Delphini* als sicherer Hafen; der Name kommt von der großen Delfin-Kolonie, die auch heute noch in den Gewässern um die Halbinsel lebt. Heute ist das Gelände zersiedelt, viele Weiler und Villen liegen hier, auch der noble Badeort Portofino; er ist seit dem 19. Jahrhundert ein beliebtes Ferienziel der gehobenen Gesellschaft, die sich hier ihre Villen und Parks anlegte. Man kann sehr schön wandern und alle möglichen Arten von Wassersport betreiben, darunter auch tauchen.

An der Felsenküste in der Nähe des Ortes Portofino

Cristo degli Abissi
Die Bronzestatue von Guido Galletti wurde 1954 bei San Fruttuoso im Meer versenkt. Alljährlich am letzten Sonntag im Juli wird die Statue mit Girlanden geschmückt – in Erinnerung an all jene, die ihr Leben auf See verloren. Für Taucher ist die Unterwasserstatue das ganze Jahr über ein Ziel.

★ San Fruttuoso
Das kleine Dorf ist ein Symbol des italienischen FAI (Fondo per l'Ambiente Italiano), einer privaten Organisation, die Kultur- und Naturgüter schützt. Die Häuser gruppieren sich um eine Benediktinerabtei mit achteckigem Glockenturm, die sich die Familie Doria im 13. Jahrhundert als Grabstätte erbaute. Das Mausoleum ist immer noch zu sehen. Man erreicht San Fruttuoso nur mit dem Boot oder zu Fuß, z. B. auf einer 30-minütigen Bootsfahrt von Camogli oder einer 75-minütigen Wanderung von Portofino.

Paraggi

In Paraggi »kleben« die Häuser am Felsen, es gibt eine kleine sandige Höhle, die Gegend dahinter ist terrassiert. Früher lebte man vom Olivenanbau und der Fischerei, heute vom Fremdenverkehr. Wer hier spazieren geht, wird hinter jeder Ecke von einer neuen Aussicht überrascht.

INFOBOX

Genua. **Straßenkarte** D4. 590. Santa Margherita Ligure. Santa Margherita Ligure nach Portofino. Boote durch den Golfo del Tigullio und nach Cinque Terre (Mai–Sep); 0185 284 670. Via Roma 35, 0185 269 024. www.apttigullio.liguria.it

Abtei San Fruttuoso

0185 772 703. März, Apr, Okt Di–So 10–16 Uhr; Mai–Sep tägl. 10–18 Uhr; Dez–Feb 10–16 Uhr. Nov.

NICHT VERSÄUMEN

★ **Portofino**

★ **San Fruttuoso**

★ Portofino

Den besten Blick auf den noblen Badeort mit dem kleinen Hafen und den bunten Häusern an der Piazzetta hat man von einem Punkt auf der anderen Seite der Hafeneinfahrt. Hinter Portofino erhebt sich ein drei Kilometer langer und 600 Meter hoher Gebirgszug. Im Hafenbereich können 300 Boote und Yachten ankern.

Portofinos kleiner Hafen ▷

Chiavari ❼

Genua. **Straßenkarte** E4.
28 200. FS
Corso Assarotti 1, 0185 325 198.
www.apttigullio.liguria.it
Festa patronale di Nostra Signora dell'Orto (2. Juli).

CHIAVARI IST eine der wichtigen Städte Liguriens, es liegt am östlichen Rand des Golfo del Tigullio auf einer Schwemmebene der Entella-Mündung. Zur Römerzeit hieß die Stadt Clavarium (»Schlüssel zu den Tälern«), sie war bekannt für ihre Handwerker, die sich besonders als Schiffsbauer und Möbelschreiner hervortaten. Heute ist der Fremdenverkehr die Haupteinnahmequelle. Im Yachthafen finden 450 Boote Platz.

Die Ruinen einer Nekropole aus dem 8. bis 7. Jahrhundert v. Chr. (sie gehören nun zum Civico Museo Archeologico) zeigen, dass das Gebiet schon in vorrömischer Zeit besiedelt war. Befestigt wurde die Stadt 1178, als Genua seinen Machtbereich auf die Riviera di Levante ausweitete und die Familie Fieschi, (Erzfeinde der Familie Doria) bekämpfte. Ihre Blütezeit erlebte die Stadt mit Ausdehnung der Handelsbeziehungen in das Umland und nach Übersee, die Spuren jener großen Zeit lassen sich an den neoklassizistischen Bauten (19. Jh.) ablesen.

Das Herz von Chiavari ist die Piazza Mazzini, um sie breiten sich die für die Altstadt so typischen Arkadenstraßen aus. Die Via dei Martiri della Liberazione, die Via Rivarola sowie die Via Ravaschieri haben viele Portale aus schwarzem Schiefer.

Das alte Zentrum von Chiavari mit seinen Arkaden

Die einsam gelegene Abtei Sant'Andrea di Borzone

Die Kathedrale **Nostra Signora dell'Orto** stammt aus dem 17. Jahrhundert, eine Reihe von Umbauten erfolgten im 19./20. Jahrhundert. Im prächtigen Inneren sieht man neben Marmor und Stuck Werke von Orazio De Ferrari und Anton Maria Maragliano. Die Kirche San Giovanni Battista wurde 1182 gegründet, aber 1624 neu gebaut.

In Bacezza, einem Vorort von Chiavari, steht das **Santuario della Madonna delle Grazie** (15. Jh.), von dem man von Portofino bis Sestri Levante blicken kann. Innen gibt es einen Freskenzyklus aus dem 16. Jahrhundert von Teramo Piaggio und Luca Cambiaso.

Abbazia di Sant'Andrea di Borzone ❽

Via Abbazia 63, Borzonasca.
Straßenkarte E3. FS *Chiavari.*
0185 340 056. tägl. bis Sonnenuntergang.

MAN ERREICHT die Abtei auf einer Straße mit vielen Kurven, die vom Zentrum vom Borzonasca (16 km landeinwärts von Chiavari) nach Osten verläuft.

Völlig abgeschieden liegt eines der ältesten Benediktinerklöster Italiens. Das Kloster wurde im frühen 12. Jahrhundert von den Mönchen von San Colombano in Bobbio (in der Emilia-Romagna) gegründet und 1184 den Benediktinern von Marseille geschenkt, die das umliegende Land kultivierten. Sie legten Terrassen an und bauten Steinmauern, deren Reste man bis heute entlang der Wege sieht, obwohl vielerorts die Natur alles überwuchert hat. Im 13. Jahrhundert ließen die Grafen Fieschi die Abtei neu errichten, die romanische Grundanlage blieb dabei jedoch erhalten.

Die Kirche mit dem massiven quadratischen Glockenturm ist aus Ziegel und Naturstein gebaut. Sie hat ein einziges Schiff, eine halbrunde Apsis und ein Gesims aus Terrakotta-Bogen. Einige Säulen im Kreuzgang haben vom alten Kloster überlebt. Im Presbyterium sieht man ein Polyptychon eines unbekannten Genueser Künstlers von 1484 und ein Schiefer-Tabernakel von 1513.

Santo Stefano d'Aveto ❾

Genua. **Straßenkarte** E3. *1250.*
Piazza del Popolo 6, 0185 880 46. www.apttigullio.liguria.it *und* www.parks.it
Cantamaggio (2. Mai).

IN EINEM FAST alpin wirkenden Ambiente am Fuß des Monte Maggiorasca ist Santo Stefano Sommer- und Winterferienort zugleich. Im Winter ist es ein Zentrum für den Skilanglauf, im Sommer Ausgangspunkt für zahlreiche Wanderwege.

Im Mittelalter kam dem Ort eine Schlüsselstellung zu, da man von hier aus die Handelsstraße von Bobbio bis zur Küste kontrollieren konnte. Heute kann man im historischen Zentrum mit seinen Gassen und kleinen Plätzen schön spazieren gehen.

In der Nähe des Dorfes erheben sich die Ruinen des **Castello Malaspina,** das hier ansässige Adlige im 12. Jahrhundert bauten. In der Folgezeit war es in der Hand der Familie Fieschi, später der Familie Doria.

Der Fluss Aveto (der in den Piacentino mündet) hat südwestlich des Dorfes eine Hochebene geschaffen. Hier gibt es Wiesen, auf den umliegenden Bergen stehen Silbertannen, Norwegische Fichten, Buchen und Eschen. Das Gebiet gehört größtenteils zum **Parco Naturale Regionale dell'Aveto.**

Von Santo Stefano führt ein Weg auf den Monte Aiona, mit 1700 Metern der höchste Gipfel im Park. Seine Westseite gehört zur **Riserva Naturale delle Agoraie** und ist nur mit Sondergenehmigung für Wissenschaftler zugänglich.

Ebenso interessant ist der Wald von Le Lame; er wird von Sumpfland und kleinen Seen geprägt, deren Becken von Gletschern ausgehöhlt wurden. Im kalten Wasser des Lago degli Abeti blieben 2500 Jahre alte Fichtenstämme erhalten.

Logo des Parco Naturale dell'Aveto

San Salvatore dei Fieschi, Lavagna

Lavagna ⑩

Genua. **Straßenkarte** C4.
12 900. FS *Piazza della Libertà 48/A, 0185 395 070.*
www.apttigullio.liguria.it
Torta dei Fieschi (7.–14. Aug).

LAVAGNA LIEGT gegenüber von Chiavari, auf der anderen Seite der Entella-Mündung. Mehrere Brücken verbinden die zwei Städte, eine davon ist der schöne mittelalterliche Ponte della Maddalena.

Im Mittelalter war Lavagna fest in der Hand der Grafen von Fieschi. Der Wohlstand der Stadt kam lange Zeit hauptsächlich von den Schiefer-Steinbrüchen; heute ist der Fremdenverkehr die wichtigste Einnahmequelle, Lavagna hat einen Strand und eine Bootshafen für 1500 Yachten.

Das mittelalterliche Zentrum entwickelte sich nicht am Meer, sondern landeinwärts um die Via Nuova Italia. Die Kirche **Santo Stefano** wurde im 10. Jahrhundert errichtet, jedoch 1653 neu gebaut. Hinzu kamen eine barocke Treppe und asymmetrische Glockentürme. Der Palazzo Franzone dient heute als Rathaus.

Die Kirche **Santa Giulia di Centaura** (1654) an der Küste erreicht man auf einer Panoramastraße vom Viale Mazzini.

UMGEBUNG: Eine kurze Autofahrt oder ein 30-minütiger Fußmarsch landeinwärts bringt Sie zum Dorf San Salvatore di Cogorno. Hier steht die **Basilica di San Salvatore dei Fieschi,** eines der wichtigsten romanisch-gotischen Bauwerke Liguriens.

Den Auftrag zum Bau erteilte 1245 Ottobono Fieschi, der spätere Papst Hadrian V. und Neffe von Papst Innozenz IV. (ebenfalls aus der Familie Fieschi), der die Kirche 1252 zur Basilika erklärte. In schöner Lage auf einem Hügel mit Olivenhainen ist die Basilika von ehrwürdigen Gebäuden umgeben, darunter sind auch die Ruinen des Palazzo dei Conti Fieschi aus dem 13. Jahrhundert.

Ein mächtiger quadratischer Turm erhebt sich über dem Schnittpunkt von Haupt- und Querschiff. Er hat Gesimse mit Blindbogen und vierfach gegliederte Fenster, an den Ecken der Turmspitze ragen vier kleinere Spitzen empor. Der obere Teil der Fassade weist Streifen aus Marmor und Schiefer sowie ein Rosettenfenster auf. Die Streifen wiederholen sich im recht strengen Inneren, auch im Presbyterium und im Querschiff sieht man viel Schiefer.

Basilica di San Salvatore dei Fieschi
Piazza Innocenzo IV, San Salvatore di Cogorno. *0185 380 245.*
tägl. 8–12, 13.30–18 Uhr (Sommer bis 19 Uhr).

VIA DELL'ARDESIA (SCHIEFERSTRASSE)

Infos über die Via dell'Ardesia: GAL Fontanabuona e Sviluppo, Via Chiapparino 26, Cicagna. *0185 971 091.* www.fontanabuona.com

Schieferskulptur

Von den schwarzen Streifen der Kirche San Salvatore dei Fieschi bis zu den Dächern vieler Häuser ist Schiefer (ital.: *ardesia*) ein typischer Anblick an der Riviera di Levante. Er wird auch heute noch im Hinterland bei Chiavari abgebaut. Sehr nahe liegt der Ort Lavagna, was auf Italienisch »Schiefertafel« heißt. Zu den Schieferbrüchen kommt man auf der SS225 von Chiavari ins Fontanabuona-Tal. Es gibt sechs Wege, alle sind Teil der Via dell'Ardesia. Bei Isolana di Orero kann man einen Schiefer-Steinbruch besichtigen. Ein Schiefermuseum gibt es bei Cicagna, 20 Kilometer von Lavagna entfernt.

Sestri Levante ⓫

Genua. **Straßenkarte** E4.
19 000. FS *Piazza Sant'Antonio 10, 0185 457 011.*
www.apttigullio.liguria.it
Premio letterario per la fiaba Hans Christian Andersen (Ende Mai).

Am westlichsten Punkt des Golfo del Tigullio liegt Sestri Levante, einer der lebhaftesten Ferienorte an der

Fischerboote an der Baia del Silenzio in Sestri Levante

Küste, rund um eine felsige Halbinsel, die »Isola« genannt wird. Im Herzen der Altstadt sind die interessantesten Gebäude die **Basilica Santa Maria di Nazareth** (1604–16) von Giovan Battista Carlone, der **Palazzo Durazzo Pallavicini** (17. Jh., jetzt das Rathaus) und die romanische Kirche **San Nicolò dell'Isola** (12. Jh.).

Architektonisch sehr ansprechend ist außerdem das schöne Grand Hotel dei Castelli *(siehe S. 181)* an der Spitze der Halbinsel. Es wurde in den 1920er Jahren an der Stelle einer alten Burg erbaut und blickt auf zwei Buchten: Die sandige **Baia delle Favole** wurde zu Ehren von Hans Christian Andersen benannt, der hier 1833 wohnte (*favola* heißt Fabel). Ruhiger ist es an der kleineren **Baia del Silenzio,** an der noch Fischerboote liegen und die Häuser in vielen Farben erstrahlen. Hier ist auch der Turm, in dem der Physiker Guglielmo Marquese Marconi 1934 Experimente zu Funkwellen durchführte.

Wer nach dem Aufenthalt am Strand noch Lust auf ein wenig Kunst hat, findet in der **Galleria Rizzi** Gemälde, Skulpturen, Keramiken und Möbel, die die Familie Rizzi zusammentrug. Unter den Gemälden sind Bilder von Giovanni Andrea De Ferrari und Alessandro Magnasco.

Galleria Rizzi

Via dei Cappuccini 4. *0185 413 00.* *Apr–Okt So 10.30–13 Uhr; Mai–Sep Mi 16–19 Uhr (Mitte Juni–Sep auch Fr, Sa 21–23 Uhr).*

Varese Ligure ⓬

La Spezia. **Straßenkarte** E4. *2500.* *von Sestri Levante.* *Via Portici 19, 0187 842 094 (nur in der Hochsaison).* www.aptcinqueterre.sp.it

Der hübsche Urlaubsort im Hinterland war jahrhundertelang ein wichtiges Marktzentrum und ein Haltepunkt an der Straße nach Parma in der Emilia-Romagna. Als im 19. Jahrhundert der Verkehr über die Berge nachließ, konzentrierten sich die Einwohner von Varese auf die Landwirtschaft – daran hat sich bis heute nichts geändert.

Varese Ligure war in der Hand der Familie Fieschi, die es 1161 als Lehen von Kaiser Friedrich I. »Barbarossa« bekam. Die Fieschis bauten im 15. Jahrhundert eine prächtige Burg an der Piazza, die einst der Marktplatz war. Um diese Burg herum entstand der **Borgo Rotondo,** ein fast kreisförmiger, nahtlos von Gebäuden eingefasster Platz. Der Häuserring war als Verteidigungsmaßnahme gedacht – eine geradezu geniale Idee der Fieschis. Heute befinden sich in den farbig gestrichenen Häusern mit den Arkadenbogen viele Läden.

Am **Borgo Nuovo,** der im 16. Jahrhundert daneben entstand, sieht man Palazzi aus dem 16. bis 19. Jahrhundert. In dieser Zeit war die Stadt sehr wohlhabend.

In der Nähe fließt – von einer mittelalterlichen Brücke überspannt – die Crovana, ein Nebenfluss der Vara. Deren Tal, das **Val di Vara,** erstreckt sich über 60 Kilometer Länge durch die verschiedensten Naturräume: Der obere Flusslauf durchquert eine wunderschöne, ursprüngliche Berglandschaft mit Buchen- und Kastanienwäldern. Flussabwärts folgen Wiesen, auf denen Kühe und Pferde grasen. Es gibt Stellen, an denen der Fluss durch steile Felswände schießt, zur Mündung hin wird er breiter und durchquert den Parco Naturale Regionale di Montemarcello-Magra *(siehe S. 126).*

Moneglia ⓭

Genua. **Straßenkarte** E4.
2700. FS
Corso Longhi 32, 0185 490 576.
www.prolocomoneglia.it
Mostra-Mercato dell'Olio d'Oliva (Mitte Apr).

Der Ort, der einst Monilia hieß, liegt an einer Einbuchtung, die das hohe, zerfurchte Kliff zwischen Sestri Levante und Deiva Marina unterbricht. Moneglia präsentiert sich als typischer Fischerort mit malerischen *carruggi* und Schieferdächern – architektonisch ein friedlicher Ort.

Der ungewöhnliche Borgo Rotondo in Varese Ligure

Der Strand von Moneglia in der Hochsaison

Die langen Jahre der Loyalität zu Genua haben viele Spuren hinterlassen: Die **Fortezza Monleone** stammt von 1173, das **Castello di Villafranca** an den Hängen über dem Zentrum aus dem 16. Jahrhundert.

Die schwarz-weiß gestreifte Pfarrkirche **Santa Croce** (1726) besitzt ein *Letztes Abendmahl* von Luca Cambiaso, dem großen Künstler des 16. Jahrhunderts, der in Moneglia geboren wurde. Im Inneren sieht man zwei Glieder der Kette, die einst die Tore von Pisa verschloss. Es sind Trophäen aus der Schlacht von Meloria *(siehe S. 38)*, in der die Moneglieser an der Seite von Genua gegen Pisa siegten.

Glockenturm von Santa Croce in Moneglia

Das Meer ist hier ideal zum Schwimmen, besonders an den Klippen entlang. Außerdem bieten sich Spaziergänge durch die Macchia westwärts zur Punta Baffe und Punta Manara an. Durch Weinberge kann man zum Bergpass Bracco laufen.

Bonassola ⓮

La Spezia. **Straßenkarte** E4. 1000. FS Via Fratelli Rezzano, 0187 813 500. W www.prolocobonassola.it Madonna del Rosario (erstes Wochenende im Okt).

Bonassolas Lage an einer kleinen Bucht bewog die Genueser im 13. Jahrhundert, hier eine Basis für ihre Schiffe zu errichten. Heute hat der Ort keinen Hafen mehr, aber mit kleinen Booten kann man mühelos anlegen.

Es gibt einen breiten Strand, der zum großen Teil aus Kieseln besteht. Taucher finden hier ein Revier mit mittlerem Schwierigkeitsgrad.

Zu den Sehenswürdigkeiten gehört die Kirche **Santa Caterina** (16. Jh.) mit ihrem prächtigen Barockschmuck und vielen Votivbildern der Seefahrer. Die kleine Kirche **Madonna della Punta** befindet sich westlich von Bonassola auf einer Klippe über dem Meer und ist ein überaus beliebtes Ziel für Spaziergänge zum Sonnenuntergang.

Einige alte Dörfer in der Nachbarschaft lohnen einen Besuch. Man kann sie mit dem Auto oder zu Fuß erreichen. Ein neun Kilometer langer Weg führt durch Weinberge und Olivenhaine nach **Montaretto,** das für seinen hervorragenden Wein bekannt ist.

Levanto ⓯

La Spezia. **Straßenkarte** E4. 5800. FS Piazza Mazzini, 0187 808 125. W www.aptcinqueterre.sp.it Festa del mare (24./25. Juli).

Lange Jahre war Levanto ein Zentrum des Handels und der Landwirtschaft, erst in jüngerer Zeit wurde es touristisch – nicht zuletzt wegen des langen, schönen Strands.

Der Ort teilt sich in Borgo Antico, das mittelalterliche Viertel rund um die Kirche Sant'Andrea und den Hügel San Giacomo, und Borgo Nuovo, das im 15. Jahrhundert auf der Ebene daneben entstand. Lohnende Ziele in Borgo Antico sind die Loggia del Comune (13. Jh.), die Casa Restani mit einem Portikus aus dem 13./14. Jahrhundert, eine Burg (in Privatbesitz) und ein Stück der alten Stadtmauer von 1265.

Hauptsehenswürdigkeit ist die Gemeindekirche **Sant'Andrea,** ein schönes Beispiel ligurischer Gotik. Die Fassade ist gestreift aus weißem Marmor und grünem Serpentinit. Dieser Stein wurde auch für die Kapitelle der Säulen im Kirchenschiff eingesetzt. Zu den Kunstwerken gehören zwei Teile eines Polyptychons (1495) von Carlo Braccesco, die die *Heiligen Augustinus und Jeronimus* sowie die *Heiligen Blasius und Pantaleon* zeigen. Im früheren Oratorium der Kirche ist das **Museo Permanente della Cultura Materiale**, in dem man viel über das Leben von Bauern und Seefahrern an der Riviera di Levante erfährt.

Aus Levantos jüngerer Vergangenheit stammen einige Palazzi (teils mit bemalten Fassaden) aus dem 17. und 18. Jahrhundert, als viele Genueser Adlige hier Sommerresidenzen erbauten. Der **Palazzo Vannoni** an der Piazza Cavour ist der bedeutendste.

Museo Permanente della Cultura Materiale

Piazzetta Massola 4. *0187 817 776.* *Juli, Aug Di–So 21–23 Uhr; zu anderen Zeiten auf Anfrage.*

Sant'Andrea in Levanto

Cinque Terre ⓰

Klares Wasser und Klippen, die steil ins Meer abfallen, zeichnen die Cinque Terre (Fünf Länder) aus. Die Orte »kleben« an den Abhängen, die Berge dahinter sind terrassiert. Cinque Terre ist Weltnaturerbe der UNESCO und Nationalpark. Rund 20 Kilometer Küste mit Hinterland sind geschützt, so dass das Verhältnis zwischen Mensch und Umwelt im Gleichgewicht bleibt. Die fünf Dörfer, nach denen der Küstenabschnitt benannt ist, sind Monterosso al Mare, Vernazza, Corniglia, Manarola und Riomaggiore. Es gibt keine Autos in den Dörfern und keine Straße entlang der Küste, dafür Boote, eine Eisenbahnlinie und schöne Wege, die die Ortschaften verbinden. Hier kann man reiten *(siehe S. 201)* und tauchen. Zimmer sind ohne Vorausbuchung in der Hochsaison schwer zu finden.

Monterosso al Mare ①
Die Texte von Eugenio Montale (1896–1981), der hier als Kind seine Ferien verbrachte, fangen die Atmosphäre von Monterosso ein. Gleich neben der Altstadt liegt Fegina mit seinem feinen Sandstrand.

Terrassen ②
Das steile Gelände unmittelbar hinter den Orten wirkt wie Architektur. Und tatsächlich: Die Menschen haben das Land an vielen Stellen der Natur abgetrotzt. An den Hängen wachsen vor allem Oliven und Weinreben, aus denen der berühmte Cinque Terre Sciacchetrà *(siehe S. 187)* gekeltert wird.

Vernazza ③
Die farbenprächtigen Häuser »kleben« an den Felsen der schmalen Bucht. Vernazza hat als einziger Ort der Cinque Terre einen Hafen, was ihm schon früh Wohlstand einbrachte. Viele halten Vernazza wegen der Kombination aus herrlicher Umgebung und interessanter Architektur für den schönsten Ort, allerdings gibt es hier keinen Strand.

Corniglia ④
Der Ort liegt 100 Meter hoch auf einem Felsen über einem geschützten Strand, der von den Römern Cornelia genannt wurde. Corniglia war immer schon ein wichtiges Agrarzentrum, hier werden limitierte Mengen an Cinque-Terre-Weißweinen, darunter auch des Sciacchetrà, produziert.

Infobox

La Spezia. **Karte** E–F4. FS
Corniglia *Bahnhof, 0187 812 523;* **Manarola** *Bahnhof, 0187 760 511;* **Monterosso al Mare** *Bahnhof, 0187 817 059;* **Riomaggiore** *Bahnhof, 0187 760 091;* **Vernazza** *Bahnhof, 0187 812 533.* Carta Cinque Terre beinhaltet Gebühren für Verkehrsmittel, Straßenbenutzung und Kartenmaterial.
W www.aptcinqueterre.sp.it
W www.parconazionale5terre.com

Manarola ⑥
Eng gedrängt auf einem Felsen über dem Meer präsentieren sich die farbigen Häuser von Manarola, die man schon von weitem sieht.

La Strada dei Santuari ⑤
Der Weg entlang der Küste führt oft durch Agrarland, wurde aber streckenweise in die Berge hineingebaut. Er verbindet alle fünf Dörfer. Am besten geht man ihn in Etappen, um Zeit für die herrliche Aussicht zu haben.

Via dell'Amore ⑦
In den 1920er Jahren wurde die Via dell'Amore (Liebesweg) zwischen Manarola und Riomaggiore in den Fels gehauen. Der zwei Kilometer lange Weg ist leicht zu gehen, die Aussicht deshalb nicht weniger sensationell.

Legende

- Routenempfehlung
- Bergstraße
- Andere Straße
- Eisenbahn
- Fluss
- Fähre

Riomaggiore ⑧
Riomaggiore ist der Sitz der Verwaltung des Nationalparks. Entlang der Hauptstraße gibt es viele Fischrestaurants, von der nahen Punta di Montenero kann man tauchen gehen.

Die Kirche im mittelalterlichen Dorf Campiglia

Campiglia ⓱

La Spezia. **Straßenkarte** F5. *150.*
La Spezia. von La Spezia.
APT Cinque Terre, 0187 770 900.
www.campiglia.net *und*
www.tramontidicampiglia.it

DAS DORF direkt südöstlich der Cinque Terre wurde schon im Mittelalter gegründet. Mit seiner Lage an einem alten Maultierpfad an der Küste zwischen Portovenere und Levanto hat es sich die Magie und Faszination der Abgeschiedenheit bewahrt.

Von hier startet einer der schönsten (allerdings auch anstrengendsten) Wanderwege der Gegend, der Weg Nr. 11 des CAI (Club Alpino Italiano). Er führt durch die Gegend der **Tramonti,** eine landschaftliche Fortsetzung der Cinque Terre, mit terrassierten Weinbergen und atemberaubenden Ausblicken auf das Meer. Am Ende des Wegs steigt man über 2000 Stufen hinunter zum kleinen Strand Punta del Persico.

Portovenere ⓲

La Spezia. **Straßenkarte** F5.
4600. La Spezia.
Piazza Bastreri 7, 0187 790 691.
www.portovenere.it *Festa della Madonna Bianca (17. Aug).*

PORTUS VENERIS (der Hafen der Venus) wurde schon zur Römerzeit wegen seiner Schönheit gepriesen. Der Ort kann sich auch heute noch durchaus mit dem berühmteren Portofino messen.

Am Fuß einer Felsklippe an der Westseite des Golfo della Spezia präsentiert sich Portovenere wie ein typisches Fischerdorf mit einer farbenfrohen Häuserzeile am Wasser. Doch gleich dahinter beginnt ein Irrgarten aus engen Gassen und Treppen, die Heimat von Portoveneres geradezu legendären Katzen.

In bester Lage an der Landspitze steht die Kirche **San Pietro,** die 1277 zu Ehren des Schutzheiligen der Fischer erbaut wurde. Im Inneren sind Elemente einer frühchristlichen Kirche aus dem 6. Jahrhundert erhalten. Die kleine romanische Loggia ist zur Seeseite hin offen.

Ebenfalls einen Besuch lohnt **San Lorenzo,** das nur einen kurzen Spaziergang vom Hafen entfernt liegt. Die romanische Kirche stammt aus dem 12. Jahrhundert, wurde aber in der Zeit der Gotik und der Renaissance umgebaut. Beachtenswert ist das schöne Taufbecken im Inneren.

Wenn Sie den steilen Weg weitergehen, erreichen Sie das **Castello.** Es wurde im 16. Jahrhundert von den Genuesern erbaut und ist ein grandioses Beispiel für die damalige Militärarchitektur. Mit dem Ort ist es durch eine Mauer mit eckigen Türmen verbunden. In der Umgebung von Portovenere sieht man noch mehrere Überreste alter Befestigungsanlagen.

In dem schönen Dorf **Le Grazie** an der Straße von Portovenere nach La Spezia stehen die Kirche Santa Maria delle Grazie (15. Jh.) und ein Kloster des Olivetanerordens (16. Jh.). Der nahe gelegene Monte Muzzerone ist bei Freeclimbern beliebt.

In der Bucht von Varignano steht eine **Römische Villa** (2./1. Jh. v. Chr.) mit Mosaikboden und einem kleinen Museum **(Antiquarium).**

Castello
0187 791 106.
Mo–Sa 8.30–11 Uhr.
Antiquarium
Le Grazie. *0187 790 307.*
auf Nachfrage.

Die Kirche San Pietro über dem Meer bei Portovenere

Palmaria, Tino und Tinetto ⓳

La Spezia. **Straßenkarte** F5.
von La Spezia oder Portovenere zur Isola Palmaria, 0187 732 987.
IAT Portovenere, 0187 790 691.

LIGURIENS EINZIGE Inselgruppe liegt vor Portovenere. Die größte Insel, **Isola Palmaria,** ist vom Festland nur durch einen schmalen Kanal getrennt. Auf der Ostseite ist sie dicht bewachsen, auf der Westseite gibt es steile Klippen und Höhlen. Hier wurde Portoro, ein schwarzer Marmor abgebaut, den man noch an manchen Gebäuden in

Der Hafen von Portovenere mit der typischen bunten Häuserzeile

Palmaria, die größte Insel vor der ligurischen Küste

Portovenere sehen kann. Palmaria ist bei den Einheimischen beliebt als Ziel für einen Tagesausflug, auch wenn die Landschaft weit weniger Charme hat als das Festland.

Die beiden kleineren Inseln Tino und Tinetto sind militärisches Sperrgebiet. **Tino** darf man nur am 13. September anlässlich der Festa di San Venerio betreten. Dort stehen die Ruinen einer Abtei, die im 11. Jahrhundert an der Stelle gebaut wurde, wo die Eremitenklause des Heiligen stand. Ein Leuchtturm auf der Insel weist Schiffen den Weg in den Golf.

Tinetto ist nur ein wenig einladender Felsen. Um das Inselchen gibt es beliebte Tauchgründe. Die Ruinen zweier Sakralbauten zeugen von Christen, die sich im 5. Jahrhundert hierher zurückzogen.

La Spezia 20

Siehe S. 124f.

San Terenzo 21

La Spezia. **Straßenkarte** F5
La Spezia. *Lerici, 0187 967 346.*

San Terenzo an der Ostseite des Golfo della Spezia blickt über die hübsche Bucht von Lerici. Lange Zeit standen hier nur ein paar Fischerhäuser, bis sich im 19. Jahrhundert eine Gruppe englischer Dichter hierher verirrte. Einer von ihnen war Percy Bysshe Shelley (1792–1822). Das Haus, das er mit seiner Frau Mary Wollstonecraft Shelley (1797–1851) bewohnte, liegt ganz in der Nähe. Heute ist das Dorf vom Fremdenverkehr geprägt. Sehenswert sind vor allem eine Burg auf einem Felsen, die Kirche Santa Maria Assunta und die Villa Marigola mit einem schönen Park.

Lerici 22

La Spezia. **Straßenkarte** F5.
12 000. *La Spezia.*
Via Biaggini 6, 0187 967 346.
Festa di Sant'Erasmo (Juli).

Im Mittelalter war Lerici ein bedeutender Hafen für den Handel und in militärischer Hinsicht. Heute ist es ein beliebter Ferienort, dennoch hat sich die Gemeinde ihre eigene Identität bewahrt.

Das alte Zentrum wird vom **Castello** überragt, einem Beispiel für die Militärarchitektur in der Region. Die Pisaner erbauten es im 13. Jahrhundert, um dem Genueser Fort bei Portovenere etwas entgegenzusetzen. Dennoch wurde es kurze Zeit später von Genua eingenommen und im 15. Jahrhundert erweitert. Es ist in einem erstaunlich guten Zustand, mit einem fünfeckigen Turm und dicken Mauern. Innen wurde ein archäologisches Museum eingerichtet. Unterhalb der Burg, in der sandigen Baia di Maralunga, kann man gut schwimmen.

Castello und Museo
Piazza San Giorgio. *0187 969 042.*
Mitte Okt–Mitte März Di–Fr 10.30–12.30 Uhr, Sa, So Feiertage 10.30–12.30, 14.30–17.30 Uhr; Mitte März–Juni, Sep–Mitte Okt Di–So 10.30–13, 14.30–18 Uhr; Juli, Aug Di–So 10.30–12.30, 18.30–24 Uhr.

Der Hafen von Lerici mit der mächtigen Burg darüber

Der Golf der Poeten

Der italienische Dramatiker Sem Benelli nannte 1919 als erster den Golfo di Lerici auch *Golfo dei Poeti*. Es ist ein romantischer Beiname, nicht unpassend für eine Gegend, in die im 19. und frühen 20. Jahrhundert so berühmte Schriftsteller kamen wie Percy Bysshe Shelley (der auf der Bootsfahrt von Livorno nach La Spezia 1822 ertrank und in Viareggio verbrannt wurde), dessen Frau Mary (die Autorin von *Frankenstein*), Lord Byron, D.H. Lawrence und Virginia Woolf. Auch heute noch übt die Gegend eine starke Anziehungskraft auf Künstler aus. Konsequenterweise wurde ein »Kulturpark« gegründet, der Parco Culturale Golfo dei Poeti. Er ähnelt dem Literaturpark, der Eugenio Montale gewidmet ist, sowie den Parks von Cinque Terre, Val di Magra und Terra di Luni. Informationen erteilt das Fremdenverkehrsbüro APT Cinque Terre–Golfo dei Poeti in La Spezia *(siehe S. 207)*.

Percy Bysshe Shelley

Abendstimmung am Castello di San Terenzo ▷

La Spezia ⓴

Eine der Kanonen an der Uferpromenade von La Spezia

Der Hafen von La Spezia hatte bereits in der Antike Bedeutung als Handelszentrum für Waren aus der ganzen Welt, besonders für Gewürze (ital.: *la spezia*). Im 13. Jahrhundert baute die Familie Fieschi das Fischerdorf zu einer Festung aus. Die Stadt wuchs kontinuierlich, im 17. Jahrhundert entstand ein zweiter Verteidigungsring. Schon im 19. Jahrhundert gab es hier die ersten »Touristen«; Vorreiter waren englische Dichter, die von der prachtvollen Lage La Spezias angezogen wurden. Nach 1861, als Savoyen hier einen Militärhafen baute, veränderte sich die Atmosphäre. Heute gibt es in der expandierenden, modern wirkenden Stadt kaum noch Spuren der Geschichte, der Hafen und der Militärstandort sind wichtige Wirtschaftsfaktoren.

Arsenale Militare und Museo Navale

Viale Amendola 1. *0187 783 016.* *Sep–Juni Mo–Sa 8.30–18 Uhr, So 10.15–15.45 Uhr; Juli, Aug Mo–Sa 8.30–13, So 8.30–13.15 Uhr.* *1. Jan, 15. Aug, 8. und 24.–26. Dez.* *kein Blitzlicht.*

Im Exil auf St. Helena beschäftigte sich Napoleon mit einem Porträt des italienischen Stiefels und schrieb über La Spezia, es sei »die schönste Hafenstadt der Welt; ihre Verteidigung vom Land und vom Meer ist einfach ..., alle militärischen Einrichtungen wären hier bestens geschützt«. Dennoch war es nicht Napoleon, der den Flottenstützpunkt von Genua nach La Spezia verlegte, sondern die Regierung von Savoyen unter Camillo Cavour.

Baubeginn für die riesige Anlage war 1861. Mit dem Stützpunkt expandierte die Stadt enorm, zwischen 1861 und 1881 verdreifachte sich die Einwohnerzahl. Bombenangriffe im Zweiten Weltkrieg und die anschließende Besetzung durch deutsche Truppen (zwischen 1943 und 1945) fügten der Militärbasis schwere Schäden zu, doch sie wurde originalgetreu wieder aufgebaut.

Die neoklassizistische Anlage zeigt, wie sehr der Architekt Colonello Domenico Chiodo auf praktische Notwendigkeiten Rücksicht nahm: Die Werkstätten, in denen auch »zivile« Arbeiter beschäftigt waren, befinden sich nahe dem Eingang, die Versorgungslager und Büros im Zentrum des Komplexes. Man kann Teile der Basis besichtigen, darunter die alten Werkstätten, die Höfe der Segelmacher, die Trockendocks und die Zugbrücke.

Galionsfigur, Museo Navale

Sehenswert ist das **Museo Tecnico Navale della Marina Militare,** eines der ältesten und wichtigsten Schifffahrtsmuseen Italiens. Viele Objekte gehen auf das 16. Jahrhundert zurück: Emanuele Filiberto von Savoyen trug die Memorabilia der Schlacht von Lepanto (1571) zusammen. Modelle dokumentieren die Geschichte des Hafens. Zu sehen ist auch eine Sammlung mit 120 verschiedenen Ankern und 28 Galionsfiguren von alten Segelschiffen.

Museo Amedeo Lia

Via Prione 234. *0187 731 100.* *Di–So 10–18 Uhr.* *1. Jan, 15. Aug, 25. Dez.*

Das ausgezeichnete, preisgekrönte Museum eröffnete 1996 mit Werken, die Amedeo Lia und seine Familie stifteten. Untergebracht sind die Ausstellungsräume in einem Teil der Kirche und des Klosters von San Francesco da Paola, das zu diesem Zweck restauriert wurde. Zu sehen sind Gemälde und Miniaturen, mittelalterliche Schnitzereien aus Elfenbein, Email aus Limoges, Medaillen und zahlreiche archäologische Funde von Ausgrabungen im Mittelmeerraum.

Die Malerei bildet die wichtigste Abteilung, die Gemälde aus dem 13. und 14. Jahrhundert gehören sicher zu den schönsten privaten Sammlungen Europas. Neben Werken von Paolo di Giovanni Fei, Pietro Lorenzetti, Sassetta und Lippo di Benivieni entdeckt man zwei Highlights aus dem 16. Jahrhundert: ein *Selbstporträt* (1520) von Pontormo, das – unüblich – mit Temperafarben auf Terrakotta gemalt ist, sowie das *Bildnis eines Edelmannes* (1510) von Tizian. Das 17. Jahrhundert ist mit Schülern Caravaggios vertreten, daneben hängen Ansichten Venedigs von Canaletto, Bellotto, Marieschi und Guardi. Zu sehen sind auch einige Bronzen (16./17. Jh.).

***Selbstporträt* von Pontormo, Museo Amedeo Lia**

Castello di San Giorgio

Via XXVII Marzo. *0187 751 142.* *wie Museo Archeologico.*

Das älteste Bauwerk ist das Castello di San Giorgio, das beeindruckend über der Stadt aufragt. Die Festungsanlage war im 13. Jahrhundert von der Familie Fieschi in Auftrag gegeben worden; was man heute sieht, stammt allerdings von einem Wiederaufbau im 14. Jahrhundert sowie von Erweiterungen im 17. Jahr-

Castello di San Giorgio, der Sitz des Museo Archeologico

hundert. Nach aufwändigen Restaurierungsarbeiten ist das Castello heute Sitz des Museo Civico Archeologico.

Museo Civico Archeologico Ubaldo Formentini

Castello di San Giorgio, Via XXVII Marzo. ☎ *0187 751 142.* ◯ *Sommer Mi–Mo 9.30–12.30, 17–20 Uhr; Winter Mi–Mo 9.30–12.30, 14–17 Uhr.* ● *Di (außer Feiertage), 1. Jan, 24./25. Dez.*
W www.castagna.it/sangiorgio

Das Museum wurde bereits im 19. Jahrhundert gegründet, um den zahlreichen archäologischen Funden und den Fossilien, die man beim Bau des Militärstützpunktes in der Umgebung der Stadt entdeckt hatte, einen Raum zu geben.

Es gibt zahlreiche Funde, die die ersten Siedlungen in der Lunigiana, der Grenzregion zwischen Ligurien, Emilia-Romagna und Toskana, bezeugen: Keramiken aus prähistorischen, etruskischen und römischen Zeiten sowie Münzen sind dabei, hinzu kommen Objekte aus der alten römischen Kolonie Luni *(siehe S. 127)*. Interessant sind auch die paläolithischen Funde aus der Grotta dei Colombi auf der Isola Palmaria.

Die wichtigste Abteilung ist die Sammlung figürlicher Stelen bzw. stelenartiger Statuen aus Sandstein, die aus der Bronze- oder Eisenzeit stammen. Die abstrakten Figuren sind Krieger mit Waffen und Frauen, die so nur in der Lunigiana gefunden wurden. Ihre Bedeutung bleibt bis heute rätselhaft.

Chiesa Santa Maria dell'Assunta

Piazza Beverini.
◯ *tägl. 9.30–11, 15–17.30 Uhr.*

Die Kirche aus dem 14. Jahrhundert wurde wiederholt umgebaut. Ihr heutige Erscheinung mit den schwarz-weißen Streifen an der Front resultiert hauptsächlich aus einer Rekonstruktion nach dem Zweiten Weltkrieg. Beachtenswert sind die *Krönung Mariä*, ein Terrakotta-Relief von Andrea Della Robbia, und das *Martyrium des heiligen Bartholomäus* (16. Jh.) von Luca Cambiaso.

Stelenfigur im Museo Archeologico

INFOBOX

Straßenkarte F4.
97 000. FS
Viale Mazzini 47, 0187 770 900.
W www.aptcinqueterre.sp.it
W www.comune.sp.it
San Giuseppe (19. März); Festa del Mare con Palio del Golfo (erster So im Aug).

Pieve di San Venerio

Die bezaubernde Kirche datiert aus dem 11. Jahrhundert, Ausgrabungen im 20. Jahrhundert haben jedoch gezeigt, dass sie viel früheren Ursprungs ist. Das Fenster in der Fassade ist zweigeteilt, der Glockenturm seitlich angebaut. Der Inneraum hat zwei Gänge, der ältere endet in zwei Apsiden – eine architektonische Seltenheit.

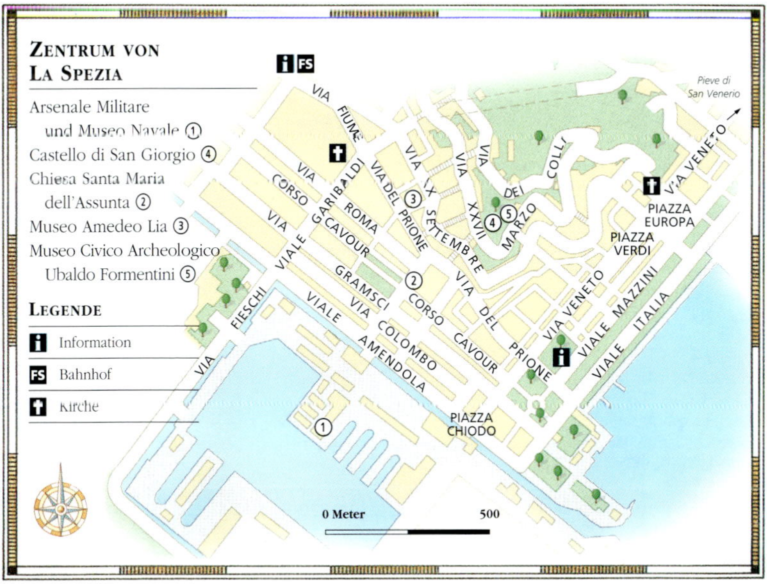

Enge Gasse in Tellaro

Fiascherino und Tellaro 23

La Spezia. **Straßenkarte** F5. *800.* FS *La Spezia.* *Lerici, 0187 967 346.* W www.aptcinqueterre.sp.it *Natale Subacqueo (24. Dez).*

DIE ZWEI HÜBSCHEN Fischerdörfer liegen südlich von Lerici nebeneinander, jedes an einer kleinen Bucht mit grünen Hängen im Hinterland.

Fiascherino besitzt einen schönen Strand, in den Klippen gibt es Höhlen, die nur mit dem Boot erreichbar sind. Der Schriftsteller D.H. Lawrence lebte 1913/14 in dem Dorf.

Dank seiner Lage auf den Klippen über dem Meer ist die ursprüngliche Struktur des mittelalterlichen **Tellaro** fast komplett erhalten, obwohl der bröckelige Fels im Lauf der Jahrhunderte Schäden angerichtet hat. Der älteste Teil von Tellaro liegt auf einem Landvorsprung, der die äußerste Grenze der Riviera di Levante bildet. Die hohen Häuser hier wurden wegen des Geländes auf mehreren Ebenen errichtet. Die engen Gassen sind mit Treppen oder Tunnels verbunden.

Die barocke Kirche San Giorgio liegt hoch über dem Meer, das Oratorio d'In Selàa mit seinem schönen Innenhof blickt auf das Meer.

Logo des Parco di Montemarcello

Montemarcello 24

La Spezia. **Straßenkarte** F5. *4600.* FS *La Spezia.* *Via Nuova 48, 0187 691 071 (in der Saison).* **Parco N R Montemarcello-Magra**, *Via Paci Agostino 2, Sarzana, 0187 600 324.* W www.parcomagra.it W www.aptcinqueterre.sp.it

VON DEM ORT am Ostrand des Golfo della Spezia hat man eine fantastische Aussicht auf den Golf und nach Osten auf die Küste von Versilia. Montemarcello weicht von der üblichen Struktur der Hügelstädte ab: Es ist nicht ringförmig um einen Kern gebaut, die Straßen bilden eher ein quadratisches Netzwerk. Sie folgen damit dem Organisationsprinzip eines römischen Militärlagers, des *castrum*.

Die Häuser im ältesten Teil werden zum Teil noch von der Stadtmauer umschlossen. Sie sind in leuchtenden Farben gestrichen, wie man es in den Küstenorten sieht – auch eher unüblich für ein Gebirgsdorf. Nicht zuletzt wegen seiner besonderen Atmosphäre wurde Montemarcello ein beliebter Rückzugsort der italienischen Künstler und Intellektuellen. Dadurch blieben dem Ort größere Umgestaltungen erspart.

Die Landschaft um Montemarcello ist außergewöhnlich schön. Hier erstreckt sich der südliche Teil des **Parco Naturale Regionale Montemarcello-Magra.** Hier kann man auf einer ganzen Reihe von markierten Wegen wunderbar wandern; auch für Angler ist die Gegend ein wahres Paradies.

Der Naturpark schließt die Vorberge des Monte Caprione und einige Teile des Golfo della Spezia ein. Er folgt dem Lauf der Flüsse Magra und Vara. Im südlichen Teil, in der Nähe der Bocca di Magra, findet man die typische Flora und Fauna der Mittelmeerregion, darunter viel *macchia mediterranea,* in den nördlichen Teilen des Parks wechseln sich Feuchtgebiete mit Agrarflächen ab.

Ameglia 25

La Spezia. **Straßenkarte** F5. *4500.* FS *Sarzana, Santo Stefano Magra.* *Via Fabbricotti, Bocca di Magra, 0187 608 037.* W www.comune.ameglia.sp.it *Carnevale Ameglièse (Feb).*

OBWOHL ES nicht weit von der Magra-Mündung entfernt liegt, wirkt Ameglia wie ein typischer Bergort. Hohe Häuser reihen sich eng um einen Gipfel, auf dem einst eine Burg stand. Von dessen Ruinen sind noch der runde Turm und Teile der alten Mauern zu sehen. Der Hauptteil musste in der Renaissance dem Palazzo del Podestà weichen, der später zum Palazzo Comunale (Rathaus) wurde.

Die konzentrisch angeordneten Straßen werden von kleinen Plätzen unterbrochen. Von der schönen Piazza vor der Kirche Santi Vincenzo e Anastasio kann man über die Lunigiana bis in die Apuaner Alpen blicken. Die Kirche besitzt ein Marmorportal aus dem 16. Jahrhundert.

Bocca di Magra 26

La Spezia. **Straßenkarte** F5. *4300.* FS *Sarzana, Santo Stefano Magra.* *Via Fabbricotti, 0187 608 037.*

DAS EHEMALIGE Fischerdorf an der Mündung *(bocca)* der Magra hat sich trotz seiner Rolle als Ferienort noch ein wenig ursprüngliche Atmosphäre bewahrt. Es gibt zahl-

Ausblick in Montemarcello

Das antike römische Amphitheater von Luni

reiche Ferienhäuser, einen kleinen Strand und einen Yachthafen.

Die Küste hier unterscheidet sich vollkommen von der in den Cinque Terre und der am Golfo della Spezia. Nur ein paar Kilometer weiter südlich beginnt bereits der flache Abschnitt mit Sandstränden, der als Versilia bezeichnet wird.

Der Charme von Bocca di Magra, der aus der kombinierten Lage am Fluss und am Meer resultiert, ist den Schriftstellern und Künstlern nicht verborgen geblieben. Sie kamen schon in der ersten Hälfte des 20. Jahrhunderts.

Auf einer nahe gelegenen Klippe mit Panoramablick befinden sich die Ruinen einer **Römischen Villa** aus dem 1. Jahrhundert n. Chr.

Luni 27

Via Luni 37, Ortonovo (La Spezia). **Straßenkarte** F5. *0187 668 11.* **Archäologische Stätte und Museum** *Di–So 9–19 Uhr.* *25. Dez, 1. Jan, 1. Mai.*

Die römische Siedlung *Portus Lunae* wurde im Jahr 177 v. Chr. gegründet, um der einheimischen Ligurer Herr zu werden. Ihre Bedeutung als Hafen wuchs rasch, denn von hier wurde der Marmor aus den Apuaner Alpen in alle Teile des Römischen Reichs verschifft.

Lunis Wohlstand ging im frühen Mittelalter zurück. Außerdem versandete der Hafen, die Küste verläuft heute etwa zweieinhalb Kilometer weiter außen. Im Jahr 1204 wurde der Bischofssitz ins nahe Sarzana verlegt. Bald blieb von Luni nur noch der Name, den man auf die umliegende Region, die Lunigiana, übertrug.

Die archäologische Stätte von Luni ist die wichtigste in Norditalien. Die antike Stadt war regelmäßig angeordnet und von Mauern umgeben. Ein großer Tempel und einige wichtige Häuser standen nahe des mit Marmor gepflasterten Forums. In der Nähe war das Capitolium, ein Tempel, der Jupiter, Juno und Minerva gewidmet war. Ein mit Marmor einfasstes Bassin umgab ihn, breite Stufen führten zu ihm hinauf. Allerdings sind nur noch Reste dieser Gebäude zu sehen.

In der Nähe stand die Casa dei Mosaici, ihr Atrium hatte korinthische Säulen, die umliegenden Zimmer waren mit Mosaikböden ausgelegt, von denen einige aus dem 3. bis 4. Jahrhundert bis heute erhalten sind. Die große Casa degli Affreschi war um einen Garten herum angelegt und besaß zahlreiche Räume mit schönen Böden und Fresken. Innerhalb der Mauern befindet sich auch die sehenswerte frühchristliche Basilica di Santa Maria; in ihr sind die Reste von drei romanischen Apsiden sowie das Fundament eines Glockenturms erhalten.

Außerhalb der Mauern liegt das Amphitheater, das unter Antoninius im 1. bis 2. Jahrhundert n. Chr. für Gladiatorenspiele erbaut wurde. Von der Anlage ist noch der untere Teil mit den Stufensitzen zu sehen, außerdem sind einige Teile des überdachten Portikus erhalten. Erahnen kann man noch die Form des Komplexes mit seinen vielen Gängen und Stufen.

Am Forum ist ein **archäologisches Museum,** das Marmorstatuen aus der Kaiserzeit, Büsten, Freskenfragmente, Schmuck, Werkzeug, Briefmarken und Keramik zeigt.

Castelnuovo di Magra 28

La Spezia. **Straßenkarte** F5. *8000.* *Sarzana, Santo Stefano Magra.* *Via Aurelia 241, 0187 693 306.* *Corteo Storico »A Pace de Dante« (Ende Aug).*

Es gilt als wahrscheinlich, dass die Ursprünge dieses Städtchens im Hinterland mit dem Niedergang von Luni zusammenhängen.

Castelnuovo ist auf einem Hügel mit Blick auf die Mündung der Magra erbaut. Es erstreckt sich schön an der Kante des Abhangs, mit der Kirche an einem und dem Bischofspalast (einer Burg aus dem 13. Jahrhundert) am anderen Ende. Dazwischen verläuft die Via Dante, an der sich Palazzi mit eleganten Fassaden reihen. Teile der alten Stadtmauern und zwei Türme aus dem 15. Jahrhundert sind noch zu sehen.

Santa Maria Maddalena am Ende der Via Dante wurde Ende des 16. Jahrhunderts gebaut, im 19. Jahrhundert erhielt die Kirche eine neue Fassade. Die Marmorsäulen im Inneren stammen wahrscheinlich aus Santa Maria Assunta in Luni. Beachtenswert ist eine *Kreuzigungsgruppe* von Brueghel d. J.

An der kurvenreichen Straße zwischen Castelnuovo und Luni liegt **Nicola,** ein hübscher mittelalterlicher Bergort um die Kirche Santi Filippo e Giacomo.

Im Dorf Nicola bei Castelnuovo

Sarzana ㉙

Statue der *Procellaria* an der Piazza Matteotti

DAS LEBHAFTE Landwirtschafts- und Handelszentrum besitzt eine grandiose Altstadt, die seit dem Mittelalter nahezu unverändert erhalten ist, obwohl sie im Zweiten Weltkrieg bombardiert wurde. Am Fluss Magra zog sich schon in der Antike die Via Francigena entlang, die Hauptroute zwischen Rom und Nordeuropa. Kein Wunder, dass die Stadt in dieser strategisch günstigen Lage im Mittelalter heftig umkämpft war, u.a. von Pisa und Florenz. Erst 1572 kam Sarzana zu Genua und wurde der östlichste Außenposten der Republik. Im August findet in Sarzana ein berühmter Antiquitätenmarkt statt, auch in den vielen Läden kann man gut einkaufen.

Sant'Andrea

Die romanische Kirche hat eine nüchterne Steinfassade; das ungewöhnliche Portal (16. Jh.) schmücken Karyatiden.

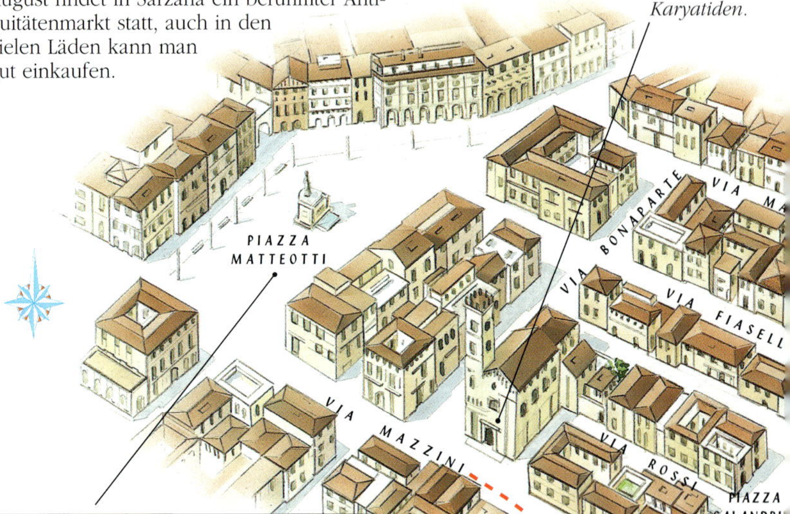

Die Piazza Matteotti mit ihrer charakteristischen spitz zulaufenden Ecke

★ Kathedrale

Baubeginn für die Kathedrale Santa Maria Assunta war 1204, nach der Verlegung des Bischofssitzes von Luni nach Sarzana. Die Arbeiten waren im 15. Jahrhundert abgeschlossen, im 17. Jahrhundert fanden Umbauten statt. Besonders schön sind das Portal (14. Jh.), das Rosettenfenster aus Marmor und der Glockenturm. Innen gibt es zwei Marmoraltar-Elemente (Mitte 15. Jh.) von Leonardo Riccomanni.

La Fortezza di Sarzanello

Im Norden von Sarzana nimmt die Burg von Sarzanello auf einem Hügel eine strategische Position ein, von der aus man die untere Lunigiana kontrollieren konnte. Bauherr um 1322 war Castruccio Castracani, ein Adliger aus Lucca. 1493 wurde die Burg von den Florentinern umgebaut. In jeder Ecke des dreieckigen Grundrisses steht ein Rundturm. Der Zugang erfolgt über eine Brücke, die einen tiefen Burggraben überspannt.

Infobox

La Spezia. **Straßenkarte** F4–5.
20 000. FS *Piazza San Giorgio, 0187 620 419.*
www.aptcinqueterre.sp.it
www.sarzana.com *»Soffitta in Strada«, Handwerks- und Antiquitätenmarkt (3.–22. Aug).*

Legende

Routenempfehlung

★ Cittadella
Die imposante Festung erbaute Lorenzo il Magnifico, der mächtige florentinische Medici-Herrscher, zwischen 1488 und 1492. Sechs Rundtürme und ein Burggraben sollten Feinde abwehren, die Mauern errichteten die Genueser im 16. Jahrhundert.

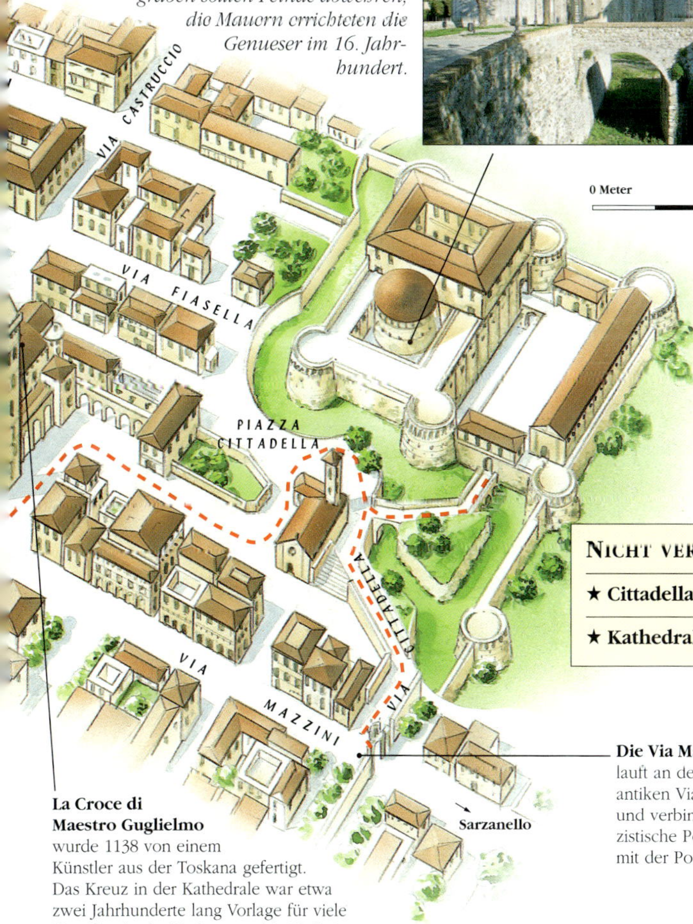

Nicht versäumen

★ Cittadella

★ Kathedrale

Die Via Mazzini verläuft an der Stelle der antiken Via Francigena und verbindet die klassizistische Porta Romana mit der Porta Parma.

La Croce di Maestro Guglielmo wurde 1138 von einem Künstler aus der Toskana gefertigt. Das Kreuz in der Kathedrale war etwa zwei Jahrhunderte lang Vorlage für viele Kruzifixe in der Toskana und in Umbrien.

Riviera di Ponente

Die Riviera di Ponente *erstreckt sich über eine Länge von etwa 150 Kilometern zwischen Ventimiglia an der Grenze zu Frankreich und Genua. Das Landesinnere bietet spektakuläre Landschaften, die Küste ist üppig grün. Man hat sie in zwei Abschnitte geteilt und ihnen passende Namen gegeben: Riviera delle Palme (Küste der Palmen) und Riviera dei Fiori (Küste der Blumen).*

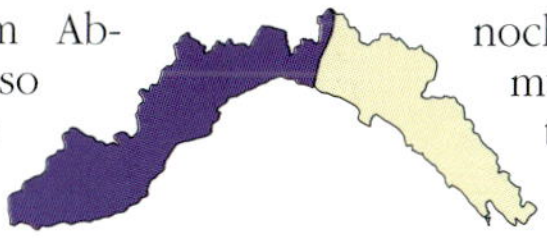

Das Klima an diesem Abschnitt der Riviera ist so mild, dass man lange Zeit Zitrusfrüchte anbaute. Heute hat sich die Landwirtschaft auf die Züchtung und den Anbau von Schnittblumen und Zimmerpflanzen spezialisiert und damit eine neue Einnahmequelle erschlossen: Ligurien zählt zu den wichtigsten Blumenproduzenten der Welt. Nicht umsonst trägt San Remo, eine der größten Städte an der Küste, den Beinamen »Città dei Fiori«. In der Gegend um Imperia werden außerdem Oliven angebaut.

Wie die Riviera di Levante war auch die Riviera di Ponente im späten 19. Jahrhundert ein beliebtes Reiseziel der Aristokratie Europas, vor allem der Briten und Russen. Grandhotels und Jugendstil-Villen zeugen überall von jener Zeit.
Der westliche Teil Liguriens blickt auf eine große Vergangenheit zurück, die in zahlreichen Städtchen und Dörfern noch zu spüren ist. Man muss nur ein paar Kilometer ins bergige Hinterland fahren, um eine ganze Reihe von faszinierenden mittelalterlichen Städten zu entdecken. Sie stehen in starkem Kontrast zu den geschäftigen, oft überlaufenen Küstenorten.

Spuren der alten Römer finden sich sowohl an der Küste als auch im Hinterland, darunter auch die fünf römischen Brücken im Parco del Finalese (wo man in den Sandsteinhöhlen prähistorische Werkzeuge und Gräber gefunden hat) oder die Ausgrabungen von Albintimilium, dem alten Ventimiglia.

Als Abwechlung zu einem Strandaufenthalt und einem Besichtigungsprogramm kann man in einem der Naturparks der Region Natur pur erleben. Im Parco Naturale del Monte Beigua oberhalb von Savona gibt es eine Vielfalt verschiedener Pflanzen- und Tierarten.

Triora im Hinterland von Imperia ist auch als »Dorf der Hexen« bekannt

◁ **Palmen im Park der Villa Ormond in San Remo**

Überblick: Riviera di Ponente

Die beiden Provinzhauptstädte an der Riviera di Ponente sind Savona und Imperia; San Remo mit seiner grandiosen Jugendstil-Architektur ist der bekannteste Urlaubsort. Der Küstenabschnitt unmittelbar westlich von Genua ist von Industrie geprägt, danach reiht sich ein Ferienort an den anderen. Man findet dennoch viele interessante Orte, von Noli mit der romanischen Kirche San Paragorio über Albenga mit dem gut erhaltenen historischen Zentrum und einer frühchristlichen Taufkirche bis zum prächtigen Park der Villa Hanbury und den Höhlen von Balzi Rossi, einer fazinierenden prähistorischen Stätte. Im Hinterland lohnt der mittelalterliche Ort Dolceacqua ebenso einen Besuch wie Triora, wo am Ende des 16. Jahrhunderts ein Aufsehen erregender Hexenprozess stattfand. Üppige Vegetation und mildes Klima zeichnen diesen Teil der ligurischen Küste aus.

Im Park der Villa Hanbury in der Nähe von Ventimiglia

Sehenswürdigkeiten auf einen Blick

- Alassio 15
- *Albenga S. 148ff* 14
- Albisola Superiore 3
- Albissola Marina 4
- Andora 16
- Balzi Rossi 29
- Bergeggi 6
- Bordighera 27
- Borgio Verezzi 10
- Cervo 17
- *Dolceacqua S. 166f* 26
- Dolcedo 20
- Finale Ligure 9
- *Grotte di Toirano S. 146f* 13
- *Imperia S. 154ff* 19
- Loano 12
- Noli 8
- Parco Naturale del Beigua 2
- Pietra Ligure 11
- Pieve di Teco 18
- Pigna 25
- San Remo 24
- *Savona S. 136ff* 5
- Spotorno 7
- Taggia 22
- *Tour durch die Täler Armea und Crosia S. 160f* 23
- Triora 21
- Varazze 1
- Ventimiglia 28
- *Villa Hanbury S. 170f* 30

Siehe auch

- ***Übernachten*** S. 181ff
- ***Restaurants*** S. 194ff

Fischerboote am Strand von Noli

An der Riviera di Ponente unterwegs

Die Hauptverbindungen entlang der Riviera di Ponente sind die A10 (die Autobahn zwischen Genua und Ventimiglia) und die SS1 (die alte römische Via Aurelia), die parallel zur Autobahn direkt an der Küste verläuft und an allen Städten vorbeikommt. Die Straßen ins Landesinnere sind eng und voller Kurven, führen aber durch bezaubernde Landschaften. Auf der A6 (der Autobahn von Savona nach Turin) erreicht man Altare, Carcare und weitere Städte im Hinterland der Riviera delle Palme. Regionale, Interregio- und Intercity-Züge verbinden Genua mit Ventimiglia, bis zu 15 Züge verkehren am Tag. Auch Busse sind eine gute Reisemöglichkeit, besonders ins Hinterland bieten die regionalen Busgesellschaften ein gutes Netzwerk an.

Varazze ❶

Savona. **Straßenkarte** C3.
14 000. FS
Corso Matteotti 54, 019 935 043.
www.inforiviera.it
Processione e Corteo Storico di Santa Caterina da Siena (30. Apr); Festa del Mare (Anfang Aug).

Am Ostende der Riviera di Ponente bietet das Seebad Varazze einen Strand und eine Promenade mit Palmen. Der Name der Stadt stammt vom römischen *Varagine* (»Bäume«), obwohl man die Siedlung später in *Ad Navalia* (»bei den Werften«) umbenannte. Beide Bezeichnungen waren zutreffend, denn die Wälder wurden damals für den Schiffsbau abgeholzt.

Varazze war der Geburtsort von Jacopo da Varagine. Der im 13. Jahrhundert lebende Mönch wurde später heilig gesprochen.

In der Altstadt erhebt sich die Kirche **Sant'Ambrogio** von 1535. Vom ursprünglichen Bau aus dem 14. Jahrhundert blieb der im lombarischen Stil aus Ziegeln gemauerte Glockenturm stehen, die Fassade baute man 1916 an. Der Innenhof ist mit Kieseln belegt, die ein schönes geometrisches Muster bilden.

Die Fassade einer romanischen Kirche, die Sant'Ambrogio geweiht war, wurde im 12. Jahrhundert in die **Stadtmauern** integriert.

Die Kirche **San Domenico** stammt von 1419, wurde aber danach mehrmals verändert. Hier befindet sich die Silberurne mit der Asche von Jacopo da Varagine. Ein Gemälde von Simone da Pavia aus dem 16. Jahrhundert zeigt *Jacopo und andere Heilige*, ein Fresko aus dem 12. Jahrhundert (wahrscheinlich aus der Sieneser Schule) die *Madonna delle Grazie*. Eine Kanonenkugel, die ein französisches Schiff 1746 abfeuerte, ist in die Fassade der Kirche integriert.

Von San Domenico kann man am Ufer an stillgelegten Eisenbahngleisen entlangspazieren. Von hier zweigen verschiedene Wege ins Hinterland ab, sie führen hinauf zum Monte Beigua.

Romanische Kirchenfassade in den Stadtmauern von Varazze

Die Strandpromenade von Varazze

Umgebung: Vier Kilometer westlich von Varazze liegt **Celle Ligure,** ein kleines Fischerdorf mit *carruggi* (Gassen) vor einer Bergwand. Die Häuser sind bunt angemalt. Die Tradition entstand, damit die Seefahrer ihr Dorf schon von großer Entfernung ausmachen konnten.

Deserto di Varazze, neun Kilometer landeinwärts von Ligure, ist eine durch ihre Schlichtheit bestechende Einsiedelei. Sie wurde im 17. Jahrhundert von Barfüßer-Karmelitern mitten in einem dichten Wald errichtet.

Parco Naturale del Beigua ❷

Genua/Savona. **Straßenkarte** C3.
FS **Ente Parco del Beigua,** *Corso Italia 3, Savona, 019 841 873 00.*
www.parks.it

Der dicht bewaldete Park umfasst eine Fläche von 17 000 Hektar zwischen Piemont und der Küste östlich von Varazze. Es ist der größte der drei Nationalparks der Region. Auf den 1300 Meter hohen Monte Beigua führt eine Straße, oben bildet ein grasbedecktes Hochplateau die ideale Plattform für eine kilometerweite Sicht in alle Richtungen. Zahlreiche Bergwanderwege starten von hier.

Das felsig-karge Zentrum des Parks besteht aus Ophioliten, einem durch untermeerische Eruptionen gebildeten grünen Gestein, das von der erdgeschichtlich interessanten Vergangenheit der Region zeugt. Das Museo Civico Archeologico in Pegli bei Genoa *(siehe S. 82)* stellt prähistorische Äxte und andere Werkzeuge aus, die in dieser Gegend gefunden wurden. Am Monte Beigua hat man sowohl prähistorische als auch jüngere Felszeichnungen entdeckt.

Seidelbast, das Symbol des Parco del Beigua

Flora und Fauna im Park sind sehr artenreich. Man sieht verschiedene Buchenarten, die Alpenaster *(Aster alpinus)* ist weit verbreitet. Rundblättriger Sonnentau *(Drosera rotundifolia),* eine Insekten fressende Pflanze, gedeiht im Feuchtgebiet Riserva del Laione. Der Rosmarin-Seidelbast *(Daphne cneorum),* der mit seinen pinkfarbenen Blüten auch Heideröschen genannt wird, wurde zum Symbol des Parks erkoren.

Neben Fuchs, Dachs, Wiesel, Wildschwein und Rotwild leben im Park zwei endemische (nur hier vorkommende) Arten: *Salamandrina terdigi-*

tata und *Triturus vulgaris meridionalis;* diese Amphibien wurden an der Westgrenze gesichtet. Im Frühling kann man an den Südhängen Zugvögel beobachten.

Die Parkverwaltung hat ihren Sitz in Sassello, einem hübschen mittelalterlichen Urlaubsort am Westrand des Nationalparks.

Albisola Superiore ❸

Savona. **Straßenkarte** C3. 12 000. FS *IAT Albissola Marina, Corso Ferrari, Albissola Marina, 019 400 20 08.* www.inforiviera.it

Die Römer nannten die Siedlung Alba Docilia, heute sind es zwei Gemeinden: Albissola Marina am Meer und Albisola Superiore ein wenig landeinwärts.

Das Albisola, das nur ein »s« im Namen führt, hatte einen guten Grund, sich abzugrenzen: Ab dem 15. Jahrhundert brachte die berühmte, meist blau-weiß bemalte Keramik viel Geld.

Spuren des antiken Alba Docilia entdeckt man an der großen römischen **Villa,** die vom 1. bis zum 5. Jahrhundert n. Chr. bewohnt wurde. Die Kirche **San Nicolò** erbaute man im 17. Jahrhundert im Schatten einer Burg, von der nur noch Ruinen zu sehen sind. In der Kirche stehen barocke Holzstatuen von Maragliano und Schiaffino, die Kapelle an der Längsseite stammt ebenfalls aus dem 17. Jahrhundert.

Die Ruinen der römischen Villa in Albisola Superiore

Ein großer Park mit Brunnen und Statuen umgibt die **Villa Gavotti,** die 1739–53 für Francesco Maria Della Rovere, den letzten Dogen von Genua, gebaut wurde. Im Inneren kann man sich Stuckarbeiten aus der Lombardischen Schule ansehen, denn die Villa ist Sitz des **Museo della Ceramica Manlio Trucco,** das Keramiken ab dem 16. Jahrhundert ausstellt. Viele der Exponate wurden in Albisola hergestellt, man sieht auch Arbeiten aus dem übrigen Ligurien und verschiedene Werkzeuge der Keramikherstellung.

Keramikteller aus Albisola

Museo della Ceramica Manlio Trucco

Corso Ferrari 191. 019 482 741. *Okt–Mai Di, Do, Fr 15.30–19 Uhr, Mi, So 10–12.30 Uhr, Sa 10–19 Uhr; Juni–Sep Di, Do–Sa 18–22.30, Mi, So 10–12.30 Uhr.*

Die Villa Faraggiana (18. Jh.) in Albissola Marina

Albissola Marina ❹

Savona. **Straßenkarte** C3. *5600.* FS *IAT Albisola Marina, Corso Ferrari, 019 400 20 08.* www.inforiviera.it *Mostre Nazionali di Ceramica d'Arte (alle zwei Jahre, nächstes Mal Juni 2006).*

Seit dem Jahr 1615 ist der auch Borgo Basso (»Unterstadt«) genannte Küstenort von Albisola Superiore getrennt. Auch Albissola Marina war schon früh für seine Keramikproduktion bekannt, zeichnete sich jedoch bald als beliebtes Seebad aus.

In der Altstadt erhebt sich das **Forte di Sant'Antonio,** auch Castello genannt, das 1563 gegen Sarazenen-Überfälle gebaut wurde. Auf der **Piazza della Concordia** vor der Kirche (16. Jh.) bilden schwarze und weiße Kiesel ein Muster aus konzentrischen Kreisen.

Unübersehbar ist die hübsche **Villa Faraggiana** aus dem 18. Jahrhundert. Sie hieß früher Palazzo Durazzo, ihren jetzigen Namen bekam sie vom letzten Besitzer, der sie 1961 der Stadt vermachte. Im aufwändig möblierten Inneren sind auch einige in der Region hergestellte Majolika-Fliesen zu sehen. Der Park besticht mit Grotten und Statuen, u.a. Nymphen und Skulpturen von Bacchus und Diana.

Das schöne Mosaikpflaster (1963) an der Strandpromenade, dem **Lungomare degli Artisti,** stammt von mehreren Künstlern, darunter Lucio Fontana und Aligi Sassu.

Villa Faraggiana

Via Salomoni 117–119. 019 480 622. *März–Sep tägl. 15–19 Uhr.* www.villafaraggiana.it

Savona ❺

Majolika-Becher, Pinacoteca

Auf den ersten Blick wirkt die Provinzhauptstadt Savona wie eine blühende Handels- und Industriestadt mit einem lebhaften Hafen. Vom Fremdenverkehr ist hier relativ wenig zu spüren, auch wenn das historische Zentrum durchaus einen gewissen Charme versprüht. Seit der Römerzeit prägt die Rivalität mit Genua die Geschicke von Savona. In den Punischen Kriegen stand die Stadt auf der Seite von Karthago, Genua jedoch unterstützte Rom. 1528 zerstörten die Genueser den Hafen, der erst im 19. Jahrhundert wiederaufgebaut wurde und im Zweiten Weltkrieg stark unter Bombenangriffen litt. Sehenswürdigkeiten gibt es viele: Die Fortezza del Priamàr ist heute ein großer Museumskomplex. Die mittelalterliche Architektur im Zentrum, der Hafen, die Arkaden und die Jugendstil-Palazzi in der Via Paleocapa laden zum Schlendern ein.

Die Fortezza del Priamàr, ein imponierender Koloss

Il Priamàr

Piazza Chabrol 1. ☎ *019 811 520.*
◯ *Sommer Mo–Sa 8.30–13, 18.30–23.30 Uhr; Winter Mo–Sa 8.30–13 Uhr (Do bis 18.30 Uhr).*

Pinacoteca Civica
◯ *wie Il Priamàr.*

Museo Sandro Pertini
◯ *Mo–Sa 8.30–13 Uhr.*
● *Feiertage.*

Civico Museo Storico-Archeologico
☎ *019 822 708.* ◯ *Juni–Sep Di–Sa 10–12, 17–19 Uhr; Okt–Mai Di–Sa 10–12, 15–17 Uhr.*

Museo Renata Cuneo
◯ *nach Vereinbarung.*

Schon der römische Geschichtsschreiber Titus Livius (59 v. Chr.–17 n. Chr.) berichtet von einer Festung, die hier stand. Nach den Punischen Kriegen zerstörten die Römer die Siedlung. Die Fortezza, die man heute sieht, wurde im 16. Jahrhundert an derselben Stelle gebaut, weil Genua den Hafen unter Kontrolle halten wollte. Il Priamàr (abgeleitet von *pietra sul mare,* »Stein über dem Meer«) wurde erst 1680 fertig gestellt, im 19. Jahrhundert nutzte man es als Gefängnis: Giuseppe Mazzini, eine Schlüsselfigur des Risorgimento, saß hier 1830/31 in Haft. Nach einer Restaurierung beherbergt das imposante Bauwerk eines der wichtigsten Museen Liguriens.

Man betritt die militärarchitektonisch sehr interessante Festung über die Brücke San Giorgio. Auf der linken Seite erreicht man über Rampen und Dämme den Bastione dell'Angelo und den Bastione di San Carlo. Vom so genannten Cavallo Superiore bietet sich ein wunderbarer Blick über die Stadt.

Der Palazzo della Loggia, zwischen den Bollwerken Angelo und San Carlo gelegen, beherbergt drei Museen. Das bedeutendste davon ist die **Pinacoteca Civica** im dritten Stock, wo man Werke ligurischer Künstler vom Mittelalter bis zum 20. Jahrhundert sehen kann. Zu den Höhepunkten zählen zweifellos die Kreuzigungsgruppen von Donato de' Bardi und Giovanni Mazone (14. und 15. Jh.). Von Mazone stammt auch ein Teil eines Altarbildes (ein anderer Teil davon ist im Pariser Louvre): *Christus am Kreuz zwischen Maria und Johannes dem Täufer* (1460er Jahre).

Viele Savoneser und Genueser Maler aus dem 17. und 18. Jahrhundert sind vertreten, u.a. Fiasella, Robatto, Guidobono, Brusco, Ratti, Agostino und Bozzano. Unter der modernen Kunst stechen die Arbeiten von Eso Peluzzi aus den 1920er Jahren hervor.

Ein Saal präsentiert Keramiken aus dem 12. bis 20. Jahrhundert, darunter Vasen und einen besonders schönen Majolika-Becher, der historische und religiöse Szenen zeigt.

Das mittlere Stockwerk nimmt das **Museo Sandro Pertini** ein mit rund 90 Werken moderner Künstler aus der Sammlung des ehemaligen italienischen Staatspräsidenten. Es sind Arbeiten von De Chirico, Guttuso, Manzù, Morandi, Arnaldo und Giò Pomodoro, Sassu und Sironi; einige Werke, darunter die von Henry Moore und Joan Miró, tragen eine Widmung.

Im ersten Stock befindet sich das **Civico Museo Storico-Archeologico.** Der Schwerpunkt der Exponate liegt auf frühen Savoneser Siedlungen. Die Objekte und Dokumente stammen aus vorrömischer oder römischer Zeit und wurden teilweise in der Umgebung der Stadt ge-

Der Palazzo Pavoni, Via Paleocapa

***Kreuzigung* von Donato de' Bardi, ein frühes Ölgemälde**

funden. Zu sehen sind Keramiken, Amphoren und Grabbeigaben aus der Bronze- und Eisenzeit, eine Grabstätte aus dem 5. bis 6. Jahrhundert sowie Werkzeuge von Webern, Schmuck und Gebrauchsgegenstände aus dem Mittelalter.

Sehenswert sind vor allem die schönen arabisch oder byzantinisch beeinflussten Keramiken und die vielfarbigen Savoneser Majoliken, die üblicherweise blau und weiß bemalt sind.

Im Bastione San Bernardo, den man durch unterirdische Gänge erreicht, befindet sich das **Museo Renata Cuneo.** Auf zwei Stockwerken sind die Arbeiten des Savoneser Bildhauers ausgestellt, alle Werke stammen aus dem 20. Jahrhundert: 29 Gipsfiguren, 50 Skulpturen und mehr als 150 Zeichnungen. Zu den Höhepunkten zählen *La conchiglia* (Die Muschel) sowie *Ecce Homo*. Am Eingang zur Bastion stehen zwei Bronzestatuen: *Uomo che dorme* (Schlafender Mann) und *L'estate* (Der Sommer).

Torre del Brandale

Piazza del Brandale.

Der alte Hafen zählt zu den attraktivsten Teilen der Stadt, nicht nur wegen der vielen Boote, die hier liegen, sondern auch wegen der Kulisse der mittelalterlichen Türme.

Die Torre del Brandale (1178) verdankt ihren Namen der Fahnenstange *(brandale)* an der Spitze. Innen sieht man Fresken, an der Fassade ein Keramikrelief mit dem Titel *Apparizione* (Erscheinung). Ursprünglich stammt es von 1513,

Torre del Brandale mit der *Campanassa*

Infobox

Straßenkarte C4. 69 000.
FS Corso Italia 157 r, 019 840 23 21.
W www.inforiviera.it
@ savona@inforiviera.it
Karfreitagsprozession, Pasqua Musicale Savonese; Concorso Nazionale della Ceramica d'Arte (zweijährlich veranstaltete Keramikmesse, im Wechsel mit Albissola Marina; die nächste 2006); Confuoco (So vor Weihnachten).

was man heute sieht, ist das Ergebnis einer Rekonstruktion in den 1960er Jahren.

Die große Glocke des Turms nennen die Savoneser *Campanassa*. Diesen Namen trägt auch die lokale Gesellschaft für Geschichte, die im Palazzo degli Anziani beheimatet ist. Dieses Gebäude neben dem Turm, früher der Sitz des Podestà, des gewählten Administrators der Stadt, wurde im 14. Jahrhundert gebaut, die Fassade im 17. Jahrhundert verändert.

Piazza Salineri

Der Platz direkt am Hafen war im Mittelalter das Handelszentrum. Noch immer sind die Spuren des einstigen Glanzes zu erkennen, vor allem in den beiden Straßen, die zur Piazza Salineri führen: Via Orefici und Via Quarda Superiore.

Über dem Platz ragen zwei architektonisch interessante Türme empor: die Ghibellina (um 1200) und die Torre degli Aliberti (1100). In der Nähe steht der verfallene Palazzo Martinengo aus dem 16. Jahrhundert, auf dem ein Rätsel zu sehen ist: Fünf Sprichwörter wurden in ein Wortspiel verflochten; der Betrachter ist aufgefordert, die einzelnen Sprüche zu rekonstruieren.

Torre di Leon Pancaldo

Piazza Leon Pancaldo.

Der kleine Turm an dem Ende des Hafens, an dem die Kreuzfahrtschiffe anlegen, ist das letzte Überbleibsel der Stadtmauern (14. Jh.). Gewidmet ist es dem in Savona geborenen Seefahrer Pancaldo, der den Portugiesen Magellan auf dessen Reisen nach Amerika begleitete und 1537 am Río de la Plata starb.

Am Turm sieht man ein Bild der *Madonna della Misericordia* (1662), der Schutzpatronin der Stadt. Darunter widmet der Dichter Gabriello Chiabrera der Madonna einen Vers: »In mare irato/In subita procella/Invoco Te/Nostra benigna stella.« Ausnahmsweise sind die Wörter auf Italienisch und Latein identisch. Sie bedeuten: »Im tobenden Meere, im plötzlichen Sturm, rufe ich Dich an, unseren gütigen Stern.«

Die Torre di Leon Pancaldo, »Torretta« genannt

Fischerboote im Hafen, dahinter die Torre del Brandale

Chiesa di Sant'Andrea

Via Paleocapa. *019 851 952.*
tägl. 8.30–12 Uhr.

Die Via Paleocapa mit ihren Arkaden ist Savonas Haupteinkaufsstraße. Wenn Sie von der Torre di Leon Pancaldo kommen, achten Sie auf den Palazzo dei Pavoni (Nr. 3), den Alessandro Martinengo entwarf.

Kurz dahinter führt eine breite Treppe zur Kirche Sant'Andrea. Anfang des 18. Jahrhunderts wurde sie an der Stelle einer mittelalterlichen Kirche von Jesuiten gebaut und Sant'Ignazio geweiht. Die Fassade wirkt elegant, innen sieht man eine *Unbefleckte Empfängnis* (1749) von Ratti und eine *Madonna* (frühes 16. Jh.) von Defendente Ferrari. In der Sakristei hängen eine Ikone des *heiligen Nikolaus* aus Konstantinopel und eine *Madonna della Misericordia* (frühes 19. Jh.) von Antonio Brilla.

Oratorio del Cristo Risorto

Via Paleocapa. *019 838 63 06.*
Mo–Sa 16–19 Uhr, So 8.30–12 Uhr.

Etwas weiter die Via Paleocapa entlang kommt man zu einer Kapelle, die im frühen 17. Jahrhundert als Teil der Santissima Annunziata, des Klosters der Augustinerinnen, rekonstruiert wurde. Die Fassade ist barock, mit vielen Malereien an Stelle eines Skulpturenschmucks.

Der Innenraum mit Tonnengewölbe besticht mit seinen vielen illusionistischen *Trompe-l'œil*-Fresken und Stuckarbeiten. Der Hochaltar wird Francesco Parodi zugeschrieben, der wahrscheinlich nur für den Entwurf zuständig war. Im Presbyterium steht die Statue *Christo Risorto* (Auferstandener Christus) von einem unbekannten Künstler. Die Orgel stammt von 1757, das mit Schnitzereien verzierte Chorgestühl teils aus dem 15. Jahrhundert.

Maraglianos *L'Annunciazione* (Verkündigung, 1722), die *Addolorata* (Schmerzensreiche, 1795) von Filippo Martinengo und die *Deposizione* (Kreuzabnahme, 1866) von Antonio Brilla sind drei Prozessionsschreine, für die das Oratorio del Cristo Risorto berühmt ist. Viele Kirchen in Savona besitzen solche Statuengruppen, die meist Szenen aus der Passion zeigen und bei der Karfreitagsprozession durch die Straßen getragen werden.

Palazzo Della Rovere

Via Pia 28.

Die alte Via Pia, die beim Oratoria del Christo Risorto von der Via Paleocapa abzweigt, zählt sicher zu den schönsten Straßen der Altstadt. Hier reiht sich ein Laden an den anderen, dennoch ist die mittelalterliche Atmosphäre noch spürbar. Der Palazzo Della Rovere

(Nr. 28) am Ende der Straße, jetzt die Polizeihauptwache, wurde 1495 von Giuliano da Sangallo entworfen. Der Architekt arbeitete auch am Petersdom von Rom mit, der Kardinal Giuliano Della Rovere wurde später als Papst Julius II. bekannt. Der Palazzo ging in den Besitz der Familie Spinola über, 1673 erwarb ihn der Orden der Armen Klarissinnen, später war er kurze Zeit Sitz der Napoleonischen Präfektur.

Die Fassade zeigt eine zweifarbige Marmorverkleidung und wird von Pilastern in drei Teile gegliedert. Besonders der große Innenhof kennzeichnet den Palazzo als Beispiel toskanischer Architektur, eine Seltenheit in der Region. Innen sind nur sehr wenige der einst prächtigen Fresken erhalten.

Die Statue *Mariä Himmelfahrt* an der Kathedrale

Cattedrale di Nostra Signora Assunta

Piazza del Duomo.

Museo del Tesoro della Cattedrale

019 825 960. auf Nachfrage: Di, Sa 16–17.30 Uhr, Do 9.30–11.30 Uhr.

Die Kirche ersetzte im späten 16. Jahrhundert die alte Kathedrale Santa Maria del Castello, die zusammen mit anderen Gebäuden abgerissen wurde, um Platz für die Fortezza del Priamàr zu schaffen. Viele Einrichtungs- und Schmuckgegenstände wurden aus dem alten Gotteshaus in das neue übernommen, darunter das Taufbecken, das aus einem schön behauenen byzantinischen Säulenkapitell gefertigt wurde, und die *Kreuzigungsgruppe* aus Marmor (15. Jh.) – beides zu finden im Mittelschiff unmittelbar beim Hauptportal.

Die Marmorfassade stammt aus dem späten 19. Jahrhundert. Über dem Mittelportal ist die Skulptur *Mariä Himmelfahrt* des Künstlers Cibei (1706–84) aus Carrara zu sehen. Gewaltige Säulen trennen innen die drei Gänge voneinander ab, an der Seite sind Kapellen. Die Fresken im Mittelschiff, am Presbyterium und am Querschiff wurden zwischen 1847 und 1951 gefertigt. Die Ausschmückung der Kuppel (1840) erfolgte 1891–93.

Im Presbyterium ist ein Meisterwerk von Albertino Piazza zu sehen: *Madonna auf dem Thron mit Kind und den Heiligen Petrus und Paulus*. Das Marmorrelief *Vorzeigung der Maria im Tempel* stammt aus dem 16. Jahrhundert. Das prächtige Chorgestühl wurde 1515 geschaffen; in Auftrag gegeben und finanziert wurde es von der Republik Savona und dem Kardinal Giuliano Della Rovere für die erste Kathedrale. Als das Gebäude später abgerissen wurde, musste das Gestühl der neuen halbrunden Apsis angepasst werden.

In einer der Kapellen im linken Seitengang befindet sich ein Fresko der *Madonna della Colonna*, das im frühen 15. Jahrhundert eine Säule des Franziskanerklosters zierte, an dessen Stelle die Kathedrale gebaut wurde. Beachtenswert ist außerdem die Kanzel der Evangelisten (1522).

Links vom Presbyterium ist der Zugang zum **Museo del Tesoro della Cattedrale.** Das Schatzmuseum besitzt u.a. eine Sammlung von Werken aus der ersten Hälfte des 14. Jahrhunderts. Andere Meisterwerke sind der Flügelaltar *Himmelfahrt und Heilige* von Ludovico Brea (1495), eine *Madonna mit Heiligen* von Tuccio d'Andria (1487) sowie eine *Anbetung der Könige* (frühes 16. Jh.) vom Maestro di Hoogstraeten.

Im Kreuzgang an der Seite der Kirche sieht man 21 Marmorstatuen von Heiligen. Im Gang am Ende steht die **Cappella Sistina,** die 1481 ein anderer Papst aus der Familie Della Rovere, Sixtus IV., als Grabstätte für seine Eltern in Auftrag gab. (Er ließ auch die Sixtinische Kapelle im Vatikan bauen.) Das Innere der Kapelle wurde im 18. Jahrhundert dem Zeitgeschmack angepasst, als im Rokoko bunter Stuck aufkam. Das marmorne Grabmal der Eltern von Sixtus IV. (1483) befindet sich auf der linken Seite.

Nostra Signora di Castello

Corso Italia. 019 804 892.

So vormittags, während Messen.

Die kleine Kapelle liegt fast versteckt am Corso Italia, einer Straße voller eleganter Läden, die wie die Via Paleocapa im 19. Jahrhundert eine der wichtigsten Verkehrswege Savonas war. Hier ist eines der schönsten Gemälde der Stadt zu sehen, das Polyptychon *Madonna mit Heiligen*. Der lombardische Künstler Vincenzo Foppa begann das Werk im 15. Jahrhundert, der ligurische Maler Ludovico Brea vollendete es.

Hier steht außerdem der angeblich höchste Prozessionsschrein der Welt aus dem Jahr 1795, der eine *Kreuzabnahme* von Filippo Martinengo darstellt.

***Anbetung der Könige* vom Maestro di Hoogstraeten, Museo del Tesoro**

Der Ponte della Gaietta von Millesimo

UMGEBUNG: Im Hinterland von Savona liegt **Altare** in den Apenninen, rund 14 Kilometer von der Küste entfernt. Der Ort ist schon mindestens seit dem 11. Jahrhundert für die Herstellung von Glas berühmt – noch lange bevor das Glas aus Murano bei Venedig bekannt wurde. Das **Museo del Vetro e dell'Arte Vetraria** zeigt eine Vielzahl alter und moderner Glasobjekte, Glas mit Gravuren, das aus der lokalen Schule stammt. Zu sehen sind auch Dokumente und Bücher zu dem Thema, manche davon sind 800 Jahre alt. Einige prächtige blaue Kristallvasen sind mit reinem Gold verziert.

Sehenswert sind auch die Chiesa dell'Annunziata (spätes 15. Jh.), deren Glockenturm von einem älteren romanischen Bau stammt, und die zweitürmige, barocke Parrocchiale di Sant'Eugenio (17. Jh.). Auf dem nahen Colle di Cadibona steht das Forte Napoleonico della Bocchetta, das im späten 18. Jahrhundert gebaut wurde.

Neun Kilometer hinter Altare, am linken Ufer des Flusses Bormida di Spigno, liegt **Cairo Montenotte;** hier schlug Napoleon Bonaparte im Jahr 1796 die Truppen Österreichs und Piemonts.

Im Ort gibt es noch ein paar Relikte der alten Stadtmauer aus dem 14. Jahrhundert: einen hohen Turm, der Torrione genannt wird, und die Porta Soprana. Auf dem Hügel über dem Ort steht eine alte Burg (14. Jh.), die im Mittelalter der Familie Del Carretto gehörte, den regionalen Fürsten dieses Gebiets. Die Kirche San Lorenzo mit ihrem schlanken Glockenturm wurde 1630–40 gebaut, jedoch in der Folgezeit stark verändert.

Zu den hiesigen Spezialitäten gehören *amaretti* mit Fruchtgeschmack und die schwarzen Trüffeln, die man am besten mit einem Glas des hier produzierten Weins Dolcetto kostet.

Millesimo, 27 Kilometer von Savona entfernt, ist Zentrum des oberen Valle Bormida, ein bezauberndes Hügelstädtchen mit architektonischen Spuren des Mittelalters. Am Ortsrand sieht man die Ruinen einer Burg (1206), die einst der Familie Del Carretto gehörte, später in die Hände der Spanier fiel und schließlich an das Haus Savoyen überging.

Die hübsche **Piazza Italia** im Zentrum hat viele Arkaden; die **Torre** ist heute das Rathaus; sie wurde um 1300 gebaut und war der Wohnsitz der Familie Del Carretto.

Zu den beeindruckendsten Monumenten der Stadt gehört der schlichte **Ponte della Gaietta.** Er stammt aus dem 12. bis 13. Jahrhundert und ist komplett einschließlich Wachturm erhalten.

Museo del Vetro e dell'Arte Vetraria
Oratorio di San Sebastiano, Piazza di San Sebastiano, Altare.
019 584 734. *Di 15–18 Uhr, Do 9.30–12.30 Uhr, Sa 10–12 Uhr.*

Wappen an der Porta Soprana, Cairo Montenotte

Bergeggi 6

Savona. **Straßenkarte** C4.
1200. FS *Pro Loco, Via Aurelia 1, 019 859 777 (in der Saison).* W www.inforiviera.it

DER KLEINE, lebhafte Küstenort liegt an den Hängen des Monte Sant'Elena. Schon zu Zeiten der Römer gab es hier eine Siedlung. Die strategisch günstige Lage machte es möglich, im 10. und 11. Jahrhundert die Überfälle der Sarazenen abzuwehren. 1385 entstand in Bergeggi eine Kolonie Deportierter, die die Republik Genua aus ihren Mauern verbannt hatte.

Von den vielen Dachterrassen eröffnet sich eine wunderbare Aussicht auf das Meer. Berühmt ist das Restaurant Claudio, das zu den besten (und teuersten) an der Riviera zählt.

Die als **Torri di Avvistamento** bezeichneten beiden Wachttürme oberhalb des Orts stammen aus dem Mittelalter. Die Kirche **San Martino** wurde im frühen 18. Jahrhundert erbaut.

Auf der nahen Insel **Bergeggi** sind noch die Ruinen zweier alter Kirchen, eines Klosters und eines Turms zu entdecken. Das Eiland, im Mittelalter ein bedeutendes religiöses Zentrum, ist unbewohnt und ein von dichter Vegetation überwuchertes Naturreservat. Auf Meereshöhe sieht man den Eingang zu einer 37 Meter tiefen und 17 Meter breiten Höhle.

Die Dächer von Bergeggi, im Hintergrund die Insel Bergeggi

Strand mit Badebucht, von Spotorno aus gesehen

In der Hochsaison verkehren Boote von Savona und Finale Ligure nach Bergeggi.

Spotorno ❼

Savona. **Straßenkarte** C4.
4300. FS Piazza Matteotti 6, 019 741 50 08.
www.inforiviera.it *und* www.comune.spotorno.it
Festival del Vento (Ende März–Anfang Apr); Rassegna Nazionale di Musica Etnica (Juli & Aug).

Mit dem boomenden Tourismus in diesem Teil der Region ist Spotorno zu einem großen Urlaubsort angewachsen. Dennoch hat sich der Ortskern mit seinen Häusern am Wasser das Aussehen eines ligurischen Fischerdorfs bewahrt. Hier gibt es einen langen, sehr beliebten Strand.

Einst war Spotorno im Besitz der Bischöfe von Savona, später gehörte es der Familie Del Carretto, 1227 wurde es vom benachbarten Noli zerstört.

Das historische Zentrum breitet sich um die Via Mazzini und die Via Garibaldi aus. Die Gemeindekirche **Assunta** (17. Jh.) birgt Kapellen mit Fresken von Andrea und Gregorio De Ferrari, Domenico Piola sowie Giovanni Agostino Ratti. Mehr zu sehen gibt es im **Oratorio della Santissima Annunziata**, das Arbeiten der Genueser Schule aus dem 17. Jahrhundert und eine Holzstatue von Maragliano aus dem 18. Jahrhundert besitzt. Anrührend sind die vielen Votivgaben der Seefahrer in der Kapelle.

Oberhalb des Orts errichtete man im 14. Jahrhundert ein **Castello,** von dem noch die Ruinen zu sehen sind.

Noli ❽

Savona. **Straßenkarte** C4.
2900. Corso Italia 8, 019 749 90 03. www.inforiviera.it
Regatta Storica dei Rioni (erster oder zweiter So im Sep).

Noli ist einer der besterhaltenen mittelalterlichen Orte der ganzen Region. Sein Aufstieg begann 1097, als es sich am ersten Kreuzzug beteiligte und sich so als Seemacht etablierte. Im frühen 13. Jahrhundert war Noli Bündnispartner von Genua und kämpfte an dessen Seite gegen Pisa und Venedig.

Die Altstadt mit ihren engen Gassen und den Bogen erinnert an das Centro Storico von Genua. Von den mittelalterlichen Türmen haben einige die Zeiten überdauert: Am Corso Italia, Nolis Hauptstraße, steht die Torre Comunale aus dem 13. Jahrhundert neben dem **Palazzo Comunale** (15. Jh.); an der Loggia des Palazzo ist noch zu erkennen, wie einst die Arkaden am Corso Italia aussahen.

Hoch ragt der Mittelturm der Burg am Monte Ursino über Noli auf

Hinter der barocken Fassade der **Cattedrale di San Pietro** verbirgt sich ein mittelalterlicher Kern. In der Apsis ist eine *Madonna auf dem Thron mit Kind, Engeln und Heiligen* zu sehen, ein Polyptychon aus der Schule von Ludovico Brea (spätes 15. Jh.). Im Altar ist ein römischer Sarkophag integriert.

Holzkreuz in der Kirche San Paragorio, Noli

Das bedeutendste Monument von Noli ist die Kirche **San Paragorio,** eines der schönsten Beispiele der ligurischen Romanik. Sie wurde im 11. Jahrhundert errichtet und im späten 19. Jahrhundert schön restauriert. Blindbogen und Pilaster schmücken die Majolika-Fassade, links stehen gotische Grabmonumente aus Steinen der Region um Finale.

Die Kirche hat drei Schiffe mit halbrunder Apsis. Zu den Höhepunkten gehören neben einem großen romanischen Holzkreuz auch ein Bischofsstuhl (12. Jh.), Freskenfragmente (14. Jh.) und eine Marmorkanzel.

An den Hängen des Monte Ursino ragen die Ruinen eines **Castello** (12. Jh.) auf. Mauern verbinden die Burg mit dem Ort darunter.

Die kleine Insel Bergeggi – eine Naturoase nahe bei der Küste ▷

Finale Ligure 9

Savona. **Straßenkarte** C4.
13 000. FS *Pro Loco, Via San Pietro 14, Finale Marina, 019 681 019.* www.inforiviera.it *und* www.comunefinaleligure.it
Festa dell'Assunta at Finalpia (15.–20. Aug); Historische Spiele um die Taten der Marchesi Del Carretto (Aug–Sep).

FINALE LIGURE besteht aus den drei Gemeinden Pia, Marina und Borgo, die 1927 zusammengeschlossen wurden, um eine der größeren Städte an der Riviera di Ponente zu bilden. Der lebhafte Ferienort Finale Marina, an einem Kiesstrand ist der neueste Teil. Hier sieht man ein paar hübsche Palazzi aus dem 16. bis 18. Jahrhundert.

Finale Pia und Finalborgo existierten bereits im Mittelalter. Die Stadtteile liegen ein wenig landeinwärts und wurden vom Bauboom der Neuzeit eher verschont.

Der Fluss Sciusa trennt Finale Marina von Finale Pia, das sich um **Santa Maria di Pia** entwickelte. Die Kirche wird schon 1170 erwähnt, die Rokoko-Fassade stammt jedoch aus dem 18. Jahrhundert, das Innere ist barock. Lediglich der Glockenturm stammt noch aus dem Mittelalter.

Der Glockenturm von San Biagio

In der Benediktinerabtei (16. Jh.) neben der Kirche sind Terrakotta-Arbeiten der toskanischen Della-Robbia-Schule (15./16. Jh.) zu sehen.

Der interessanteste Stadtteil ist Finalborgo, dessen altes Zentrum innerhalb der Mauern aus dem 15. Jahrhundert intakt blieb. In den eleganten Häusern und Palazzi sind heute meist Läden, Cafés und Restaurants. Finalborgo ist berühmt für sein Basilikum. Sie sollten nicht versäumen, hier die Spezialität Pasta mit Pesto zu essen.

Grotte im Parco del Finalese

Parco del Finalese

Von roten Adern durchzogener Kalkstein prägt das Hinterland von Finale. Die rund 20 Millionen Jahre alten Felsen bilden ein natürliches Amphitheater, den Kern des Parco del Finalese. In den vielen Höhlen wurden zahlreiche Zeugnisse menschlicher Besiedlung im Paläolithikum gefunden. Man erreicht den Park von Finale Pia auf der Straße nach Manie. Für Freeclimber ist das Hochland von Le Manie das absolute Paradies. Hier wurden Spuren vorrömischer und römischer Straßen entdeckt. Die alte römische Via Julia Augusta windet sich durch das schmale Val Ponci nördlich von Manie. Man sieht noch die Reste von fünf römischen Brücken, manche von ihnen sind sehr gut erhalten.

Die Kirche **San Biagio** wurde überwiegend im 17. Jahrhundert erbaut, hat aber einen gotischen Glockenturm, das Wahrzeichen von Finalborgo. Das Innere birgt eine Marmorkanzel von Schiaffino, ein eindrucksvolles Beispiel des Genueser Barock.

Das ehemalige Kloster **Santa Caterina,** 1359 gründet, ist heute Sitz des **Civico Museo del Finale,** in dem archäologische Funde von prähistorischen Zeiten bis zum Mittelalter ausgestellt sind.

Eines der besten Beispiele des ligurischen Barock ist die Basilika **San Giovanni Battista** in Finale Marina. Zwei Glockentürme flankieren die Fassade, innen ist eine hölzerne *Kreuzigung* (18. Jh.) von Maragliano zu sehen.

Civico Museo del Finale

Chiostri di Santa Caterina, Finalborgo.
019 690 020. *Juli, Aug Di–So 10–12, 16–19 Uhr (Mi, Fr bis 22 Uhr); Sep–Juni Di–So 9–12, 14.30–17 Uhr.*

UMGEBUNG: Fährt man von Finale Ligure an der Küste sechs Kilometer in Richtung Noli, erreicht man **Varigotti,** ein ungewöhnlich hübsches Dorf mit einem breiten Sandstrand. Die Fischerhäuser sind in allen denkbaren ockerfarbenen Tönen angemalt. Die meisten Häuser stammen aus dem 14. Jahrhundert, als die Siedlung von der im Mittelalter mächtigen Familie Del Carretto gegründet wurde.

Am Capo di Varigotti sieht man die Ruinen einer byzantisch-lombardischen Befestigungsanlage (Varigotti war eine byzantinische Siedlung, die im 7. Jahrhundert von den Lombarden zerstört wurde) sowie die Reste einer alten Burg, die die Del Carrettos bauten. Die Kirche San Lorenzo Vecchio nördlich des alten Zentrums ist ebenfalls mittelalterlichen Ursprungs. Sie steht überaus reizvoll an einem Felsvorsprung über dem Meer.

Fischerhäuser am Strand von Varigotti

Borgio Verezzi ⑩

Savona. **Straßenkarte** C4.
2200. FS *Via Matteotti 158, 019 610 412 (in der Saison).*
www.inforiviera.it *und* www.comuneborgioverezzi.it
Openair-Theater im Sommer: www.festivalverezzi.it

DER ORT besteht aus zwei Teilen: Borgio an der Küste und Verezzi an den Hängen darüber. Das mittelalterliche Zentrum von Borgio ist fast intakt geblieben: alte, kopfsteingepflasterte Straßen, Gärten und Obstbäume an den Hängen zur Kirche **San Pietro** aus dem 17. Jahrhundert. In der Nähe des Friedhofs ist die mittelalterliche Kirche **Santo Stefano.**

Die Piazza Sant'Agostino in Verezzi

Mit vielen Kurven windet sich die Straße nach Verezzi hinauf. Die Häuser stehen auf verschiedenen Plateaus, am besten erhalten ist die Piazza Sant'Agostino, an der noch sarazenische Einflüsse zu erkennen sind. Hier steht die Kirche **Sant'Agostino** (1626). Von einer Stelle des hübschen Kirchhofs hat man einen schönen Blick auf das Meer.

UMGEBUNG: Unbedingt einen Besuch lohnen die nahe gelegenen **Grotte di Valdemino.** Manche Tropfsäulen in den vielen Kalksteinhöhlen sind so dünn, dass sie schon beim Klang einer Stimme vibrieren. Fast magisch wirken die Seen in den Höhlen. Hier wurden Fossilien von Säbelzahntigern, Höhlenbären und Elefanten gefunden.

Grotte di Valdemino

Via Battorezza. *019 610 150.*
Mai–Sep Di–So 9–11.30, 15–17.30 Uhr; Okt–Apr Di–So sechs Führungen pro Tag. *25. Dez, 1. Jan.* *mit Genehmigung.*

Pietra Ligure ⑪

Savona. **Straßenkarte** B4.
9400. FS *Via Gio Batta Montaldo 2, 019 629 003.*
www.inforiviera.it
Processione di San Nicolò (8. Juli); Confoëgu (24. Dez).

DER BADEORT verdankt seinen Namen den Felsen nördlich des alten Zentrums (*pietra* heißt Stein). Dort befand sich in byzantinischer Zeit eine Befestigungsanlage. Im Mittelalter entwickelte sich die Stadt am Fuß des **Castello,** einer Genueser Festung, die seit dem 16. Jahrhundert immer wieder stark verändert wurde.

Borgo Vecchio ist planmäßig angelegt mit fünf Straßen, die parallel zur Küste verlaufen. Hier stehen immer noch mittelalterliche Häuser und Palazzi aus dem 16./17. Jahrhundert direkt nebeneinander. Diese ungewöhnliche Kombination ist das Ergebnis von Rekonstruktionen, die schon im 16. Jahrhundert vorgenommen wurden. An der Piazza XX Settembre, nicht weit vom Meer entfernt, steht die Kirche **San Nicolò di Bari** mit ihren beiden aufragenden Glockentürmen.

UMGEBUNG: Landeinwärts hoch über Pietra Ligure kann man im Dorf **Giustenice** die herrliche Aussicht über Meer und Küste genießen. Hier stand bis zum 13. Jahrhundert eine Burg der Familie Del Carretto.

Loano ⑫

Savona. **Straßenkarte** B4. *11 000.*
FS *Corso Europa 19, 019 676 007.* www.inforiviera.it *und* www.cai.loano.com *(Infos zu Wanderungen im Gebiet Loano und Finalese).* *Carnevalöa, Liguriens größter Karneval (Sommer); Nachinszenierung der Schlacht von Loano (Sep).*

SCHON SEIT römischen Zeiten lebte man gern in Loano, u.a. war es im Besitz der Bischöfe von Albenga, der Familie Doria und der Republik Genua. (Außerdem ist es die Stätte des ersten Siegs von Napoleon in Italien.) Auch heute präsentiert sich das Städtchen Loano sehr angenehm mit großem Strand.

Das interessanteste Gebäude ist der **Palazzo Comunale,** den die Familie Doria im 16. Jahrhundert erbauen ließ. Sein strenges Äußeres wird durch Balkone und Loggias gemildert, eine Galerie führt zu einem Wachturm (1602). Innen gibt es ein schönes römisches Mosaik, in der Haupthalle befindet sich das **Civico Museo Naturalistico,** das u.a. 400 Vogelarten aus Europa präsentiert.

Schön in den Bergen über Loano liegt der **Convento di Monte Carmelo.** Die Familie Doria gründete das Kloster 1603; die Kirche birgt viele Grabmäler der Dorias, innerhalb der Anlage steht auch der Casotto, ein Wohnsitz der Dorias.

Civico Museo Naturalistico

Piazza Italia 2. *019 675 694.*
nach Vereinbarung.

Die mittelalterliche Burg über Pietra Ligure

Grotte di Toirano ⓭

Logo der Grotte di Toirano

DIE HÖHLEN gehören sicherlich zu den schönsten in ganz Italien und sind eine der größten Attraktionen im Hinterland der Riviera di Ponente. Das Naturwunder entstand im Karstgebiet des Val Varatella zwischen Albenga und Pietra Ligure. Junge Höhlenforscher aus Toirano entdeckten das unterirdische Labyrinth im Jahr 1950. Hier gibt es weite Säle voller Stalaktiten und Stalagmiten in allen Größen, aber auch sehr seltene Kristallformationen. Besonders wichtig ist die Grotta della Bàsura (im ligurischen Dialekt »Hexenhöhle«), wo man Indizien für menschliche Besiedlung im Paläolithikum und Spuren des ausgestorbenen Höhlenbären gefunden hat. Bis heute leben in den Höhlen die größten Perleidechsen Europas. Eine Führung durch die Höhlen dauert etwa eineinhalb Stunden.

Antro di Cibele
zeigt rundliche Konkretionen im Gestein. Diese überraschenden Formen gehen vermutlich auf rhythmische Schwankungen des Wasserstandes zurück.

★ Sala dei Misteri
In diesem Teil der Grotta della Bàsura sind Spuren menschlichen Lebens. Abdrücke von Lehmkugeln an den Wänden gehen wahrscheinlich auf Jagdrituale zurück oder dienten der Abrenzung von Revieren.

Sala Morelli
Hier beginnt die Tour durch die Grotta della Bàsura. Ein Stück weiter ist die Torre di Pisa (links) *zu sehen, ein beeindruckender Zentralstalagmit.*

Eingang

Im Cimitero degli orsi
(Bärenfriedhof) sieht man Fußspuren des *Ursus spelaeus* (Höhlenbär).

★ Salotto
Ein wenig weiter im Höhlensystem erreicht man den Salotto (»Zeichensaal«). Hier bilden Stalaktiten, Stalagmiten und Wände ein märchenhaftes Ambiente, das sich im Wasser des unterirdischen Sees spiegelt.

Sala del Pantheon
In dieser Höhle wächst ein Stalagmit zu einer Höhe von acht Metern empor, Aragonite formen bizarre Blütenformen an den Wänden. Der Anblick des Saals ruft entweder Bilder aus Dantes Inferno *oder eines Zauberwalds hervor.*

INFOBOX

Toirano (Savona). **Straßenkarte** B4. 🚌 ℹ *Piazzale Grotte, Toirano.* ☎ *0182 980 62.*
◯ **Höhlen und Museo Etnografico Toirano** *Okt–Juni tägl. 9.30–12.30, 14–17 Uhr; Juli, Aug tägl. 9.30–12.30, 14–17 30 Uhr.* 🅿
W www.toirano.it *und* www.toiranogrotte.it

Im Corridoio delle Colonne sieht man die Spuren eines alten Erdbebens: Viele Bruchlinien durchziehen oder spalten die Formationen.

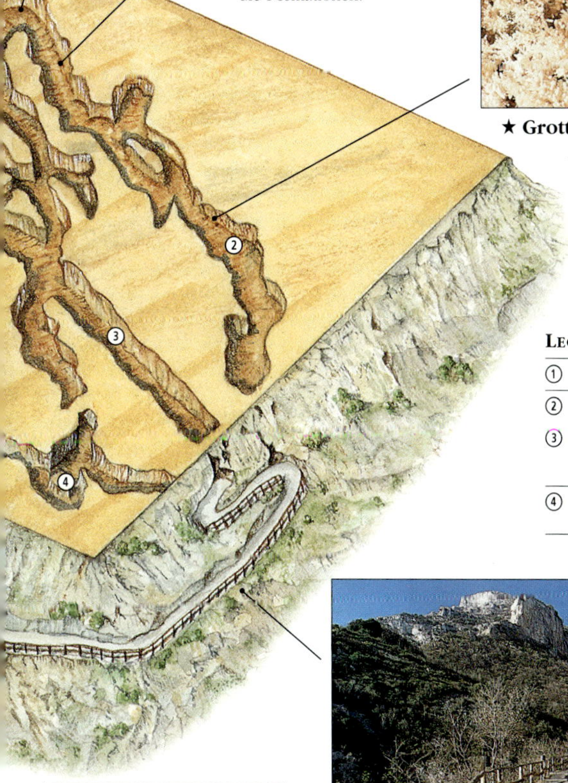

★ Grotta di Santa Lucia Inferiore
In dieser Höhle gibt es keine Spuren von Menschen oder Tieren, dafür schöne, seltene Kristallformationen wie diese Aragoniten-Blüten.

LEGENDE

1. Grotta della Bàsura
2. Grotta di Santa Lucia Inferiore
3. Grotta di Santa Lucia Superiore (nur am 13. Dez, dem Tag der Schutzheiligen, geöffnet)
4. Grotta del Colombo (nicht zugänglich)

NICHT VERSÄUMEN

- ★ Grotta di Santa Lucia Inferiore
- ★ Sala dei Misteri
- ★ Salotto

Die Umgebung
Toirano im oberen Val Varatella ist von steilen Felswänden aus Kalkstein geprägt. Schon von der Straße, die zu den Höhlen führt, bekommt man ein eindrucksvolles Bild von dieser ganz besonderen Landschaft.

Im Detail: Albenga ⓮

ALBENGA IST EINE der interessantesten Städte an der Riviera di Ponente, denn das historische Zentrum ist noch sehr gut erhalten. Schon Jahrhunderte vor den Römern nutzte man hier das milde Klima und die fruchtbaren Ebenen, die der Fluss Centa rund um Albenga schuf. Die römische Stadt *Albium Ingaunum* oder *Albingaunum* wurde an der Stelle gegründet, an der bereits der ligurische Stamm der Ingauner einen Hafen gebaut hatte. Im Mittelalter war Albenga eine freie Hafen- und Handelsstadt. Mit dem Aufstieg Genuas zur Seemacht wurde Albanga jedoch 1251 unterworfen. Der Hafen verschlammte zunehmend, heute ist die Küste ein Stück entfernt, eine lange Straße führt von der Altstadt zum Meer.

Porta Molino ist das größte Tor in der Stadtmauer.

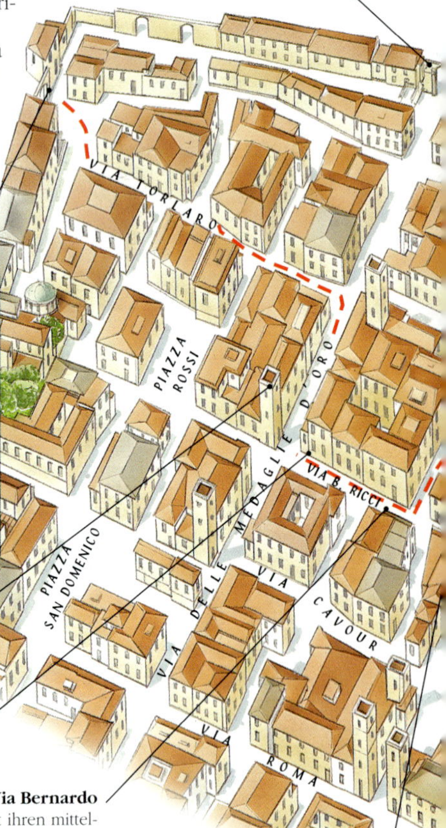

Porta Torlaro
Die Bastion Il Torracco in der nordwestlichen Ecke der Stadtmauern wurde einst als Gefängnis genutzt. Die Porta Torlaro (17. Jh.) steht daneben.

Torre und Casa Lengueglia Doria befinden sich am Ende der Via Ricci. Der Turm stammt aus dem 13. Jahrhundert, das Ziegelhaus wurde im 15. Jahrhundert gebaut.

Die Via Bernardo Ricci mit ihren mittelalterlichen Häusern war schon während des Römischen Reichs Teil der Hauptstraße, des *decumanus maximus*, der sich in der Via Enrico d'Aste fortsetzt.

Loggia dei Quattro Canti
An der Ecke Via Ricci und Via delle Medaglie d'Oro kann man gut den Übergang vom romanischen zum gotischen Stil erkennen: Direkt nebeneinander überspannt links ein Rundbogen und rechts ein Spitzbogen die Loggia.

★ Battistero
Die Taufkapelle ist der einzige völlig intakte Bau aus spätrömischer Zeit. General Constantius ließ sie im frühen 5. Jahrhundert errichten, damit ist sie das älteste frühchristliche Monument Liguriens.

★ Piazza dei Leoni

Der hübsche Platz ist nach den drei Steinlöwen (leoni) benannt, die die Grafen Costa 1608 von Rom hierher bringen und aufstellen ließen. Mittelalterliche Häuser säumen den Platz, an einer Seite sieht man die Apsis der Kathedrale.

INFOBOX

Savona. **Straßenkarte** B4.
23 000. FS
Viale Martiri della Libertà 1, 0182 558 444.
www.inforiviera.it
Umzug in mittelalterlichen Kostümen (4. Juli); Mestieranda, alter Handwerksmarkt (Mitte Juli); Festa della Madonna della Guardia (21.–25. Juli); Kunsthandwerksmarkt (März–Okt jeden 4. Sa im Monat).

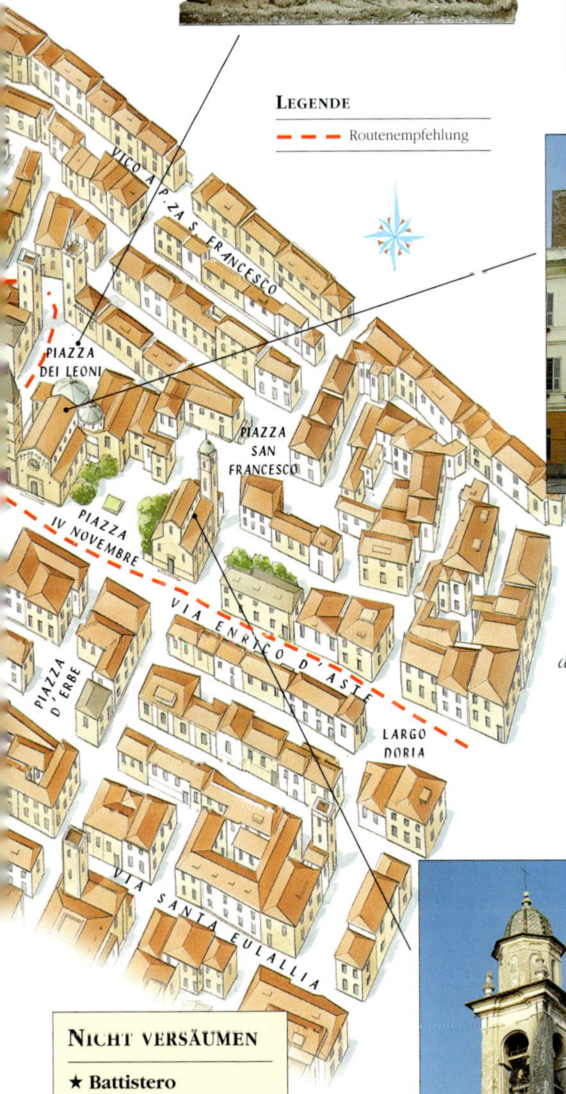

★ Kathedrale

Hier stand eine frühchristliche Basilika aus derselben Zeit wie die Taufkapelle. Im Mittelalter ersetzte man sie durch die dem heiligen Michael geweihte Kathedrale. Der Glockenturm ist spätgotisch.

Santa Maria in Fontibus

Die mittelalterlichen Ursprünge der um 1600 neu gestalteten Kirche in der Via Enrico d'Aste sieht man nur noch an einem Steinportal aus dem 14. Jahrhundert.

NICHT VERSÄUMEN

- ★ Battistero
- ★ Kathedrale
- ★ Piazza dei Leoni

Überblick: Albenga

Detail des Mosaiks am Battistero

In der mittelalterlich anmutenden Altstadt von Albenga kann man auch heute noch das rechtwinklig angelegte Straßennetz des römischen *castrum* (Militärlager) erkennen. Zahlreiche Piazze, Palazzi und Kirchen stammen aus dem Mittelalter, ebenso die aus roten Ziegeln gemauerten Geschlechtertürme, von denen manche nur noch als Ruinen erkennbar, viele hingegen schön restauriert sind. Auf einem Spaziergang durch die Via Enrico d'Aste, die Via Bernardo Ricci und die Via Medaglie d'Oro entdeckt man an jeder Ecke etwas Interessantes, den Zauber der ungewöhnlichen Stadt sollte man sich auf keinen Fall entgehen lassen. Sehenswert sind vor allem auch die beiden ausgezeichnet eingerichteten Museen, das Museo Navale Romano und das Civico Museo Ingauno.

Römische Amphoren des Museo Navale im Palazzo Peloso Cepolla

Palazzo Peloso Cepolla

Piazza San Michele.

Museo Navale Romano

0182 512 15. *Winter Di–So 10–12.30, 14.30–18 Uhr; Sommer Di–So 9.30–12.30, 15.30–19.30 Uhr.*

Ursprünglich waren es mehrere Gebäude, die im 17. Jahrhundert zum Palazzo Peloso Cepolla zusammengefasst wurden. Das Renaissance-Gebäude wird von einem romanischen Turm überragt und beherbergt das **Museo Navale Romano.**

Ausgestellt sind die Fundstücke aus dem größten bisher bekannten römischen Schiffswrack. Das Schiff sank 180 v. Chr. vor der Küste, die Ladung bestand aus mit Wein, Nüssen und Getreide gefüllten Amphoren, über 1000 davon sind zu sehen. Außerdem gibt es eine Sammlung von rund 100 Apothekergefäßen, die zwischen 1500 und 1700 in den Keramikmanufakturen von Savona und Albisola hergestellt wurden.

Kathedrale San Michele

Piazza San Michele.

tägl. 7.30–20 Uhr.

Albengas schönen Hauptplatz überragt die Kathedrale, im Mittelalter Sitz der religiösen und politischen Macht. Das Gotteshaus wurde zwischen 11. und 13. Jahrhundert an der Stelle einer frühchristlichen Kirche errichtet und seither mehrfach umgebaut. Dennoch sind noch Reste des romanischen Baus zu sehen: die Blindbogen im unteren Teil der Fassade und Elemente der Apsis. Der Glockenturm aus dem 14. Jahrhundert ist gotisch, die Steinblöcke der Basis romanisch.

Nach den umfangreichen Restaurationsarbeiten in den 1960er Jahren erhielt der Innenraum wieder sein schlichtes Aussehen. Besonders beachtenswert sind das Fresko *Kreuzigung mit Heiligen* (1500), die Fresken aus dem 19. Jahrhundert im Mittelschiff, die riesige Orgel (19. Jh.) und die karolingische Krypta.

Mittelalterliches Fresko im Palazzo Vecchio del Comune

Palazzo Vecchio del Comune

Via Nino Laboglia 1.

Civico Museo Ingauno

0182 512 15. *Winter Di–So 10–12.30, 14.30–18 Uhr; Sommer Di–So 9.30–12.30, 15.30–19.30 Uhr.*

Das Gebäude aus dem frühen 14. Jahrhundert bildet mit der zur selben Zeit errichteten Torre Comunale schon von außen einen beeindruckenden mittelalterlichen Komplex. Von der Via Ricci sieht man die große Loggia Comunale (1421), massive Rundsäulen tragen hier die schweren gemauerten Bogen. Die Fassade an der Rückseite zeigt dekorative Schwalbenschwanz-Zinnen und eine steile Doppeltreppe. Die Glocke im Turm trägt den Namen *Campanone* und wurde 1303 gegossen. Drei Türme der Stadt haben besondere Namen: Der Turm der Kathedrale heißt *Preghiera* (Gebet), die Torre Comunale *Governo* (Regierung) und der Turm des Palazzo Vecchio *Giustizia* (Gerechtigkeit).

Der Palazzo Vecchio del Comune ist Sitz des **Civico Museo Ingauno.** Das Museum zeigt Fundstücke von der vorrömischen Zeit bis zum Mittelalter: Mosaiken, Grabsteine, Skulpturen und Keramiken. Den Blick vom obersten Stockwerk über die Stadt sollten Sie sich nicht entgehen lassen.

Fassadenschmuck der Kathedrale

Battistero

Piazza San Michele. *Kombi-Ticket mit dem Civico Museo Ingauno.*

Albengas bedeutendstes Bauwerk ist das einzige Monument aus frühchristlicher Zeit in ganz Ligurien. Man nimmt an, dass Constantius, ein General von Kaiser Honorius, die Taufkapelle im 5. Jahrhundert errichten ließ. Eine Restaurierung im 20. Jahrhundert gab dem Gebäude sein ursprüngliches Aussehen zurück.

Die Taufkapelle hat außen die Form eines unregelmäßigen Zehnecks, innen die eines regelmäßigen Achtecks. An jeder der acht Seiten ist eine Nische, die Bogen darüber werden von Säulen aus korsischem Granit mit korinthischen Kapitellen getragen. Eine der Nischen dient als Eingang, andere sind Fenster. An zwei Fenstern sieht man schöne Steinplatten, in einer Nische noch das ursprüngliche blau-weiße Mosaik.

Die Altarnische schmückt das byzantinische Mosaik *Dreifaltigkeit und die Apostel* aus dem 5./6. Jahrhundert, in einer anderen Nische ist das romanische Fresko *Taufe Christi* zu sehen.

Außerdem gibt es mittelalterliche Grabmale mit Reliefs im lombardischen Stil. In der Mitte steht das achteckige Taufbecken, in das man mit dem ganzen Körper eintauchen konnte. Hier sind noch Spuren von Fresken aus dem 5. Jahrhundert zu erkennen.

Die Kuppel stammt aus dem 19. Jahrhundert, die ursprüngliche Kuppel war zuvor – wahrscheinlich irrtümlich – abgetragen worden.

Isola Gallinara

Riserva Naturale Regionale dell'Isola Gallinara *0182 541 351 (Comune di Albenga).* www.parks.it

Die Insel liegt vor der Küste zwischen Albenga und Alassio. Ihr Name stammt von den wilden Hühnern *(galline)*, die einst hier lebten. Schon früh wurde die Insel von Einsiedlermönchen bewohnt: Im 4. Jahrhundert fand der heilige Martin von Tours hier Schutz, Benediktinermönche gründeten ein Kloster, das im späten 15. Jahrhundert zerstört wurde – heute sind noch die Ruinen zu sehen. Auf dem Hügel errichteten die Genueser im 16. Jahrhundert die Torre di Vedetta. Die Isola Gallinara ist ein ökologisches Schutzgebiet, kann aber im Rahmen einer Tour besichtigt werden. Die Bootsausflüge starten in Alassio, auch Tauchexkursionen werden angeboten.

Palazzo Vescovile

Piazza San Michele.

Museo Diocesano d'Arte Sacra

0182 502 88. Di–So 10–12, 15–18 Uhr.

Gegenüber dem Battistero steht der Palazzo aus dem 16. Jahrhundert, bei seinem Bau wurden mehrere mittelalterliche Gebäude zusammengefasst. Der älteste Flügel (ganz rechts) stammt aus dem Jahr 1000, ein Turm aus dem 12. Jahrhundert ragt in der linken Ecke auf. An der Via Ricci ist noch die originale schwarz-weiß gestreifte Fassadenverkleidung aus dem 15. Jahrhundert sichtbar.

Im Palazzo Vescovile präsentiert das **Museo Diocesano d'Arte Sacra** wertvolle Kirchenmöbel sowie illustrierte Handschriften, flämische Tapisserien, Silbergefäße und schöne Gemälde, darunter das *Martyrium der heiligen Katharina* von Guido Reni, ein *Letztes Abendmahl* von Domenico Piola und eine *Verkündigung* von Domenico Fiasella, alle aus dem 17. Jahrhundert.

Umgebung: Südlich von Albenga kann man Ruinen der römischen Stadt *Albingaunum* besichtigen: Neben dem Amphitheater, einem Aquädukt und verschiedenen anderen Gebäuden gibt es ein Grabmonument, das *Il Pilone* genannt wird. Auch Spuren einer alten Straße, einst Teil der Via Julia Augusta *(siehe S. 144)* sind zu erkennen.

Rund zehn Kilometer westlich der Altstadt, nahe beim Flughafen, liegt **Villanova d'Albenga.** Die befestigte Siedlung sollte im 13. Jahrhundert Albenga zusätzlichen Schutz gewähren. Sie ist polygonal angelegt, in den äußeren Mauern sind Türme integriert. Einen Spaziergang durch die Straßen des bezaubernden Orts verschönern die vielen Blumen, mit denen die Bewohner Fenster und Türen schmücken.

Der Innenraum des Battistero mit dem Taufbecken in der Mitte

Der berühmte »Muretto« von Alassio vor dem Caffè Roma

Alassio ⓯

Savona. **Straßenkarte** B4. *11 300.*
FS *Piazza della Libertà 5, 0182 647 027.* W www.inforiviera.it *und* www.alassiovirtuale.com
Wahl der »Miss Muretto« (Ende Aug); Premio Alassio Centolibri, ein Literaturpreis (Sommer).

Gut vier Kilometer lang ist der feine Sandstrand, der ganz flach ins Wasser verläuft. Er macht Alassio damit zu einem der beliebtesten Badeorte an der Riviera delle Palme. Bereits im 19. Jahrhundert bauten sich viele Engländer hier ihre Villen, einige Prachtstücke des Jugendstils sind darunter. Viele dieser Häuser sind heute Hotels.

Man sagt, der Name Alassio leite sich von Adelasia ab, der Tochter Ottos I., Kaiser des Heiligen Römischen Reichs, der im 10. Jahrhundert hierher kam. Im Mittelalter gehörte das Fischerdorf Alassio zu Albenga, später kam es zu Genua. Die römische Via Aurelia durchquert den Ort.

Der typische ligurische Charakter Alassios zeigt sich am besten in der langen Gasse, die parallel zum Ufer verläuft: Hier, am »Budello« mit dem offiziellen Namen Via XX Settembre, reihen sich Häuser aus dem 16./17. Jahrhundert und eine große Anzahl an modernen Läden. Die kleinen Gassen, die zum Meer abzweigen, werden *esci* genannt.

An der Ecke der Via Dante und der Via Cavour ist das **Caffè Roma** schon seit den 1930er Jahren ein beliebter Treffpunkt. In den 1950er Jahren ließ der Besitzer die Autogramme seiner berühmten Gäste auf Keramikkacheln brennen und befestigte sie an der Mauer des Parks gegenüber. Jetzt trägt der **Muretto** die Unterschriften vieler berühmter Persönlichkeiten, darunter Ernest Hemingway, Jean Cocteau und Dario Fo.

Alassios auffälligstes Monument ist sicher die Kirche **Sant'Ambrogio.** Sie wurde im 15. Jahrhundert errichtet, der Glockenturm stammt aus dem frühen 16. Jahrhundert, die Fassade aus dem 19. Jahrhundert, das Innere ist überwiegend barock.

Umgebung: In Alassio beginnt ein schöner, allerdings teilweise steiler Panorama-Wanderweg entlang einer alten Römerstraße; er führt bis Albenga. In 45 Minuten erreicht man Capo Santa Croce, wo eine kleine Kirche aus dem 13. Jahrhundert hoch über dem Meer aufragt.

Am Südende der Bucht von Alassio liegt **Laigueglia,** ein Ferienort mit einem gut erhaltenen alten Zentrum. Der Ort wurde von den Römern gegründet und entwickelte sich im 16. Jahrhundert zu einem Zentrum der Korallenfischerei. Ein Rundturm von 1564, der **Torrione circolare,** ist die einzige noch vorhandene Bastion, die einst Laigueglia vor Piraten schützten. Die Kirche **San Matteo** besitzt zwei Glockentürme, die Kuppeln sind mit leuchtenden Majoliken gedeckt, charakteristisch für das ligurische Barock.

Der Rundturm in Laigueglia

Auf den Hügeln zwischen Laigueglia und Andora befindet sich **Colla Micheri,** ein alter Weiler, dessen Häuser sich Thor Heyerdahl zum Wohnsitz umbaute. Dieser norwegische Forschungsreisende und Anthropologe wurde vor allem dadurch berühmt, dass er 1947 mit dem Floß Kon-Tiki von Peru nach Polynesien segelte. Er starb 2002 in Colla Micheri.

Die Kirche Santi Giacomo e Filippo, Andora

Andora ⓰

Savona. **Straßenkarte** B4.
6500. FS *Via Aurelia 122/a, Villa Laura, 0182 681 004.*
W www.inforiviera.it
Estate Musicale Andorese, Festival klassischer Musik in der Kirche Santi Giacomo e Filippo (Juli, Aug).

Der westlichste Ort an der Riviera delle Palme besteht aus mehreren Gemeinden, eine davon ist Marina di Andora an der Küste. Andora wurde wahrscheinlich schon einige Jahrhunderte v. Chr. von den Phöniziern gegründet. Die Römer bauten hier eine Brücke über die Merula, allerdings stammt der zehnbogige **Ponte Romano,** den man heute sieht, aus dem Mittelalter.

Die alte Römerstraße führt hinauf zu den Ruinen des **Castello.** Es wurde um das Jahr 1000 von den Marchesi di Clavesana erbaut und muss damals beeindruckend groß gewesen sein. Gleich hinter dem Tor war die um 1100 gegründete Kirche **Santi Giacomo e Filippo,** damals Teil der Verteidigungsanlagen. Sie wurde aus Steinen gebaut, die man vom nahen Capo Mele holte. Ihre Fassade weist gotische Gesimse und Bogen auf. Innen sieht man große Rundsäulen und achteckige Pilaster aus Stein.

Die zweite Kirche innerhalb der Burg, San Nicolò, stammt aus der frühen Romanik.

Museo Etnografico, Cervo

Cervo ⑰

Imperia. **Straßenkarte** B5.

1300. FS *IAT, Piazza Santa Caterina 2, 0183 408 197.*

www.rivieradeifiori.org

Festival Internazionale di Musica da Camera, Kammermusikfestival (neun Abende im Juli, Aug).

DAS DORF am Hügel zwischen Capo Cervo und der Mündung des Cervo gehört zur Provinz Imperia. Es war einst im Besitz der Familie Del Carretto, später der Dorias, ab dem 14. Jahrhundert gehörte es zu Genua.

Heute präsentiert sich Cervo als hübscher Ferienort mit Strand. Die Häuser sind weiß oder gelb gestrichen, über dem Dorf ragt ein **Castello** aus dem 12. Jahrhundert auf, das einst den Marchesi di Clavesana gehörte. Hier befand sich im Mittelalter ein Kontrollpunkt an der Via Aurelia In der Burg ist das **Museo Etnografico del Ponente Ligure** untergebracht, in dem man Rekonstruktionen verschiedener Lebensräume im Meer und an Land, aber auch Zimmer mit originaler Einrichtung sehen kann.

Zur Meerseite steht die barocke Gemeindekirche **San Giovanni Battista** mit ihrer stuckverzierten Fassade, an der man einen Hirsch (ital.: *cervo*) sieht. Die Bauarbeiten begannen 1686, der Glockenturm und die Innenausstattung mit den Stuckverzierungen und Fresken stammen aus dem 18. Jahrhundert. Die Kirche besitzt eine Statue aus dem 17. Jahrhundert – *Johannes der Täufer.* Sie wurde von Poggio aus farbigem Holz gefertigt. Die *Kreuzigung* aus dem 18. Jahrhundert wird Maragliano zugeschrieben.

Im Ort stehen einige sehenswerte Palazzi aus dem 17./18. Jahrhundert. Im **Palazzo Morchio** befindet sich heute das Rathaus. Architektonisch interessant ist der **Palazzo Viale** wegen seines Portikus aus dem 18. Jahrhundert.

Museo Etnografico del Ponente Ligure

Piazza Santa Caterina 2.

0183 408 197. *tägl. 9–12.30, 15–19 Uhr (Juli, Aug 16.30–22 Uhr).*

Pieve di Teco ⑱

Imperia. **Straßenkarte** B4.

1450. FS *Imperia Oneglia.* *Comunità Montana Alta Valle Arroscia, Via San Giovanni Battista 1, 0183 362 78.* *Mercatino dell'Antiquariato e dell'Artigianato, (letzter So im Monat).*

WEIT IM LANDESINNEREN liegt das lebhafte Marktzentrum Pieve di Teco. Es wurde 1293 gegründet, gehörte wie viele andere Orte in der Gegend zum Besitz der Marchesi di Clavesana und ab dem späten 14. Jahrhundert zu Genua. Einen gewissen Ruf hat sich der Ort mit der Herstellung von handgefertigten Wanderschuhen gemacht.

Zwei Plätze bilden Anfang und Ende des mittelalterlichen **Corso Ponzoni,** der mit seinen Arkaden die historische Atmosphäre des Ortes prägt. Hier wechseln sich Kunsthandwerksläden und Werkstätten mit prachtvollen Palazzi der wohlhabenden Familien ab.

Arkaden am Corso Ponzoni

Der älteste Teil von Pieve di Teco gruppiert sich um die Kirche **Santa Maria della Ripa** aus dem 15. Jahrhundert. Die Kollegiatskirche **San Giovanni Battista** besitzt einige bedeutende Gemälde, darunter *San Francesco di Paola* (16. Jh.), das Luca Cambiaso zugeschrieben wird, und ein *Letztes Abendmahl* (17. Jh.) von Domenico Piola.

Im **Convento degli Agostiniani** aus dem 15. Jahrhundert gibt es den größten Kreuzgang in der ganzen Region; er ist sicherlich auch einer der schönsten.

Nicht weit vom Ort überspannt eine mittelalterliche Steinbrücke das Flüsschen Arroscia.

Die mittelalterliche Brücke über den Fluss Arroscia bei Pieve di Teco

Imperia ⓳ - Oneglia

Wappen des Museo dell'Olivo, Imperia

Als eine der vier Provinzhauptstädte Liguriens liegt Imperia in der Mitte der Riviera dei Fiori. Die beiden Städte Oneglia und Porto Maurizio wurden 1923 unter Mussolini zusammengefügt. Viele behaupten, er habe den Namen Imperia aus Arroganz gewählt. In Wirklichkeit leitet sich dieser jedoch vom Fluss Impero ab, der die zwei Stadtteile trennt. Historisch waren Oneglia und Porto Maurizio Feinde, und bis heute wollen sie offenbar wenig miteinander zu tun haben: Es gibt zwei Häfen, zwei Bahnhöfe und sogar zwei Dialekte.

Der Name Oneglia leitet sich wahrscheinlich von einem Ulmenwälchen *(olmi)* ab, an dem die Stadt ursprünglich lag. Oneglia wird bereits im Jahr 935 erwähnt, als es von Sarazenen zerstört wurde. Seit dem 11. Jahrhundert war es ein Lehen der Bischöfe von Albenga, die es 1298 an die Familie Doria verkauften. (Der Admiral Andrea Doria wurde 1466 hier geboren.) Zwar beanspruchte das Haus Savoyen Oneglia für sich, dennoch kam der Ort 1746 zusammen mit Porto Maurizio zur Republik Genua. Als das Haus Savoyen 1814 wieder an die Macht kam, wurde Oneglia Provinzhauptstadt. Im Jahr 1887 verursachte ein Erdbeben schwere Schäden in der Stadt.

Hafen

Östlich der Mündung des Impero liegt Oneglias Hafen Porto di Levante. Er dient in erster Linie als Handelshafen, vor allem Olivenöl wird von hier verschifft. (Die Stadt hat sogar ein Museum zum Thema Olivenöl.) Auch eine große Pasta-Fabrik liegt am Hafen, der unter der Herrschaft von Savoyen ausgebaut wurde und bis heute sehr lebhaft ist. Zwischen Mitte Juni und Mitte September verkehren vom Hafen Boote, die Interessierte zur Wal- und Delfinbeobachtung hinausfahren.

Calata Giovan Battista Cuneo

Die charakteristischen bunten Gebäude mit ihren Arkadengängen beherbergen Fischhandlungen, Trattorien, Eisdielen und Wohnungen für Fischer. Wenn Fischerboote einlaufen, wird hier der frische Fang versteigert (meist nachmittags), Fischfang und -handel zählen zu den bedeutendsten Wirtschaftszweigen in Oneglia. Den ganzen Tag über ist hier etwas los, das Treiben kann man sich ganz bequem von einer Bar oder einem der Fischrestaurants ansehen.

Die farbenfrohen Arkadenhäuser am Calata Giovan Battista Cuneo

Collegiata di San Giovanni Battista

Piazza San Giovanni.
☎ *0183 292 671.* ◯ *tägl. 8–12, 15–19 Uhr.*

Die Kirche steht mitten in Oneglias Einkaufsviertel an einem Platz gleichen Namens. Sie wurde 1739–62 im spätbarocken Stil gebaut, die Fassade wurde erst 1838 fertig gestellt. Auch der Freskenschmuck im Inneren stammt aus dem 19. Jahrhundert.

Der Marmortabernakel links vom Presbyterium entstand 1516 in der Gagini-Schule. In der Lunette ist die *Auferstehung Christi aus dem Grab* zu sehen. Beachtung verdienen auch das Chorgestühl sowie die *Madonna del Rosario* (erste Kapelle im linken Seitengang), die der Schule von Maragliano, einem Bildhauer des 18. Jahrhunderts, zugeschrieben wird. Das anrührende Gemälde *Die heilige Klara vertreibt die Sarazenen* schuf Gregorio De Ferrari im Jahr 1681. Er wurde in Porto Maurizio geboren, verbrachte aber den größten Teil seines Lebens in Genua.

Madonna del Rosario

Chiesa di San Biagio

Piazza Ulisse Calvi.
☎ *0183 292 747.* ◯ *tägl. 7.45–12, 16–18.30 Uhr.*

Die Kirche wurde 1740 gebaut, neben der schlichten Fassade ragt ein barocker Glockenturm auf. Der geräumige, helle Innenraum hat eine ungewöhnliche ovale Form, die in einem Chor endet. Besondere Beachtung unter den Kunstgegenständen verdienen das Bild *Gloria di San Biagio* von Bocciardo in der Apsis sowie eine hölzerne *Kreuzigung* aus der Schule von Maragliano am rechten Seitenaltar.

Via Bonfante

Von der Piazza San Giovanni führt die Via San Giovanni als Fußgängerzone nach Norden zur Via Bonfante, Oneglias Haupteinkaufsstraße. Hier kann man wunderbar schlendern und die Atmosphäre der Stadt aufsaugen.

Die Piazza Dante im Herzen von Oneglia

In den Arkadenhäusern (19. Jh.) der Via Bonfante reihen sich Kunstgalerien, allerlei Läden und Designerboutiquen. Zahlreiche Cafés laden zu einer erholsamen Pause ein.

Piazza Dante

Der zentrale Platz am Ende der Via Bonfante heißt offiziell Piazza Dante, die Einheimischen nennen ihn wegen des Springbrunnens in der Mitte Piazza della Fontana. Hier tobt zwar der Verkehr, aber ringsum stehen hübsche Palazzi. Einer der interessantesten ist sicher der frühere **Palazzo Comunale** (Nr. 4), der in den 1890er Jahren in einem Stilmix aus verschiedenen Epochen gebaut wurde.

Museo dell'Olivo

Via Garessio 11. *0183 295 762.*
www.museodellolivo.com
Mo–Sa 9–12.30, 15.30–19 Uhr.

In einer alten Olivenmühle wurde das Museo dell'Olivo von den Fratelli Carli eröffnet, den Eigentümern einer der Firmen, die in der Region Olivenöl produzieren.

Ein Teil des Museums verfolgt die Geschichte des Olivenanbaus seit der Römerzeit, als man Olivenöl vor allem für mechanische und kosmetische Zwecke einsetzte. Ausgestellt sind kleine Flaschen, in denen Duftstoffe in Öl oder Medikamente auf Ölbasis aufbewahrt wurden. Interessant ist die Rekonstruktion des Lagerraums eines römischen Schiffes: Hier sind Amphoren mit Öl aufgereiht.

Die Hauptabteilung erklärt u.a. mit audiovisuellen Mitteln die Geschichte der Herstellung von Olivenöl. Man sieht verschiedene Mühlen, Pressen, Maschinen zum Filtern und Behälter zum Lagern und für den Transport.

Der Besuch endet mit einer Führung durch eine heutige, noch in Betrieb befindliche Olivenmühle der Firma Fratelli Carli.

Infobox

Straßenkarte B5.
40 400. FS *Viale Matteotti 37, 0183 660 140.*
infoimperia@rivieradeifiori.org
Infiorata del Corpus Domini, Raduno Internazionale di Vele d'Epoca, Treffen historischer Boote (Sep, nur gerade Jahre).

Rekonstruktion des Lagerraums von einem römischen Schiff

Imperia – Porto Maurizio

Plakette für San Maurizio

Oneglia ist der modernere, kommerziell orientierte Teil von Imperia, Porto Maurizio dagegen der beschaulichere Teil mit mehr Historie, Arkaden und Säulenhallen, Festungsanlagen aus dem 16. Jahrhundert und barocken Kirchen. Das mittelalterliche Viertel Parasio gruppiert sich mit engen Gassen rund um den Dom; an der Piazza del Duomo findet man auch die beiden wichtigsten Museen Imperias. Die beiden Viertel am Wasser heißen Borgo Foce und Borgo Marino.

Die Geschichte und Geschicke von Porto Maurizio unterscheiden sich nicht sehr von denen Oneglias. Und doch hat Porto Maurizio am Westufer der Impero-Mündung mehr Spuren seiner Vergangenheit bewahrt als Oneglia, das sich vor allem im 18. und 19. Jahrhundert stark entwickelte. Das Centro Storico von Porto Maurizio, das im selben Zeitraum wie das Genuas entstand, ist fast vollständig erhalten.

In Porto Maurizios Duomo

Porto Maurizio kam 1797 zu Genua und mit ihm zusammen 1805 zu Frankreich. Seit 1814 war es Teil der Republik Ligurien und gehörte mit Oneglia zum Königreich Sardinien, 1860 ging es im Königreich Piemont auf, 1923 wurde es mit Oneglia zu einer Stadt zusammengeschlossen.

Hafen

Der Porto di Ponente wird von zwei Piers geschützt. An den schwimmenden Bootsstegen liegen vor allem Yachten, die Atmophäre unterscheidet sich deutlich vom betriebsamen Leben an Oneglias Porte di Levante.

Duomo

Piazza del Duomo. 0183 619 01. tägl. 7–12, 15–19 Uhr.

Der Duomo di San Maurizio, die größte Kirche Liguriens, wurde zwischen 1781 und 1838 von Gaetano Cantoni im klassizistischen Stil erbaut und ersetzte die alte Gemeindekirche San Maurizio.

An der beeindruckenden Fassade ragen acht dorische Säulen auf; sie tragen den Portikus zwischen den beiden Glockentürmen. Darin stehen in einigen Nischen Statuen aus der alten Gemeindekirche. Die große Kuppel des Doms wird von einer Laterne gekrönt.

Der helle, ausgewogene Innenraum hat die Form eines griechischen Kreuzes. Zahlreiche Gemälde und Fresken schmücken die Wände, alles Arbeiten von Künstlern der Regionen Ligurien und Piemont aus dem 19. Jahrhundert. Einer der Höhepunkte ist die *Predigt des heiligen Francesco Saverio*, die De Ferrari zugeschrieben wird. In der dritten Seitenkapelle links sieht man ein schönes Holzkreuz aus der Schule Maraglianos, in der zweiten rechts eine Statue der *Madonna della Misericordia* (1618), die ebenfalls aus der zerstörten Gemeindekirche San Maurizio stammt.

Modell eines Taucheranzugs, Museo Navale

Pinacoteca Civica

Piazza del Duomo. 0183 608 47. Mi, Sa 16–18 Uhr (Juli, Aug auch 9–11 Uhr).

An der Piazza del Duomo liegt der Eingang zur Pinacoteca Civica, der städtischen Kunstgalerie. Die Sammlung ist bunt gemischt, die Exponate stammen zum Großteil aus Schenkungen und Vermächtnissen, es sind aber auch einige Werke lokaler Künstler dabei.

Zur Rebaudi-Sammlung gehören Arbeiten ligurischer und Genueser Künstler des 19. Jahrhunderts, bekannte Namen sind Barabino, Rayper, Frascheri und Semino.

Museo Navale Internazionale del Ponente Ligure

Piazza del Duomo 11. 0183 651 541. Mi, Sa 15–19 Uhr (Juli, Aug auch 9–11 Uhr).

Imperias Schifffahrtsmuseum ist eines der interessantesten Museen der Stadt und ein Muss für alle, die sich für Seefahrt interessieren, auch wenn die Exponate sehr dicht gedrängt stehen.

Neben Schiffsmodellen kann man sich u.a. Dioramen ansehen. Besonderer Beliebtheit erfreut sich die Abteilung, die auf das Leben an Bord eines Schiffes eingeht. Anhand von Dokumenten und Erinnerungsstücken erfährt man auch einiges zur langen Seefahrertradition an der Riviera di Ponente.

Parasio

Der alte Palast des Genueser Herrschers hieß im lokalen Dialekt »Paraxu« (abgeleitet von *palatium*, dem lateinischen Wort für Hügel). Im Italienischen wurde daraus »parasio«, der Name des mittelalterlichen Viertels am Hügel.

Die Altstadt Parasio am Hügel über Porto Maurizio

Lange Zeit wurde Parasio vernachlässigt und verfiel. In den letzten Jahren nahm man hier aufwändige Restaurierungsarbeiten vor, die hauptsächlich von ausländischen Investoren finanziert wurden.

Der alte Palazzo del Governatore befindet sich an der Piazza Chiesa Vecchia, von der Piazza del Duomo kommt man durch die Via Acquarone hierher. Bei einem Spaziergang durch die steilen, bezaubernden Gassen wird man nach jeder Biegung von einem neuen schönen Anblick überrascht. In der Via Acquarone beeindruckt der **Palazzo Pagliari** (1300–1400) mit seinem von Spitzbögen getragenen Portikus. Schon am Oratorio di San Leonardo hat man einen schönen Blick auf das Meer. Ganz oben am Hügel am Convento di Santa Chiara werden die Mühen des stellenweise recht steilen Aufstiegs mit einem prächtigen Panoramablick belohnt.

Oratorio di San Leonardo

Via Santa Caterina.
☎ *0183 627 83.* ◯ *tägl. 9–12, 15–19 Uhr.* ● *erster Mo im Monat.*

Im südlichen Teil von Parasio ist das um 1600 erbaute Oratorium Imperias Schutzheiligen geweiht. Im Inneren zeigt ein Bild von Gregorio De Ferrari (1647–1726) die *Addolorata e le anime purganti* (Schmerzensreiche Maria und die Seelen im Fegefeuer). Der heilige Leonhard (1676–1751) wurde in dem Haus daneben geboren.

Convento di Santa Chiara

Via Santa Chiara 9. ☎ *0183 627 62.*
Kirche ◯ *Mo–Sa 7–12, 15.30–19 Uhr (So, Feiertage ab 9 Uhr).*

Die Gebäude des um 1300 gegründeten Konvents wurden im 18. Jahrhundert umgebaut. Umwerfend ist der Blick von der prächtigen Loggia über das Meer. Im Sommer werden hier klassische Konzerte veranstaltet.

Beachtenswert in der Kirche sind die Werke *San Domenico Soriano e la Madonna* von Domenico Fiasella und *Madonna col Bambino e Santa Caterina da Bologna* von Sebastiano Conca.

Chiesa di San Pietro

Salita San Pietro. ☎ *0183 603 56.*
◯ *Sa 18 Uhr Messe.*

Die Kirche, ebenso hoch wie der Convento und ebenfalls zum Meer blickend, wurde um 1100 gegründet und auf der Ruinen der alten Stadtmauer erbaut. Ein mittelalterlicher Wachturm ist die Basis für den runden Glockenturm.

Die Fassade stammt von 1789, Doppelsäulen tragen die drei Bogen. Innen zeigt ein Bilderzyklus von Tommaso und Maurizio Carrega das *Leben des heiligen Petrus* (spätes 18. Jh.).

Die Kirche Collegiata dell'Assunta, Triora

Dolcedo ⓴

Imperia. **Straßenkarte** B4–5.
1200. FS *Imperia.*
Comune, 0183 280 004.
La Mongolfiera, traditionelles landwirtschaftliches Fest (erster So im Sep), Biomarkt (dritter So im Monat).

Landeinwärts von Porto Maurizio ins Prino-Tal liegt das Bergdorf Dolcedo mit seinen gepflasterten Maultierpfaden und Mühlen am Flussufer. Die Olivenhaine sind in der Region berühmt, Olivenöl wird hier bereits seit dem 12. Jahrhundert gepresst.

Über den Fluss führen fünf Brücken, die älteste, **Ponte Grande** oder **Ponte dei Cavalieri di Malta,** trägt eine lateinische Inschrift von 1292. Die barocke Gemeindekirche **San Tommaso** wurde 1738 an einem Platz errichtet, der nach ligurischer Tradition mit dunklen und hellen Kieseln belegt ist. Das Steinportal von 1492 stammt von einer früheren Kirche am selben Platz.

Triora ㉑

Imperia. **Straßenkarte** A4. *500.*
FS *San Remo.* *Pro Loco, Corso Italia 7, 0184 944 77.*
www.comune.triora.im.it
Processione del Monte (zweiter So nach Ostern); Festa della Madonna della Misericordia (erster So im Juli).

Das im Mittelalter gegründete Bergdorf war lange Zeit ein Außenposten der Republik Genua auf dem Grat des Monte Trono nahe dem Argentina-Tal. Steil ragen die Ligurischen Alpen hinter dem hübschen Ort auf, der auch den Beinamen »Paese delle streghe« (Dorf der Hexen) trägt. Zwischen 1587 und 1589 fanden hier spektakuläre Hexenprozesse statt; im **Museo Etnografico e della Stregoneria** kann man die Geschichte dieser Prozesse nachvollziehen.

Im alten Zentrum sind viele mittelalterliche Elemente erhalten, in den Gassen stehen die Häuser dicht gedrängt. Von ursprünglich sieben Toren ist nur noch die **Porta Soprana** mit ihrem Rundbogen erhalten. In der Nähe findet man die Fontana Soprana, den ältesten Brunnen der Stadt.

Nicht versäumen sollte man die **Collegiata dell'Assunta.** Die Kirche war ursprünglich romanisch-gotisch, davon sind noch der Glockenturm und das Hauptportal zu sehen, die Fassade präsentiert sich klassizistisch. Der Innenraum wurde 1770 auf ein einziges Schiff reduziert. Es gibt einige beachtenswerte Kunstwerke (u.a. von Luca Cambiaso), herausragend ist die *Taufe Christi* (1397) des Sieneser Künstlers Taddeo di Bartolo. Die Malerei auf Gold ist das älteste mit dieser Technik gefertigte Bild an der Riviera di Ponente.

Die Kirche **San Bernardino** an der Ortsgrenze ist innen mit einem Freskenzyklus aus dem 15. Jahrhundert bedeckt.

Doch es gibt mehr als Kultur: Bungeejumper aus ganz Europa kommen nach Triora.

Museo Etnografico e della Stregoneria

Corso Italia 1. *0184 944 77.*
Mo–Fr 15–18.30 Uhr, Sa, So 10.30–12, 15–18.30 Uhr.

Umgebung: Rund zehn Kilometer nordwestlich von Triora, dicht an der französischen Grenze, liegt das Dorf **Realdo** in 1065 Metern Höhe. Einige der höchsten Gipfel der Ligurischen Alpen bilden die malerische Kulisse. Die Häuser wirken alpenländisch, die Dorfbewohner sprechen noch das alte Provenzalisch.

Taggia ㉒

Imperia. **Straßenkarte** A5.
14 000. FS *Via Boselli, Arma di Taggia, 0184 437 33.*
www.rivieradeifiori.org *und* www.taggia.it *Corteo Storico dei Rioni (vierter So im Feb); Festa della Maddalena (dritter So im Juli); Antiquitätenmarkt (letztes Wochenende im Monat).*

Nahe der Mündung des Flusses Argentina verbergen Mauern aus dem 16. Jahrhundert den faszinierenden Ort. Beeindruckend ist die mittelalterliche Brücke, die sich mit 16 Bogen (zwei sind original romanisch) über den Fluss spannt.

Die Via Soleri im historischen Zentrum ist gesäumt von Arkadengängen mit Bogen aus schwarzem Stein. Aus der Barockzeit stammt die hübsche Kirche **Santi Giacomo e Filippo,** in der Kirche **Santa Maria del Canneto** sind Kunstwerke von Giovanni und Luca Cambiaso sowie Francesco Brea zu sehen.

Taggias wichtigstes Monument ist der 1460–90 erbaute **Convento di San Domenico.** Er besitzt die beste Sammlung von Werken der Schule von Nizza, darunter fünf Werke von Ludovico Brea.

Arma di Taggia, der kleine Ferienort an der Küste, lockt mit einem schönen Strand, Hotels und Restaurants.

Convento di San Domenico

Piazza Beato Cristoforo.
0184 476 254. *Mo–Sa 9–12, 15–18 Uhr.*

Die Arkaden mit schwarzen Steinbogen in der Via Soleri von Taggia

Ludovico Brea

***Pietà* von Ludovico Brea, Taggia**

VIELE AUSLÄNDISCHE Künstler waren im 15. und 16. Jahrhundert in Ligurien und speziell an der Riviera di Ponente aktiv, am besten dokumentiert ist das Schaffen von Ludovico Brea (um 1443 bis um 1523).

Ludovico (oder Louis) Brea wurde in Nizza geboren und begann dort zu malen, wahrscheinlich beeinflusst von den Künstlerschulen in Avignon. Zwischen Südfrankreich und Ligurien gab es zu der Zeit rege Handelbeziehungen, viele Waren wurden auch bis nach Nordeuropa exportiert. Im Gegenzug brachte man oft Kunstwerke mit (darunter zahlreiche aus Flandern); aber auch viele Künstler aus anderen Ländern kamen nach Ligurien, um hier zu arbeiten. So wurde die Arbeit von Ludovico Brea von den unterschiedlichsten Schulen und Kulturen geprägt. Besonders interessierten ihn die flämischen Meister, aber auch die Miniaturen der mittelalterlichen Handschriften.

Noch in Nizza verkaufte Brea einige Bilder nach Ligurien, kurze Zeit später siedelte er selbst über. Er erkannte schnell den Geschmack seiner ligurischen Auftraggeber, wurde ein viel beschäftigter Maler und brachte es in Ligurien zu Einfluss und stattlichem Wohlstand.

Breas Werke sieht man in vielen Städten. Sie ermöglichen es, seinen Lebensweg nachzuvollziehen. Sein Bruder Antonio (Antoine) und dessen Sohn Francesco (François) arbeiteten ebenfalls als Maler in Ligurien, erreichten aber nicht die Qualität und Beliebtheit von Ludovicos Bildern.

Die Spuren des Künstlers

Ludovico Brea arbeitete hauptsächlich in den drei ligurischen Städten Genua, Savona und Taggia. Seine Werke kann man an folgenden Orten besichtigen: Genua: Galleria di Palazzo Bianco *(Der heilige Petrus* und *Kreuzigung)* und Kirche Santa Maria di Castello *(Bekehrung des heiligen Paulus* und *Krönung der Jungfrau Maria).* Savona: Oratorio di Nostra Signora di Castello *(Madonna mit Heiligen),* Schatzkammer der Kathedrale *(Auferstehung und Heilige,* Detail links) und Pinacoteca Civica *(Christus am Kreuz zwischen Maria und Johannes dem Evangelisten).* Taggia: Convento di San Domenico und Museum. Alle drei unten abgebildeten Arbeiten sind in Taggia zu sehen.

Madonna del Rosario *von 1513 ist ebenfalls in San Domenico zu bewundern. Das Bild bekommt durch die Landschaft und den leuchtenden Himmel im Hintergrund Tiefe.*

Taufe Christi (1495), *Polyptychon in Taggias San Domenico, befindet sich in der Kapelle links vom Presbyterium. Es ist das einzige Werk, das komplett mit Rahmen und Predella (Unterbau, Altarsockel) erhalten ist.*

Der Flügelaltar *der Santa Caterina da Siena (1488) weist einen goldenen Hintergrund auf, vor dem die statisch-ruhigen Figuren fast surreal wirken.*

Tour durch die Täler Armea und Crosia

Eines der bunten Wandgemälde in Apricale

Die Tour ist mit dem Auto leicht an einem Tag zu bewältigen und führt durch einige der malerischsten Städtchen und Dörfer im Hinterland der westlichen Riviera del Ponente zwischen San Remo und Bordighera. So schön die Badeorte an der Küste auch sein mögen – die Bergorte nahe der französischen Grenze haben ihren eigenen Charme. Sie wurden meist an der alten Salzstraße gegründet und blühten im Mittelalter auf. Besonders in den gut erhaltenen historischen Zentren fühlt man sich häufig in die Atmosphäre vergangener Jahrhunderte zurückversetzt. Hinter der grünen Hügellandschaft ragen an der Route immer wieder hohe Berge empor.

Apricale ③
Im Herzen des mittelalterlichen, sehr schön gelegenen Dorfs ist die Piazza Vittorio Emanuele mit der Gemeindekirche Purificazione di Maria, dem Oratorio di San Bartolomeo und Burgruinen. Apricale (von *apricus,* was »der Sonne zugewandt« heißt) ist auch bekannt als Künstlerdorf, da die Fassaden der alten Häuser mit modernen Wandgemälden bemalt sind.

Perinaldo ④
Das Dorf im oberen Val Crosia war Geburtsort des größten italienischen Astronomen, Gian Domenico Cassini (1625–1712). Er entdeckte Asteroiden und Monde und arbeitete am Hof von König Ludwig XIV.; ein Museum im Palazzo del Comune widmet sich seinem Leben. Die Kirche San Nicolò stammt von 1495.

Vallecrosia Alta ⑤
Zwischen Blumenfeldern und Weingärten (hier wird Rossese produziert, einer der besten Weine Liguriens) liegt die ältere Schwesterstadt des Küstenorts Vallecrosia westlich von Bordighera. Im mittelalterlichen Kern steht die Kirche San Rocco. Im nahe gelegenen Garibbe findet man das Museo della Canzone e della Riproduzione Sonora.

Baiardo ②
Das Städtchen liegt am Ende einer kurvenreichen Straße 900 Meter hoch hinter dem Ghimbegna-Pass. Hoch ragen die pittoresken Ruinen der Kirche San Nicolò auf, die bei einem schweren Erdbeben im Jahr 1887 einstürzte. Von der Terrasse hinter der Kirche bietet sich ein wunderbarer Blick in die Seealpen.

ROUTENINFOS

Imperia. **Straßenkarte** A4–5.
Länge der Tour: *50 km.*
Benötigte Zeit: *Ein Tag.*
Ceriana *Comune, Corso Italia 141, 0184 551 017.*
Baiardo *Comune, Via Roma, 0184 673 054.*
Apricale *IAT, Via Roma 1, 0184 208 641 (in der Saison).*
Perinaldo *IAT, Via Arco di Trionfo 2, 0184 672 095.*
Vallecrosia Alta *Comune, Via Orazio Raimondo 71, 0184 255 22 11.*
Vallecrosia Alta: »U cantun de l'antigu«, Handwerks- und Antiquitätenmarkt (zweiter So im Monat).

LEGENDE

- Autobahn
- Routenempfehlung
- Andere Straße
- Fluss
- Gipfel

Ceriana ①
Das hübsche Bergdorf liegt im Valle Armea, zwölf Kilometer nördlich von San Remo. Ceriana wurde im Mittelalter gegründet, das historische Zentrum ist noch von gut erhaltenen Mauern umgeben. Auf einem Spaziergang durch die engen Gassen erhascht man immer wieder einen unerwarteten Blick auf die Landschaft, die Ceriana umgibt.

San Remo ㉔

Imperia. **Straßenkarte** A5.
59 000. FS *APT Riviera dei Fiori, Largo Nuvoloni 1, 0184 590 59.* W www.rivieradeifiori.org
Festival della Canzone Italiana (Ende Feb oder Anfang März); Radrennen Milano–San Remo (Sa nach dem 19. März); Rally di San Remo (Anfang Okt).

VIELE ITALIENER denken bei Sanremo (wie es in Italien geschrieben wird) vor allem an Blumenindustrie und das Festival della Canzone Italiana. Im Ausland hingegen gilt San Remo als eines der bekanntesten und charmantesten Seebäder von Italien.

Die Stadt hat drei unterschiedliche Viertel: Die Gegend um den Corso Matteotti (das Herz des Einkaufsviertels), La Pigna (die Altstadt) und den westlichen Küstenstreifen mit allen Annehmlichkeiten für Urlauber.

Tourismus gibt es in San Remo schon seit der Mitte des 19. Jahrhunderts, vor allem Engländer kamen hierher. In der Folge entstanden viele elegante Hotels und Villen, manche im schönsten Jugendstil. Das **Casinò Municipale,** von Eugenio Ferret 1904–06 errichtet, ist ein prächtiges Beispiel der Belle Époque.

Ein weiteres prägnantes Bauwerk ist die in den 1920er Jahren gebaute **Chiesa Ortodossa Russa** (Russisch-orthodoxe Kirche) mit ihren Zwiebeltürmen. Viele Russen besuchten San Remo vor dem Ersten Weltkrieg, der **Corso Imperatrice** wurde nach Maria Alexandrowna, der Frau von Zar Alexander II., benannt. An dem Uferboulevard ist auch heute noch die Atmosphäre des mondänen Seebads mit adeligen Gästen zu spüren.

San Remos berühmtes Casino

Hinter dem **Lungomare Vittorio Emanuele II** und dem **Lungomare delle Nazioni** erreicht man die moderne Marina Portosole und den alten Stadthafen.

Am Ende des Corso Trento e Trieste, hinter den **Giardini Ormond,** steht die **Villa Nobel,** in der der schwedische Wissenschaftler lebte und 1896 starb.

Auf keinen Fall versäumen sollte man die mittelalterliche *città vecchia*. Das im 11. Jahrhundert gegen die Sarazenen befestigte Areal wird wegen seines Grundrisses **La Pigna** (Tannenzapfen) genannt: Ein Labyrinth von Gassen, Treppen, Bogen und Arkadengängen breitet sich in nahezu konzentrischen Kreisen um einen Hügel herum aus.

Die Statue *Frühling* am Ufer von San Remo

Die wichtigsten Monumente, einschließlich des **Battistero** und des **Oratorio dell'Immacolata Concezione** (1563), stehen an der Piazza San Siro. Die **Cattedrale di San Siro,** im 12. Jahrhundert gegründet, besitzt zwei schöne Seitenportale mit Basreliefs in der Lunette, das linke (12. Jh.) zeigt das *Agnello pasquale* (Osterlamm). Der Innenraum hat drei Gänge und drei Apsiden, die um 1600 erweitert wurden. Unter den beachtenswerten Kunstgegenständen ist auch eine *Kreuzigung* aus dem 15. Jahrhundert.

Ganz oben in La Pigna steht das opulente **Santuario di Nostra Signora della Costa,** das in den 1630er Jahren umgestaltet wurde. Es gibt ein schönes Mosaik aus Kieseln davor und vier Statuen von Maragliano am Hochaltar.

Neben vielen Läden findet man am Corso Matteotti einige interessante Palazzi. Einer davon ist der Palazzo Borea d'Olmo, ein etwas eigentümlicher Stilmix aus Manierismus und Barock. Wie im **Museo Civico** werden hier archäologische Funde, Relikte aus der Garibaldi-Zeit und Gemälde aus dem 18. und 19. Jahrhundert ausgestellt.

Interessant ist auch der Blumengroßmarkt, der unmittelbar östlich des Zentrums von San Remo im Armea-Tal zu finden ist.

Der Hafen von San Remo

Museo Civico

Corso Matteotti 143.
0184 531 942.
Di–Sa 9–12, 15–18 Uhr.

UMGEBUNG: Rund zehn Kilometer östlich von San Remo kommt man nach **Bussana Nuova** und dahinter nach **Bussana Vecchia,** einen der charmantesten Orte an der Riviera di Ponente. Nach dem Erdbeben von 1887 blieb von Bussana Vecchia nur den Glockenturm der Barockkirche **Sacro Cuore** stehen, doch in den 1960er Jahren kamen Künstler hierher und restaurierten Teile des Orts. Sie eröffneten Ateliers und Werkstätten, waren aber bemüht, alles Alte möglichst im Originalzustand zu bewahren.

◁ **Die kleine Kirche Sant'Ampelio in Bordighera**

Pigna 25

Imperia. **Straßenkarte** A4.
1015. FS *Ventimiglia.*
Comune, Piazza Umberto I, 0184 241 016.

AM FUSSE DER SEEALPEN im Alta Val Nervia, rund 40 Kilometer nördlich von San Remo, erinnert der mittelalterliche Ort Pigna an den gleichnamigen Stadtteil von San Remo. Die Gassen heißen hier *chibi,* auch in Pigna sind die Häuser eng in konzentrischen Kreisen gruppiert. Diesen Grundriss sieht man in mittelalterlichen Orten häufig, da er geradezu ideal zur Verteidigung war.

Von den Kirchen ist **San Michele,** 1450 gegründet, die schönste. Das weiße Rosettenfenster aus Marmor schuf wahrscheinlich Giovanni Gagini im frühen 16. Jahrhundert, auf den Glasbildern sind die zwölf Apostel zu sehen. An dem monumentalen *Polyptychon des heiligen Michael* (16. Jh.), das Werk des Piemonteser Künstlers Canavesio, wird der Einfluss der Brüder Brea *(siehe S. 159)* sichtbar. Canavesio schuf auch die Fresken, die in der kleinen Kirche **San Bernardo** auf dem Friedhof die *Passion Christi* zeigen.

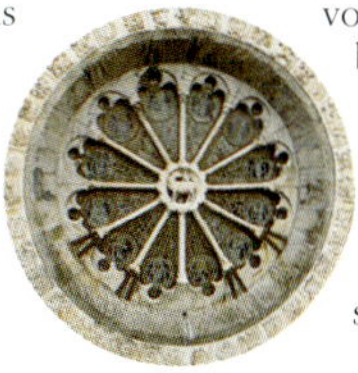

Rosettenfenster von San Michele, Pigna

Eine weitere Sehenswürdigkeit ist die Kirche **San Tommaso.** Von der **Piazza Castello** hat man einen hübschen Blick über das Dorf Castel Vittorio.

Dolceacqua 26

Siehe S. 166f.

Bordighera 27

Imperia. **Straßenkarte** A5.
11 300. FS *Via Vittorio Emanuele II 172-174, 0184 262 322.*
www.rivieradeifiori.org
Bordighera Città dell'Umorismo, Festival des Humors (Ende Apr bis Anfang Mai).

EIN BERÜHMTES Bild von Monet heißt *Paesaggio a Bordighera* und zeigt, dass die Stadt zwischen Bergen und Meer schon seit langem als Seebad beliebt ist. Viele Jugendstil-Palazzi beherbergen heute Hotels oder Apartments. Es gibt einen langen Strand, Palmen, wohin man blickt und einen Boulevard am Wasser, den **Lungomare Argentina,** der am Capo Sant'Ampelio endet.

Das **Biblioteca Museo Clarence Bicknell** wurde von einem der vielen britischen Besucher Bordigheras gegründet. Bricknell war Vikar, Botaniker und Archäologe, und so sind in seiner ehemaligen Bibliothek antike Grabbeigaben, Abgüsse von Felsgravuren und zahlreiche Fotos von alten Felszeichnungen aus dem nahen Vallée des Merveilles in Frankreich zu sehen.

In Bordighera gibt es einiges zu besichtigen, darunter die Stadttore Porta del Capo, Porta Sottona und Porta Maddalena. Am Capo Sant'Ampelio direkt am Meer wurde die romanische Kirche **Sant'Ampelio** mit einer Krypta aus dem 11. Jahrhundert an der Stelle gebaut, an der der Einsiedler und spätere Heilige Ampelio lebte.

Im Zentrum kann man am Hochaltar der Kirche **Santa Maria Maddalena** (17. Jh.) eine hervorragend gearbeitete Marmorskulptur sehen, die im frühen 16. Jahrhundert in der Werkstätte von Domenico Parodi geschaffen wurde. Den Brunnen auf der nahen Piazza De Amicis schmückt eine Statue (1783) von Magiargiè, einem Sklaven spanischer Mauren, der in Bordighera starb.

Eine ruhige Oase ist der **Giardino Esotico Pallanca.** Dieser botanische Garten präsentiert mehr als 3000 Arten von Kakteen und anderen Sukkulenten.

Willkommenstafel von Seborga bei Bordighera

Biblioteca Museo Clarence Bicknell
Via Bicknell 3. *0184 263 694.*
Mo–Fr 9.30–13, 13.30–16.45 Uhr.
Feiertage.

Giardino Esotico Pallanca
Via Madonna della Ruota 1.
0184 266 347. *Winter Mo 14–17 Uhr, Di–So 9–17 Uhr; Sommer tägl. 9–12.30, 14.30–17 Uhr.*
www.pallanca.it

UMGEBUNG: Rund zwölf Kilometer nördlich von Bordighera liegt das alte Dorf **Seborga,** das mit seinen 350 Einwohnern den Titel »Principato« trägt. Aufgrund historischer Abmachungen wurde hier im Jahr 1963 ein eigener Regent, Giorgio I., gewählt und eine eigene Verfassung verabschiedet, die 1995 erneuert wurde. Es gibt eine eigene Währung, den *Luigino* (Seborgas erste Münze gründeten die Benediktiner im Jahr 1660), und eigene Briefmarken. Autos tragen das Kennzeichen SB.

Kaktus im tropischen Garten Pallanca in Bordighera

Dolceacqua ㉖

Inschrift mit den Worten Monets

Auch wenn Dolceacqua eigentlich »Süßwasser« heißt, ist der hübsche mittelalterliche Ort die Heimat eines der besten DOC-Rotweine Italiens: Schon Napoleon und Papst Julius III. tranken den berühmten Rossese. Der Ort erstreckt sich an den Ausläufern des Monte Rebuffao, über allem thront die imposante Burgruine Castello dei Doria. Von oben wirkt Dolceacqua, als sei es die Szenerie für eine der traditionellen *presepi* (Krippen) Liguriens. Der Fluss Nervia trennt Dolceacqua in zwei Ortsteile: Der mittelalterliche Teil heißt Terra, der wesentlich jüngere ist Borgo. Der französische Impressionist Claude Monet liebte diese Gegend; er malte die Burg und beschrieb die alte Brücke über Nervia, die Terra und Borgo verbindet, als »Juwel der Leichtigkeit«.

★ Chiesa di San Giorgio

An der Brücke steht die im 13. Jahrhundert erbaute Kirche San Giorgio mit Resten eines romanischen Glockenturms. Die Deckenbalken wurden bemalt, in der Krypta ist ein Grabmal der Familie Doria.

★ Ponte Vecchio

Leicht und elegant überspannt die Brücke in einem 33 Meter weiten Bogen den Fluss Nervia. Sie wurde im 15. Jahrhundert gebaut, um die beiden Ortsteile Terra und Borgo miteinander zu verbinden.

Monumento al Gombo

Das moderne Werk ist Pier Vicenzo Mela gewidmet, der im 18. Jahrhundert als Erster zur Ölgewinnung eine Olivenpresse (gombo) *einsetzte.*

★ Castello dei Doria
1270 erwarben die Dorias die um 1100 gebaute Verteidigungsburg und gaben ihr das Aussehen eines Palazzo. 1754 wurde der Bau beschädigt, das Erdbeben von 1887 zerstörte ihn weiter.

INFOBOX

Imperia. **Straßenkarte** A5.
2000.
Ventimiglia.
Via Barberis Colomba 3, 0184 206 666.
www.dolceacqua.it
Processione di San Sebastiano (So um den 20. Jan); Festa Patronale dell'Assunta (15. Aug); Festa della »Michetta« (16. Aug).

Der Palazzo Doria wurde im 18. Jahrhundert zur Residenz der Familie Doria, als ihre Burg nicht mehr bewohnbar war. Die alte Passage, die den Palazzo mit der Kirche Sant'Antonio verbindet, war einst den Dorias vorbehalten.

NICHT VERSÄUMEN

★ Castello dei Doria

★ Chiesa di San Giorgio

★ Ponte Vecchio

Der Glockenturm der Kirche Sant'Antonio Abate ist Teil der Mauer, die den Ort umgibt.

Chiesa di Sant'Antonio Abate
Der Platz vor Dolceacquas Gemeindekirche ist nach ligurischer Tradition mit Kieseln belegt. Die Kirche stammt zwar von 1400, wurde aber im Barock stark verändert. Innen prunkt ein schöner Flügelaltar (1515) von Ludovico Brea.

Ventimiglia ㉘

Imperia. **Straßenkarte** A5.
26 000. FS
Via Cavour 61, 0184 351 183.
www.rivieradeifiori.org *und* www.ventimiglia.it
Corteo Storico, historischer Umzug (erster oder zweiter So im Aug in ungeraden Jahren); Battaglia di Fiori (Sommer).

Ventimiglia ist die letzte Stadt der Riviera di Ponente vor der französischen Grenze und damit ein wichtiger Verkehrsknotenpunkt zwischen Italien und Frankreich. In dem Seebad zeigt sich perfekt, was viele Städte Liguriens auszeichnet: Das Nebeneinander von Altem und Neuem. Römische Ruinen und die neuesten Einrichtungen für Urlauber bestehen nebeneinander und machen den Aufenthalt zu einem Vergnügen.

Die Grenzstadt, deren Vergangenheit von zahlreichen Konflikten mit den französischen Nachbarn gekennzeichnet ist, erstreckt sich an den Tälern von Roia und Nervia, die zu den schönsten der Ligurischen Alpen zählen. Ganz in der Nähe liegen die Grotte dei Balzi Rossi und der Park der Villa Hanbury *(siehe S. 170f)*.

Der Fluss Roia trennt Ventimiglia in zwei Teile: Westlich liegt der mittelalterliche Kern am Hügel, die moderne Stadt dehnt sich dagegen in der Küstenebene im Osten aus. Zu den Spuren der römischen Herrscher zählt **Albintimilium** am östlichen Rand der Neustadt. Von der Straßenüberführung an der Via Aurelia erkennt man Reste des

Apsis der Cattedrale dell'Assunta, Ventimiglia

decumanus maximus (Hauptstraße), einige Häuser und die großen Bäder (in denen einst das Mosaico di Arione war, das heute vor dem Hospital zu sehen ist). Das **Amphitheater** ist das wichtigste römische Monument in Ligurien. Es stammt aus dem frühen 3. Jahrhundert n. Chr., über 5000 Zuschauer fanden darin Platz. Zehn Reihen der unteren Stufen sind relativ gut erhalten, der westliche Eingang ist fast vollständig erhalten. Die Funde aus dieser archäologischen Stätte kann man sich im nahen **Museo Archeologico Gerolamo Rossi** im Forte dell'Annunziata ansehen.

Die **Via Garibaldi** (auch »La Piazza« genannt) führt als Hauptstraße durch das kopfsteingepflasterte, charmante *centro storico*. Hier stehen einige schöne Palazzi, manche haben hängende Gärten an der Rückseite, wie man sie im 16. Jahrhundert baute. Zu den schönsten alten Gebäuden zählen der Palazzo Pubblico, die Loggia del Magistrato dell'Abbondanza und das klassizistische Teatro Civico. In diesem befindet sich die **Civica Biblioteca Aprosiana** (1648), die älteste öffentliche Bibliothek Liguriens. Sie besitzt eine Sammlung seltener Bücher und Handschriften.

In der Mitte der Via Garibaldi ragt die beeindruckende **Cattedrale dell'Assunta** auf. Sie wurde im 11./12. Jahrhundert an der Stelle einer karolingischen Kirche aus dem 8. Jahrhundert errichtet und seither mehrere Male verändert. Die Fassade ist romanisch, der Portikus von 1222 gotisch. Der Glockenturm aus der Barockzeit ruht auf einer Basis aus dem 12. Jahrhundert, im 19. Jahrhundert veränderte man ihn. Im Innenraum gibt es wenig Bemerkenswertes, nur in der Krypta

Marmorner Urnengrabstein aus dem 1. Jahrhundert n. Chr.

sieht man Teile der mittelalterlichen Kirche und Skulpturen aus vorrömischer Zeit.

Neben der Kathedrale steht das achteckige **Battistero** aus dem 11. Jahrhundert mit seinem Taufbecken aus dem 12./13. Jahrhundert.

An der Via Garibaldi kommt man an weiteren Kirchen vorbei, bevor man die Porta Nizza erreicht. Am besten folgt man von hier der Via della Torre und der Via Appio zur Piazza Colletta, wo die hübsche romanische Kirche **San Michele** steht. Ihre Fassade aus dem 19. Jahrhundert ist wenig beeindruckend, anders der einschiffige Innenraum (11. Jh.) sowie Glockenturm, Apsis und Gewölbe (12. Jh.). In der Krypta (11. Jh.) sind einige römische Elemente integriert, auch die Säulen am Hochaltar sind römischen Ursprungs.

Das römische Theater von Ventimiglia aus dem 3. Jahrhundert n. Chr.

Blick auf die Küstenstadt Ventimiglia von Westen aus

Von der Porta Nizza kommt man am Hügel westlich der Altstadt zu den Ruinen dreier mittelalterlicher Forts. Es sind Relikte der Schlachten, die um Ventimiglia geführt wurden. Eines davon, das **Castel d'Appio,** bauten die Genueser im 13. Jahrhundert an der Stelle eines *castrum* (Militärcamp) der Römer. Von hier bietet sich ein wunderbarer Blick über die Küste.

Der moderne östliche Teil von Ventimiglia ist ein Einkaufsparadies. Legendär ist der Wochenmarkt am Freitag, zu dem auch viele Franzosen über die Grenze kommen.

Auf einigen Schildern in Ventimiglia sieht man die Abkürzung »XXmiglia«. Der Name der Stadt hat aber nichts mit »20 Meilen« zu tun. Vielmehr leitet er sich vom ligurischen Stamm der Intimilier ab.

Albintimilium
Corso Genova. *Sommer Sa, So 15–18 Uhr.*

Museo Archeologico Gerolamo Rossi
Via Verdi 41. *0184 351 181.*
Di–Sa 9–12.30, 15–18 Uhr, So 10–12.30 Uhr.

Balzi Rossi 29

Grimaldi di Ventimiglia (Imperia).
Straßenkarte A5.

DIESE PRÄHISTORISCHE Stätte gehört zu den berühmtesten im westlichen Mittelmeerraum. Zehn Kilometer westlich von Ventimiglia befindet sich Balzi Rossi unterhalb des Dorfs Grimaldi nahe der französischen Grenze.

Die neun Höhlen wurden seit dem 19. Jahrhundert in mehreren Phasen erforscht. Der Name Balzi Rossi (rote Felsen) bezieht sich auf die rote Farbe der Kalksteinklippen.

Die Funde aus diesem faszinierenden Platz lieferten den Nachweis für die Besiedlung Liguriens in der Steinzeit (Jungpaläolithikum). Wahrscheinlich lockten die angenehmen Umweltbedingungen die frühen Menschen an: das milde Klima, die Nähe zum Meer und die Höhlen, die Schutz boten. Es gibt einen Weg, der einige der Höhlen verbindet, manche davon kann man betreten.

Vor allem in der größten Höhle, der Grotta del Principe, die ein wenig abseits von den anderen liegt, wurden zahlreiche Werkzeuge aus Stein und Knochen gefunden, dazu Fossilien von Tieren und auch verschiedene Schmuck- und Kunstobjekte. Vor allem die vielen Grabstätten geben Aufschluss über die Menschen, die hier vor rund 240 000 Jahren lebten. Sie zählten ohne Zweifel zu den am weitesten entwickelten Frühmenschen jener Zeit in Europa.

Halskette aus einer Grabstätte

Die berühmteste Grabstätte, die **Triplice Sepoltura** (Dreiergrab), wurde 1892 in der Höhle Barma Grande entdeckt. Nun wird sie im **Museo Preistorico dei Balzi Rossi** bewahrt, das 1898 vom Engländer Thomas Hanbury *(siehe S. 170)* gegründet wurde. Rechts liegt ein über zwei Meter großer Mann, links ein Junge und in der Mitte ein etwa 16-jähriges Mädchen.

Zu sehen sind auch Grabbeigaben wie Schmuck aus Knochen, Muscheln, Hirschzähne und Halsketten aus Fischknorpel.

Interessant ist die Nachbildung der naturalistischen Felsgravierung, die in der Grotta del Caviglione entdeckt wurde. Sie zeigt ein 40 Zentimeter langes und 20 Zentimeter hohes gedrungenes Pferd, das wir heute als **Przewalski-Pferd** kennen. Ein paar seltene Exemplare dieser Art haben in der Mongolei bis heute überlebt, Rückzüchtungen der Art sind heute in Zoos zu bewundern.

In der Barma Grande von Balzi Rossi wurden 15 »Venusstatuetten« gefunden, der sensationellste Kunstfund aus dem Jungpaläolithikum. Die Figuren waren bereits in Ausstellungen auf der ganzen Welt.

Eine der neun Höhlen von Balzi Rossi

Grotte e Museo Preistorico dei Balzi Rossi
Ponte San Ludovico, Via Balzi Rossi 9. *0184 381 13.*
Di –So 9–12.30, 14–18 Uhr. *stündlich.*

Villa Hanbury 30

Orientalische Bronzeglocke

DEN BOTANISCHEN GARTEN gründeten 1867 Sir Thomas Hanbury, ein reicher englischer Geschäftsmann, und sein Bruder Daniel, ein Botaniker. Behilflich war ihnen der deutsche Botaniker Ludovico Winter. Sir Thomas liebte Ligurien und nutzte die Möglichkeiten des milden Klimas: Die exotischen Pflanzen, die er von seinen Reisen in trockene, heiße Länder wie Australien, Südafrika und Mexiko mitbrachte, gediehen hier neben der einheimischen Flora. 1898 konnte der Park schon über 7000 Pflanzenarten vorweisen. Im 20. Jahrhundert ließ man den Garten lange Zeit verkommen. Seit 1987 wird die Anlage unter Leitung der Universität von Genua in den ehemaligen prächtigen Zustand zurückversetzt.

Agave
Sir Thomas liebte Aloen und Agaven und pflanzte sie so zwischen Felsen, dass man an die Wüstenregionen erinnert wird, aus der sie ursprünglich kommen.

★ Fontana del Drago
Hohe Papyrusstauden umgeben den Brunnen und schaffen eine fast geheimnisvolle Atmosphäre. Der Drache am Brunnenrand zeugt von Sir Thomas' Interesse an fernöstlichen Kulturen.

Templetto delle Quattro Stagioni
Der Tempel der vier Jahreszeiten entspricht dem neoklassizistischen Zeitgeschmack Ende des 19. Jahrhunderts. Er erinnert an einen italienischen Renaissance-Garten.

NICHT VERSÄUMEN

★ **Fontana del Drago**

★ **La Villa**

Terrassen
In diesem Teil des Parks sind die Pflanzen so gruppiert, dass sie »Themengärten« bilden. Vom Pavillon eröffnen sich herrliche Ausblicke.

Infobox

Corso Montecarlo 43, La Mortola Inferiore (Imperia). **Straßenkarte** A5. *0184 229 507.*
Ventimiglia.
Nov–März Do–Di 10–16 Uhr; Apr–Mitte Juni tägl. 10–17 Uhr; Mitte Juni–Sep tägl. 9–18 Uhr; Okt tägl. 10–18 Uhr.
www.amicihanbury.it

Der Viale dei Cipressi
(Zypressenstraße), einer der bezauberndsten Teile des Parks, bildet die vertraute Silhouette der Alleen nach, die man in Norditalien häufig sieht.

★ La Villa
Der Palazzo wurde im 14. Jahrhundert gebaut und im 17. erweitert. In den 1930er Jahren fand hier ein Treffen zwischen Mussolini und General Franco statt. Heute beherbergt die Villa Büros. Man kann sie nicht besichtigen, doch die Loggia ist öffentlich zugänglich. Von hier bietet sich ein schöner Blick über den Garten auf das Meer.

Zu Gast in Ligurien

Übernachten

Ligurien ist schon seit langem ein beliebtes Reiseziel und hat daher traditionell ein breites Angebot an Übernachtungsmöglichkeiten – insbesondere an der Küste. Sowohl an der Riviera di Levante als auch an der Riviera di Ponente gibt es in den Seebädern und Ferienorten eine Reihe von luxuriösen Hotels, aber auch gemütliche Familienpensionen, die das ganze Jahr über geöffnet haben. Die zwischen den beiden Küstenabschnitten gelegene Regionshauptstadt Genua verfügt im Centro Storico und in der Nähe über Unterkünfte für jeden Geschmack und Geldbeutel. Die meisten Besucher mieten sich an der Küste ein und machen Tagesausflüge ins Inland. Falls Sie den zunehmend beliebten *Agriturismo* auf dem Bauerhof ausprobieren wollen, sollten Sie das ligurische Hinterland ansteuern. Campen können Sie im Landesinneren und an der Küste.

Logo des Grand Hotel Diana in Alassio

Hotelkategorien und Preise

In Ligurien werden Hotels nach dem landesüblichen System klassifiziert. Die Kategorien reichen von einem bis zu fünf Sternen, von der preisgünstigen Unterbringung bis hin zu Luxushotels. Im Allgemeinen ist der Service gut – das beste Preis-Leistungs-Verhältnis finden Sie zumeist in Drei-Sterne-Hotels. Vorsicht: In Hotels niedrigerer Kategorien werden oft keine Kreditkarten akzeptiert.

Die Preise variieren nach Jahreszeit und steigen in der (zugegeben langen) Hauptsaison oder bei wichtigen Festivals und kulturellen Events.

Buchen

Da Ligurien eine gefragte Region ist, ist die Nebensaison recht kurz und auf den Winter begrenzt. Im Sommer herrscht natürlich Hochsaison – dann sind die Strände entlang der ligurischen Küste stark frequentiert. Besonders für einen Aufenthalt im Juli oder August sollte man seine Unterkunft unbedingt schon ein paar Monate im Voraus buchen. Zumeist genügen dafür Fax oder E-Mail.

Hotels

Als Gegend, deren Wirtschaft in hohem Maße vom Fremdenverkehr abhängt, verfügt Ligurien über ein dichtes Netz komfortabler Hotels. Einzige Ausnahme an der Küste sind die Cinque Terre mit eher schlichten Übernachtungsmöglichkeiten. Die meisten Badeorte verfügen über Hotels in allen Kategorien. Eine Liste der Hotels und Pensionen mit entsprechenden Preisen erhalten Sie in den APT-Büros *(siehe rechte Seite)* oder von den lokalen Informationsstellen der größeren Ferienorte *(siehe S. 207)*.

Frühstücks- und Aufenthaltsraum im Hotel Royal, San Remo

Am Strand von Monterosso

Agriturismo und Privatunterkünfte

Agriturismo (Urlaub auf dem Bauernhof) ist zur beliebten Ferienalternative avanciert, insbesondere bei Menschen, die gerne an der frischen Luft sind und Outdoor-Aktivitäten wie Reiten, Wandern oder Angeln nachgehen wollen. Außerdem geht es auf dem Land ruhiger zu als im Gewimmel an der Küste.

Das *Agriturismo*-Konzept ist in ganz Italien verbreitet und recht einfach: Bewirtschaftete Bauernhöfe vermieten Zimmer (mit der Möglichkeit zur Selbstversorgung) und bieten Hausmannskost aus der Region. Dazu gibt es noch diverse Angebote, von Kinderspiel-

◁ Die für Ligurien so typischen farbenfrohen Häuser, davor Badehäuschen

Hotels am Ufer von Bordighera

plätzen bis hin zu Schwimmbädern. Kleinere Familienbetriebe, die nur einige wenige Gäste aufnehmen können, gibt es genauso wie größere, meist weniger traditionelle Höfe mit größerem Komfort und vielfältigeren Angeboten.

Überall können Sie sich aber auf wunderbares Essen freuen, das aus den regionalen Produkten zubereitet wird. Oft stammen diese vom Bauerhof selbst, wie etwa Obst und Gemüse, Fleisch aus eigener Züchtung oder hausgemachter Käse. Meist kann man die Erzeugnisse auch direkt auf dem Hof kaufen.

Privatunterkünfte (Bed & Breakfast) sind in Ligurien verbreitet, recht preiswert und im Allgemeinen komfortabel. Man findet sie vorwiegend in den größeren Städten und in den wichtigen Badeorten. Weniger verbreitet sind sie dagegen im Inland. Anders als auf den Bauernhöfen mit *Agriturismo* wird man in Privathäusern aber nicht verpflegt.

CAMPING

DA CAMPING in Italien nicht so groß geschrieben wird wie in anderen Ländern Europas, müssen Sie eventuell eine Weile suchen, bis Sie einen Platz finden, der Ihren Ansprüchen genügt. Immerhin verfügt jeder größere Badeort an der Küste über mindestens einen Platz, auf dem man zelten oder sein Wohnmobil abstellen kann. Viele dieser Plätze liegen am Meer, manche davon verfügen sogar über einen Privatstrand.

Hinweisschilder

Die Plätze sind im Allgemeinen gepflegt und sauber und einigermaßen schön gelegen. Auf Strandplätzen herrscht vor allem im August oft Hochbetrieb, Sie sollten daher einige Monate im Voraus reservieren. Und weil Camping in Italien nicht zwangsläufig ein billiges Vergnügen ist, lohnt es sich, vorher nach den Preisen zu fragen. Beachten Sie auf jeden Fall die in Italien strengen Vorschriften für Wohnmobile. Eine Liste mit allen Stellplätzen erhalten Sie in den regionalen APT-Büros.

A Casa di Roby, Pension in Moneglia

SELBST-VERSORGER

NEBEN *Agriturismo* und Camping haben Selbstversorger auch die Möglichkeit, Apartments oder – selten – Ferienhäuser zu mieten. Apartments werden vorwiegend in den großen Badeorten entlang der Riviera angeboten; sie sind besonders für Familien mit kleinen Kindern oft angenehmer als Hotels.

Listen der verschiedenen Vermittlungsagenturen erhalten Sie in APT-Büros, manchmal bekommen sie dort auch die Namen, Adressen und Telefonnummern der Privatanbieter selbst.

AUF EINEN BLICK

APT Cinque Terre e Golfo dei Poeti
Viale Mazzini 47,
La Spezia.
Tel. *0187 770 900.*
FAX *0187 770 908.*
W www.aptcinqueterre.sp.it
@ info@aptcinqueterre.sp.it

APT Genova
Stazione Principe,
Genova.
Tel. *010 246 2633.*
FAX *010 581 408.*
W www.apt.genova.it
@ aptgenova@apt.genova.it

APT Riviera Ligure delle Palme
Viale Gibb 26,
Alassio.
Tel. *0182 647 11.*
FAX *0182 644 690.*
W www.inforiviera.it
@ aptpalme@inforiviera.it

APT Riviera dei Fiori
Largo Nuvoloni 1,
San Remo.
Tel. *0184 590 59.*
FAX *0184 507 649.*
W www.rivieradeifiori.org
@ aptfiori@rivieradeifiori.org

APT Tigullio
Via XXV Aprile 4,
Santa Margherita Ligure.
Tel. *0185 292 91.*
FAX *0185 290 222.*
W www.apttigullio.liguria.it
@ infoapt@apttigullio.liguria.it

Agenzia Regionale per la Promozione Turistica »In Liguria«
Piazza Matteotti 9,
Genova.
Tel. *010 530 82 01.*
FAX *010 595 85 07.*
W www.turismo.liguriainrete.it

Hotelauswahl

Diese Hotels unterschiedlichster Preisklasse wurden wegen ihrer Qualität, ihrer Angebote und Lage ausgesucht. Sie sind nach Regionen aufgeteilt und preislich gestaffelt. Farbige Griffmarken leiten Sie zum jeweiligen Abschnitt. Kartenangaben verweisen auf den Stadtplan von Genua auf den Seiten 94–99 bzw. die Straßenkarte auf der hinteren Umschlaginnenseite.

Genua

Il Centro Storico: *Colombo* €
Via Porta Soprana 27. **Karte** 2 F4 oder 6 D4. *und* FAX *010 251 36 43.*
W www.hotelcolombo.it
Freundliches Hotel in einer Fußgängerzone nahe der Kathedrale. Die Zimmer sind sauber und individuell. Dachterrasse mit Blick auf den Hafen.

Il Centro Storico: *Veronese* €€
Vico Cicala 3. **Karte** 5 B2. *010 251 07 71.* FAX *010 251 06 39.*
W www.hotelveronese.com
Im Herzen der Altstadt, nur einen Steinwurf vom Porto Antico und dem Aquarium entfernt. Komfortable, ruhige Zimmer mit guter Ausstattung.

Il Centro Storico: *Palazzo Cicala* €€€
Piazza San Lorenzo 16. **Karte** 5 C3. *010 251 88 24.* FAX *010 246 74 14.*
W www.palazzocicala.it
Dieser ehemalige Adelssitz liegt zentral gegenüber der Kathedrale in einer belebten Gegend. Er wurde zu einem schicken Hotel mit allem Komfort umgebaut. Die Zimmer sind mit modernen und antiken Möbeln eingerichtet und bieten herrliche Ausblicke. Hohe Stuckdecken, DVD-Player, Computer und Internet-Anschluss in allen Zimmern. Es gibt allerdings kein Frühstück.

Il Centro Storico: *Bristol Palace* €€€€€
Via XX Settembre 35. **Karte** 6 D-E4. *010 592 541.* FAX *010 561 756.*
W www.hotelbristolpalace.com
Das faszinierendste Hotel von Genua liegt an der Stazione Brignole und ist ein Palazzo mit typischen Belle-Époque-Zimmern. Die Gasträume, darunter auch eine englische Bar, sind großzügig und voller Atmosphäre. Ein eindrucksvoller Treppenaufgang führt zu den Obergeschossen mit den geräumigen, eleganten Zimmern, die ganz im Stil der Zeit gehalten sind.

Le Strade Nuove: *Acquaverde* €€
Via Balbi 29/6. **Karte** 2 E2. *010 265 427.* FAX *010 246 48 39.*
W www.hotelacquaverde.it
Das Hotel wurde erst kürzlich renoviert. Es erstreckt sich über drei Etagen eines alten Palazzo in der Via Balbi, einer der Prachtstraßen Genuas. Vier Zimmer sind mit Kochnischen für Selbstversorger ausgestattet.

Le Strade Nuove: *Agnello d'Oro* €€
Via Monachette 6. **Karte** 2 D2. *010 246 20 84.* FAX *010 246 23 27.*
W www.hotelagnellodoro.it
Unweit der Piazza del Principe liegt dieses ruhige Hotel in einem ehemaligen Doria-Wohnsitz aus dem 17. Jahrhundert. Einfache, aber gepflegte Zimmer zu fairen Preisen. Die Räume im Obergeschoss bieten eine herrliche Aussicht, die hübsche Hotel-Terrasse ebenso.

Le Strade Nuove: *Vittoria & Orlandini* €€
Via Balbi 33. **Karte** 2 E2. *010 261 923.* FAX *010 246 26 56.*
W www.vittoriaorlandini.com
In einem hübschen ligurischen Haus neben dem Palazzo Reale bietet das Hotel einen Innenhof und angenehmes Interieur mit vielen Pflanzen und Antiquitäten. Geräumige Zimmer, beim Frühstück können Sie die wunderbare Aussicht auf die Altstadt genießen.

Le Strade Nuove: *Astoria (Golden Tulip)* €€€
Piazzale Brignole 4. **Karte** 2 E2. *010 873 316.* FAX *010 831 73 26.*
W www.hotelastoria-ge.com
Das Astoria liegt in einem großen, neoklassizistischen Bau im Herzen der Stadt. Vieles von der eleganten Originaleinrichtung ist noch erhalten, vor allem in der Lobby und in den Speiseräumen. Die Zimmer verfügen über die übliche Ausstattung inklusive Satelliten-TV und Minibar.

Hotel	Anzahl der Zimmer	Kreditkarten	Garten oder Terrasse	Parken	Hotelrestaurant
Colombo	26	●	■		
Veronese	19	●		●	
Palazzo Cicala	6	●			
Bristol Palace	133	●		●	■
Acquaverde	27	●		●	■
Agnello d'Oro	30	●		●	
Vittoria & Orlandini	41	●	■	●	■
Astoria (Golden Tulip)	69	●		●	

Preiskategorien für ein Doppelzimmer pro Nacht, einschließlich Steuer, Service und Frühstück:

- € unter 85 Euro
- €€ 85–125 Euro
- €€€ 125–175 Euro
- €€€€ 175–225 Euro
- €€€€€ über 225 Euro

KREDITKARTEN
Die üblichen Kreditkarten werden hier akzeptiert.

GARTEN ODER TERRASSE
Das Hotel liegt in einem Park bzw. besitzt einen Garten oder eine Terrasse mit Aussicht.

PARKEN
Garage oder Parkplatz für Gäste, entweder beim Hotel oder ganz in der Nähe.

HOTELRESTAURANT
Es gibt ein empfehlenswertes Restaurant, das auch Gäste von außerhalb besuchen.

	Anzahl der Zimmer	Kreditkarten	Garten oder Terrasse	Parken	Hotelrestaurant
LE STRADE NUOVE: *Europa* €€€ Vico Monachette 8. **Karte** 2 D2. Tel. *010 256 955.* FAX *010 261 047.* W www.pangea.it/europa Das Europa liegt nahe der Stazione Principe und hat eine hübsche Dachterrasse mit Panoramablick über die Hafengegend. Die Zimmer sind komfortabel. Es gibt eine Cocktailbar.	*38*	●	■	●	
LE STRADE NUOVE: *Metropoli (Best Western)* €€€ Piazza della Fontana Marose. **Karte** 5 D2. Tel. *010 246 88 88.* FAX *010 246 86 86.* W www.bestwestern.it/metropoli_ge Elegantes Drei-Sterne-Hotel in der Nähe der Via Garibaldi. Geschmackvoll eingerichtete Zimmer mit guter Ausstattung, attraktive Aufenthaltsräume und gutes Frühstücksbüfett.	*48*	●		●	
LE STRADE NUOVE: *Savoja Majestic* €€€€ Via Arsenale di Terra 5. **Karte** 2 D2. Tel. *010 261 641.* FAX *010 261 883.* W www.hotelsavoiagenova.it Ein Palazzo aus dem späten 19. Jahrhundert beherbergt dieses große Hotel in der Nähe der Stazione Principe. Großzügige Zimmer mit guter Ausstattung. Lobby, Restaurant und Bar sind einladend und gemütlich.	*120*	●		●	■
LE STRADE NUOVE: *Britannia (Ramada)* €€€€ Via Balbi 38. **Karte** 2 E2. Tel. *010 269 91.* FAX *010 246 29 42.* W www.britannia.it Das Britannia ist ein schickes, modernes Hotel, dessen Zimmer mit Safe, Video und Pay-TV ausgestattet sind. Fantastische Aussicht vom obersten Stock, dazu Billardtisch, Sauna, Fitness-Center und Snackbar.	*97*	●		●	
LE STRADE NUOVE: *City (Best Western)* €€€€€ Via San Sebastiano 6. **Karte** 3 A2. Tel. *010 55 45 oder 800 820 080.* FAX *010 586 301.* W www.bestwestern.it/city_ge In einer Seitenstraße der zentralen Via Roma liegt dieses Vier-Sterne-Hotel, das Funktionalität und Komfort miteinander verbindet. Elegante Einrichtung und exzellentes Frühstücksbüfett. Die Zimmer lassen keine Wünsche offen und verfügen über sehr gut ausgestattete Badezimmer.	*66*	●		●	■
ABSTECHER (STADTGEBIET GENUA): *Assarotti* €€ Via Assarotti 40 C. **Karte** 6 E2. Tel. *010 885 822.* FAX *010 839 12 07.* W www.hotelassarotti.it Jenseits der Via Roma in einem Stadtteil aus dem 19. Jahrhundert liegt dieses Hotel. Es bietet komfortable Zimmer mit Satelliten-TV und kostenlosen Internetzugang im Foyer.	*25*	●		●	
ABSTECHER (STADTGEBIET GENUA): *Bellevue* €€€ Salita della Provvidenza 1. **Karte** 2 D1. Tel. *010 246 24 00.* FAX *010 265 932.* In der Nähe der Stazione Principe findet man das schicke, moderne Hotel mit schalldichten Fenstern, Minibar und Farbfernseher. Eigene Garage, große Terrasse mit Aussicht, Konferenzräume, aber kein Restaurant.	*38*	●	■	●	
ABSTECHER (STADTGEBIET GENUA): *Moderno Verdi (Golden Tulip)* €€€€ Piazza G. Verdi 5. **Karte** 3 C3. Tel. *010 553 21 04.* FAX *010 581 562.* W www.modernoverdi.it Das Hotel liegt unweit der Stazione Brignole in einem im Jugendstil renovierten Palazzo, an der großen Piazza Giuseppe Verdi. Herzlicher Empfang und guter Service. Versäumen Sie nicht, die Bibliothek zu besuchen.	*87*	●		●	■
ABSTECHER (STADTGEBIET GENUA): *Starhotel President* €€€€ Via Corte Lambruschini 4. **Karte** 3 C3. Tel. *010 52 27.* FAX *010 553 18 20.* W www.starhotels.it Genuas erste Adresse liegt gegenüber der Stazione Brignole in einem großen, modernen Bau, gleich in der Nähe des Messegeländes. Das Hotel wurde in den 1990er Jahren erbaut und verbindet Funktionalität mit Luxus und Komfort – angefangen bei den großzügigen Zimmern bis hin zu den großartigen Gasträumen und dem Gourmet-Restaurant La Corte.	*191*	●		●	■

Zeichenerklärung siehe hintere Umschlagklappe

Preiskategorien für ein Doppelzimmer pro Nacht, einschließlich Steuer, Service und Frühstück:
€ unter 85 Euro
€€ 85–125 Euro
€€€ 125–175 Euro
€€€€ 175–225 Euro
€€€€€ über 225 Euro

Kreditkarten
Die üblichen Kreditkarten werden hier akzeptiert.

Garten oder Terrasse
Das Hotel liegt in einem Park bzw. besitzt einen Garten oder eine Terrasse mit Aussicht.

Parken
Garage oder Parkplatz für Gäste, entweder beim Hotel oder ganz in der Nähe.

Hotelrestaurant
Es gibt ein empfehlenswertes Restaurant, das auch Gäste von außerhalb besuchen.

Abstecher (Grossraum Genua): *La Capannina* €
Via Tito Speri 7. **Straßenkarte** D3. *010 317 131.* FAX *010 362 26 92.*
www.lacapanninagenova.it
Das ruhige Hotel in Meeresnähe liegt in Albaro, einem Wohnviertel im Osten. Die Zimmer sind schlicht. Im obersten Stock verfügt jedes über eine eigene Terrasse. Außerdem bietet die Hotelterrasse eine schöne Aussicht.

Abstecher (Grossraum Genua): *Tirreno Al Mare* €€
Via dei Mille 17. **Straßenkarte** D3. *010 389 342.* FAX *010 386 342.*
www.hoteltirrenogenova.it
Der ideale Ort für all diejenigen, die Ruhe, Komfort und Eleganz suchen. Das Tirreno liegt am Meer etwas östlich von Albaro im Wohnviertel Sturla, mit Stränden und vornehmen Nachtklubs in der Nähe. Zugang zu Tennisplätzen, Schwimmbädern und Sportplätzen.

Abstecher (Grossraum Genua): *Torre Cambiaso* €€€
Via Scarpanto 49, Pegli. **Straßenkarte** D3. *010 665 055.* FAX *010 697 30 22.*
Der Bau, der das Hotel seit den 1980er Jahren beherbergt, war ursprünglich ein Aussichtsturm der Sarazenen. Er wurde im 15. Jahrhundert zur Villa, im 19. Jahrhundert zum kleinen Schloss und in den 1920er Jahren zum Kloster umgestaltet. Die Zimmer zieren noch Originalfresken sowie vereinzelte Antiquitäten.

Abstecher (Grossraum Genua): *Villa Pagoda* €€€€
Via Capolungo 15, Nervi. **Straßenkarte** D3. *010 372 61 61.* FAX *010 321 218.*
www.villapagoda.it
Die Villa aus dem 19. Jahrhundert fügt sich in die großartigen Gärten von Nervi östlich der Stadt ein. Attraktive Zimmer mit Aussicht. Das Restaurant Il Roseto bietet exzellenten Service und hochwertige Küche.

Riviera di Levante

Bonassola: *Villa Belvedere* €€
Via Ammiraglio Serra 33. **Straßenkarte** E4. *0187 813 622.* FAX *0187 813 709.*
hotelvillabelvedere@tin.it
In der Villa Belvedere hat man einen zauberhaften Panoramablick und genießt dank des Meeres und der umliegenden Hügel ganzjährig ein mildes Klima. Wunderbarer Garten und komfortable Zimmer. *Mitte Okt–März.*

Camogli: *La Camogliese* €€
Via Garibaldi 55. **Straßenkarte** D4. *0185 771 402.* FAX *0185 774 024.*
www.lacamogliese.it
Die freundliche, familienbetriebene *pensione* am Meer bietet aufmerksamen und zuvorkommenden Service. Schlichte, aber gepflegte Zimmer, einige davon mit kleiner Terrasse. Das gute Restaurant bietet einen schönen Blick über den Hafen.

Camogli: *Cenobio dei Dogi* €€€€
Via Cuneo 34. **Straßenkarte** D4. *0185 72 41.* FAX *0185 772 796.*
www.cenobio.it
Prachtvoll pastell-rosafarben, zwischen Hügeln und Meer gelegen, diente das Cenobio dei Dogi früher als Sommerresidenz der Dogen von Genua. Großzügige und äußerst geschmackvoll eingerichtete Zimmer mit herrlichem Blick auf den Golfo del Paradiso. Traumhafte Anlagen mit einer schönen Kapelle, die auch Besuchern zugänglich ist.

Chiavari: *Santa Maria* €€
Viale Tito Groppo 29. **Straßenkarte** E4. *0185 363 321.* FAX *0185 323 508.*
www.santamaria-hotel.com
Mit Blick auf den Golfo del Pigullio, nicht weit vom alten Kern von Chiavari, bietet das Santa Maria sehr komfortable Zimmer mit moderner Einrichtung. Das Hotel ist von hübschen Gärten umgeben und verfügt über eine Aussichtsterrasse und ein Solarium.

Hotel	Anzahl der Zimmer	Kreditkarten	Garten oder Terrasse	Parken	Hotelrestaurant
La Capannina	32	●		●	
Tirreno Al Mare	35	●		●	
Torre Cambiaso	48	●	■	●	■
Villa Pagoda	17	●	■	●	■
Villa Belvedere	22	●	■	●	■
La Camogliese	21	●		●	■
Cenobio dei Dogi	106	●	■	●	■
Santa Maria	36	●	■	●	■

Fiascherino/Tellaro: *Il Nido* €€€
Via Fiascherino 75. **Straßenkarte** F5. ☎ *0187 967 286.* FAX *0187 964 617.*
W www.hotelnido.com
Dieses gemütliche Nest (italienisch: *nido*) blickt auf das Meer vor Fiascherino und hat hübsche, helle Zimmer mit herrlichen Aussichtsbalkonen. Hoteleigener Strand. ● *Mitte Nov–Mitte Feb.*

36	●	■	●	

La Spezia: *Corallo* €€
Via F. Crispi 32. **Straßenkarte** F4. ☎ *0187 731 366.* FAX *0187 754 490.*
W www.hotelcorallospezia.com
Einfaches, solides Hotel in ruhiger Lage, nicht weit von der Küste. (Von dort kann man Bootsfahrten zu den Badeorten des Golfo dei Poeti unternehmen.) Mit seiner hervorragenden Lage ist das Corallo ein guter Ausgangspunkt, um die Sehenswürdigkeiten der Stadt zu besuchen.

33	●		●	

La Spezia: *Firenze e Continentale* €€
Via Paleocapa 7. **Straßenkarte** F4. ☎ *0187 713 210.* FAX *0187 714 930.*
W www.hotelfirenzecontinentale.it
Das nahe dem Bahnhof gelegene, gute Hotel verfügt über geräumige, hübsch eingerichtete Zimmer. Der Frühstücksraum ist freundlich und bietet eine schöne Aussicht. ● *21. Dez–7. Jan.*

67	●		●	

Lavagna: *Fieschi* €€€
Via Rezza 12. **Straßenkarte** E4. ☎ *0185 304 400.* FAX *0185 313 809.*
W www.hotelvillafieschi.it
Eine wunderbare, auf einem großen Grundstück gelegene Patriziervilla aus dem 19. Jahrhundert beherbergt dieses Hotel. Die angenehmen und urtümlichen Zimmer im antiken Stil sind mit Minibar und Satelliten-TV ausgestattet. ● *Ende Okt–Feb.*

13	●	■	●	■

Lerici: *Byron* €€
Via Biaggini 19. **Straßenkarte** F5. ☎ *0187 967 104.* FAX *0187 967 409.*
W www.byronhotel.com
Das Byron wurde in den 1960er Jahren erbaut und liegt unweit des Stadtzentrums von Lerici am Meer. Die Zimmer sind weder besonders luxuriös noch groß, aber zum Teil mit Balkon.

30	●	■	●	■

Lerici: *Florida* €€€
Lungomare Biaggini 35. **Straßenkarte** F5. ☎ *0187 967 332.* FAX *0187 967 344.*
W www.hotelflorida.it
Das attraktive Hotel steht an der Küstenstraße, die von Lerici nach San Terenzo führt. Helle, luftige und gepflegte Zimmer mit Balkon und Meeresblick. Großzügiges Frühstücksbüfett. ● *20. Dez–Feb.*

37	●	■		

Levanto: *Nazionale* €
Via Jacopo da Levanto 20. **Straßenkarte** E4. ☎ *0187 808 102.* FAX *0187 800 901.*
W www.nazionale.it
Eines der ältesten Hotels am Ort mit komfortablen Zimmern, schönem Garten mit Schaukel und Restaurant mit feinem Essen. ● *Nov–März.*

38	●	■	●	■

Levanto: *Stella Maris* €€€€
Via Marconi 4. **Straßenkarte** E4. ☎ *0187 808 258.* FAX *0187 807 351.*
W www.hotelstellamaris.it
Das entzückende Hotel am Meer ist ein Palazzo aus dem 18. Jahrhundert, dessen Inneneinrichtung aus dem ausgehenden 19. Jahrhundert stammt. Entspannte Atmosphäre und teilweise mit Antiquitäten möblierte, hübsche Zimmer. Auch Räume im modernen Anbau. Restaurant mit guter regionaler Küche. Nur Halbpension. ● *Nov.*

15	●	■	●	■

Manarola: *Ca' d'Andrean* €
Via Discovolo 101. **Straßenkarte** F4. ☎ *0187 920 040.* FAX *0187 920 452.*
W www.cadandrean.it
Das kleine, familienbetriebene Hotel liegt ruhig, hoch oben im Dorf Manarola in Cinque Terre. Geräumige, helle Zimmer, davon einige mit Terrasse. Es gibt einen hübschen, begrünten Innenhof, in dem man frühstücken kann, und eine Bar. ● *Mitte Nov–Mitte Dez.*

10		■		

Moneglia: *B&B A Casa di Roby* €€€
Strada San Lorenzo 7A. **Straßenkarte** E4. ☎ *und* FAX *0185 496 42.*
W www.acasadiroby.it
Der zu einem luxuriösen Bed & Breakfast umgebaute ehemalige *frantoio* (Olivenpresse) liegt herrlich zwischen Olivenhainen auf dem Hausberg von Moneglia. Alle drei Zimmer haben Blick auf die Bucht. ● *Wochentage (außer Feiertage) im Winter.*

3	●	■	●	

Zeichenerklärung siehe hintere Umschlagklappe

Preiskategorien für ein Doppelzimmer pro Nacht, einschließlich Steuer, Service und Frühstück:
- € unter 85 Euro
- €€ 85–125 Euro
- €€€ 125–175 Euro
- €€€€ 175–225 Euro
- €€€€€ über 225 Euro

Kreditkarten
Die üblichen Kreditkarten werden hier akzeptiert.

Garten oder Terrasse
Das Hotel liegt in einem Park bzw. besitzt einen Garten oder eine Terrasse mit Aussicht.

Parken
Garage oder Parkplatz für Gäste, entweder beim Hotel oder ganz in der Nähe.

Hotelrestaurant
Es gibt ein empfehlenswertes Restaurant, das auch Gäste von außerhalb besuchen.

Monterosso al Mare: *Meublé Agavi* €€
Via Fegina 30. **Straßenkarte** E4. *0187 817 171.* FAX *0187 818 264.*
hotel.agavi@libero.it
Das im größten Ort der Cinque Terre gelegene Agavi nimmt den ersten Stock eines Palazzo ein und ist seit den 1930er Jahren ein Hotel. Gepflegte Zimmer, von denen einige eine herrliche Aussicht aufs Meer bieten.

Monterosso al Mare: *Porto Roca* €€€€€
Via Corone 1. **Straßenkarte** E4. *0187 817 502.* FAX *0187 817 692.*
www.portoroca.it
Ein zauberhafter Ort, auf einer Felsklippe gelegen, mit Terrassen, die einen herrlichen Meerblick eröffnen. Elegantes Dekor im mediterranen Stil mit einigen Antiquitäten. Hübsche Zimmer und eine Restaurant-Terrasse mit Panoramablick. *Nov–Feb.*

Portofino: *Piccolo Hotel (Domina)* €€€€€
Via Duca degli Abruzzi 31. **Straßenkarte** D4. *0185 269 015.* FAX *0185 269 621.*
www.dominapiccolo.it
Die alte Villa am Meer bietet den diskreten Reiz eines kleinen Hotels in exklusiver Lage. Zimmer und Badezimmer sind mit Geschmack sorgfältig eingerichtet. Privatstrand. *Nov–Feb.*

Portofino: *Splendido (Orient Express)* €€€€€
Viale Baratta 16. **Straßenkarte** D4. *0185 269 551.* FAX *0185 267 806.*
www.hotelsplendido.com
Als eines der exklusivsten Hotels der Welt ist das Splendido stolz auf seine langjährige Anziehungskraft auf Weltstars, von Groucho Marx bis zu Madonna. Es liegt halb verborgen im Grünen auf einer Landzunge und bietet fantastische Ausblicke. Viele der luxuriösen Zimmer verfügen über eine eigene Terrasse. *Okt–Apr.*

Portovenere: *Il Genio* €€
Piazza Basteri 8. **Straßenkarte** F5. *0187 790 611.* FAX *0187 790 611.*
Das Genio ist zum Teil in die alten Stadtmauern gebaut, hat saubere Zimmer und eine kleine, mit Blumen bewachsene Terrasse mit Blick aufs Meer. Höflicher Service. *Mitte Jan–Mitte Feb.*

Portovenere: *Royal Sporting* €€€€
Via dell'Olivo 345. **Straßenkarte** F5. *0187 790 326.* FAX *0187 777 707.*
www.royalsporting.com
Modernes Top-Hotel mit großen, hellen Zimmern und einem Schwimmbad auf der Aussichtsterrasse. Netter Garten. *Nov–Mitte März.*

Rapallo: *Rosa Bianca* €€€
Lungomare V. Veneto 42. **Straßenkarte** E4. *0185 503 90.* FAX *0185 650 35.*
www.hotelrosabianca.it
Kleines, geschmackvoll eingerichtetes Hotel in guter Strandlage. Einfache, aber komfortable Zimmer. Zuvorkommender Service.

Rapallo: *Excelsior Palace* €€€€€
Via San Michele di Pagana 8. **Straßenkarte** E4.
0185 230 666. FAX *0185 230 214.* www.excelsiorpalace.thi.it
Eines der faszinierendsten Traditionshotels an der italienischen Riviera mit einer langen Gästeliste voller illustrer und königlicher Namen, von Rita Hayworth bis zum Herzog von Windsor und Wallis Simpson. Üppige Gasträume und luxuriöse Zimmer. Der Privatstrand liegt wunderschön zwischen Felsen.

San Fruttuoso: *Da Giovanni* €€
Via San Fruttuoso 10. **Straßenkarte** D4. *0185 770 047.* FAX *0185 770 47.*
Die Herberge mit einfachen Zimmern liegt in der Nähe der berühmten Abtei hübsch am Meer. Das kleine Restaurant hat eine gute Speisekarte mit Fischgerichten. Nur Halbpension, Bad am Flur. *Nov–Apr.*

Hotel	Anzahl der Zimmer	Kreditkarten	Garten oder Terrasse	Parken	Hotelrestaurant
Meublé Agavi	10				
Porto Roca	43	●	■		■
Piccolo Hotel (Domina)	22	●	■	●	■
Splendido (Orient Express)	66	●	■	●	■
Il Genio	7	●	■	●	
Royal Sporting	60	●	■	●	■
Rosa Bianca	18	●		●	
Excelsior Palace	131	●	■	●	■
Da Giovanni	7	●	■		■

Santa Margherita Ligure: *Argentina* €€€
Via Paraggi a Monte 56. **Straßenkarte** E4. ☎ *0185 286 708.* FAX *0185 284 894.*
Das elegante Hotel ist von mediterraner Macchie umgeben. Die Zimmer sind einfach, aber charmant, manche haben Seeblick. ● *Nov–Feb.*

12	●		●	

Santa Margherita Ligure: *Grand Hotel Miramare* €€€€€
Lungomare Milite Ignoto 30. **Straßenkarte** E4. ☎ *0185 287 013.* FAX *0185 284 651.* W www.grandhotelmiramare.it
Strandhotel aus dem frühen 20. Jahrhundert mit herrlichem Park. Lawrence Olivier und Vivian Leigh verbrachten hier ihre Flitterwochen. Im Sommer wird am Pool gegrillt. Viele Zimmer haben Balkon.

81	●	■	●	■

Santa Margherita Ligure: *Imperiale* €€€€€
Via Pagana 19. **Straßenkarte** E4. ☎ *0185 288 991.* FAX *0185 284 223.* W www.hotelimperiale.com
Als Wahrzeichen von Santa Margherita dominiert das Imperiale (früher eine Privatvilla) von seiner herrlichen Lage aus die Bucht. Lobby, Lounge und Restaurant sind prachtvoll, Gold und Marmor, wo man hinsieht. Die attraktiven Zimmer bieten spektakuläre Ausblicke. Schöne Gärten führen zum Privatstrand hinunter. ● *Nov–März.*

89	●	■		■

Sestri Levante: *Grand Hotel dei Castelli* €€€€
Via Penisola 26. **Straßenkarte** E4. ☎ *0185 485 780.* FAX *0185 447 67.* W www.hoteldeicastelli.com
Ein Trio aus Jugendstil-Palazzi, die zum Teil aus antikem Material erbaut wurden. Herrlich gelegen auf einem Hügel über der Baia delle Favole. Prachtvoller Park, Privatstrand und Pool. Ein Lift führt zum Strand, der andere in den Ort. Exzellentes Restaurant.

30	●	■	●	■

Sestri Levante: *Grand Hotel Villa Balbi* €€€€€
Viale Rimembranza 1. **Straßenkarte** E4. ☎ *0185 429 41.* FAX *0185 482 459.* W www.villabalbi.it
Das Hotel in einer Villa aus dem 17. Jahrhundert an der Baia delle Favole verfügt über einige bemerkenswerte Details wie etwa Deckenfresken und Barockfriese. Voller Antiquitäten, die Zimmer und Gärten sind wunderbar, der Service ist ebenso diskret wie effizient. ● *Mitte Okt–Ende Dez.*

99	●	■	●	■

Riviera di Ponente

Alassio: *Beau Rivage* €€
Via Roma 82. **Straßenkarte** B4. ☎ *0182 640 585.* FAX *0182 640 585.* W www.hotelbeaurivage.it
Das attraktive Hotel in einer Villa aus dem späten 19. Jahrhundert mit Blick aufs Meer verfügt über sehr einladende Räumlichkeiten, die teilweise mit Antiquitäten und einem Balkon bestückt sind. Nur Halbpension.

20	●	■	●	■

Alassio: *Grand Hotel Diana* €€€€
Via Garibaldi 110. **Straßenkarte** B4. ☎ *0182 642 701.* FAX *0182 640 304.*
Hier findet man alles vor, was ein Grand Hotel haben sollte: Garten und Terrasse am Meer, eigener Strand, Pool, Jacuzzi, Fitnessraum im Haus sowie geräumige Zimmer (manche mit Aussicht) und zwei gute Restaurants.

54	●	■	●	■

Albenga: *Marisa* €€
Via Pisa 28. **Straßenkarte** B4. ☎ *0182 502 41.* FAX *0182 555 122.*
Das feinste Hotel in Albenga. Mit Antiquitäten, eigenwilligen Skulpturen und bizarren modernen Gemälden eingerichtet. Große Zimmer.

31	●	■		

Albissola Marina: *Garden* €€
Viale Faraggiana 6. **Straßenkarte** C3. ☎ *019 485 253.* FAX *019 485 255.* W www.hotelgardenalbissola.com
Am Meer gelegen und trotzdem nicht weit von den Bergen mit wunderbaren Wandermöglichkeiten entfernt. Das ruhige Hotel, komplett klimatisiert und sonnengeschützt, ist seit fünf Generationen in Familienbesitz. Ein entspanntes, einladendes Hotel mit angenehmen hellen Zimmern, die jeweils über eine Terrasse verfügen.

34	●	■	●	■

Apricale: *Locanda dei Carugi* €€
Via Roma 12. **Straßenkarte** A4. ☎ *0184 209 010.* FAX *0184 209 942.* W www.locandadeicarugi.it
Im romantischen Herzen eines der schönsten mittelalterlichen Orte von Ligurien steht diese wunderbare Herberge. Die Zimmer eröffnen herrliche Ausblicke auf das Tal und über den Stadtplatz. Jedes der geschmackvoll eingerichteten und komfortablen Zimmer hat seinen eigenen Stil.

6	●			

Zeichenerklärung siehe hintere Umschlagklappe

Preiskategorien für ein Doppelzimmer pro Nacht, einschließlich Steuer, Service und Frühstück:
€ unter 85 Euro
€€ 85–125 Euro
€€€ 125–175 Euro
€€€€ 175–225 Euro
€€€€€ über 225 Euro

Kreditkarten
Die üblichen Kreditkarten werden hier akzeptiert.

Garten oder Terrasse
Das Hotel liegt in einem Park bzw. besitzt einen Garten oder eine Terrasse mit Aussicht.

Parken
Garage oder Parkplatz für Gäste, entweder beim Hotel oder ganz in der Nähe.

Hotelrestaurant
Es gibt ein empfehlenswertes Restaurant, das auch Gäste von außerhalb besuchen.

Bordighera: *Villa Elisa* €€€
Via Romana 70. **Straßenkarte** A5. *0184 261 313.* FAX *0184 261 942.*
www.villaelisa.com
Ein angenehmes Haus oberhalb der Stadt, umgeben von einem blühenden Garten; die Zimmer sind sehr komfortabel und die Ausstattung ist gut. Es gibt ein Restaurant mit Veranda zum Garten. Falls Sie Kinder haben, die beschäftigt werden wollen, ist dies der richtige Ort für Sie.

Bordighera: *Grand Hotel del Mare* €€€€€
Via Portico della Punta 34. **Straßenkarte** A5. *0184 262 201.* FAX *0184 262 394.*
www.grandhoteldelmare.it
Das moderne weiße Hotel blickt auf das Meer und ist von wunderbaren Gärten voller tropischer Pflanzen umgeben. Es bietet Luxus und Komfort. Große Zimmer mit Balkon und Meerblick. Es gibt sogar einen Beauty-Salon. Privatstrand. *Mitte Okt–26. Dez.*

Borgio Verezzi: *Villa Delle Rose* €€
Via Nazario Sauro 1. **Straßenkarte** C4. *019 610 461.* FAX *019 610 461.*
www.villarose.it
Das moderne, sehr komfortable Hotel liegt nur einen Steinwurf vom Meer entfernt. Es hat einen weitläufigen Garten, eine Pianobar und ein Restaurant mit Terrasse zum Wasser. *Mitte Nov–Ende Dez.*

Cervo: *Miracervo* €
Via Aurelia 53. **Straßenkarte** B5. *0183 400 263.* FAX *0183 400 263.*
Dies ist ein komfortables, modernes Hotel direkt am Meer. Alle Zimmer sind mit Bad und Terrasse ausgestattet. Von der Veranda aus kann man das alte Ortszentrum überblicken. Die Küche mit den Fisch-Spezialitäten ist typisch ligurisch. Die Besitzerin Signora Maria hält die Zügel fest in der Hand. *Nov.*

Finale Ligure: *Punta Est* €€€€
Via Aurelia 1. **Straßenkarte** C4. *019 600 611.* FAX *019 600 611.*
www.puntaest.com
Das exklusive Hotel liegt auf einer Landzunge inmitten von mediterraner Macchie und blickt am Ortsende über das Meer. Die Zimmer sind in einer Villa aus dem 19. Jahrhundert untergebracht sowie in einem modernen Bau daneben. *Mitte Okt–Apr.*

Imperia: *Croce di Malta* €€
Via Scarincio 148. **Straßenkarte** B5. *0183 667 020.* FAX *0183 636 87.*
www.hotelcrocedimalta.com
Das Hotel liegt im Herzen von Borgo Marina, dem alten Teil von Imperia, wo vorwiegend Fischer leben. Die meisten der komfortablen Zimmer haben Balkone mit Blick auf das Meer oder die Marina. Die Ausstattung der Zimmer umfasst neben Satelliten- und Pay-TV sowie Minibar auch einen Internet-Anschluss.

Imperia: *Hotel Kristina* €€
Spianata Borgo Peri 8. **Straßenkarte** B5. *0183 293 564.* FAX *0183 293 565.*
www.hotelkristina.com
Wenn Sie in der Sommersaison buchen, können Sie einen Strandplatz vor dem Hotel gleich mitreservieren. Die meisten Zimmer verfügen über eine eigene Terrasse, von der man die ganze Bucht von Imperia überblicken kann.

Loano: *Villa Beatrice* €
Via Sant'Erasmo 6. **Straßenkarte** B4. *und* FAX *019 668 244.*
hvbeatrice@tin.it
Die Zimmer dieses ruhigen Hotels in einer Villa aus dem 19. Jahrhundert gehen entweder zum Garten oder zur Marina hinaus. Es gibt ein Schwimmbecken für Kinder, einen Privatstrand, beheizte Whirlpools und Minigolf. *Okt.*

Hotel	Anzahl der Zimmer	Kreditkarten	Garten oder Terrasse	Parken	Hotelrestaurant
Villa Elisa	35	●	■	●	■
Grand Hotel del Mare	107	●	■		■
Villa Delle Rose	44	●	■	●	■
Miracervo	13	●	■	●	■
Punta Est	40	●	■	●	■
Croce di Malta	39	●		●	■
Hotel Kristina	34	●	■		■
Villa Beatrice	30	●	■	●	■

LOANO: *Grand Hotel Garden Lido* €€ 77
Lungomare Nazario Sauro 9. **Straßenkarte** B4. *019 669 666.*
FAX *019 668 552.* W www.gardenlido.com
Das dem Hafen zugewandte Hotel ist mit den großzügigen, modernen Zimmern und der großen Terrasse einladender, als es aussieht. Im hübschen Garten sind zwei Swimmingpools, es gibt eine Pianobar.

NOLI: *Miramare* €€ 28
Corso Italia 2. **Straßenkarte** C4. *019 748 926.* FAX *019 748 927.*
W www.hotelmiramarenoli.it
Das Miramare ist in einer alten Festung und hat noch originale Bestandteile bewahrt, z. B. die dicken Wände. Es gibt einen kleinen, hübschen Garten und die eine oder andere Antiquität. Herrliche Aussicht. *Okt.*

PIETRA LIGURE: *Grand Hotel Royal* €€ 105
Via G. Bado 129. **Straßenkarte** B4. *019 616 192.* FAX *019 616 195.*
W www.royalgrandhotel.it
Die wunderbare Lage zwischen Palmen und Strandpromenade macht das Royal zu einem sehr angenehmen Strandhotel. Die meisten Zimmer haben Meeresblick, aber nicht alle sind klimatisiert. *Okt–Mitte Dez.*

SAN REMO: *Paradiso* €€ 41
Via Roccasterone 12. **Straßenkarte** A5. *0184 571 211.* FAX *0184 578 176.*
W www.paradisohotel.it
Abseits des Strandes in einer ruhigen, grünen Gegend liegt das Paradiso mit seinem wunderbaren Garten, auf den Sie vom Veranda-Restaurant aus blicken. Die Zimmer sind komfortabel.

SAN REMO: *Royal* €€€€€ 137
Corso dell'Imperatrice 80. **Straßenkarte** A5. *0184 53 91.*
FAX *0184 661 445.* W www.royalhotelsanremo.com
Seit mehr als einem Jahrhundert bietet dieses Traditionshaus nun schon mit den besten Standard an der Riviera dei Fiori. Größe und Komfort der Zimmer mögen variieren, die meisten sind jedoch wunderbar und haben Aussicht aufs Meer. Im zauberhaften Garten mit seinen Tropenpflanzen finden Sie einen Meerwasser-Pool, der zu den schönsten in Europa zählt.
Okt–Mitte Dez.

SAVONA: *Riviera Suisse* € 80
Via Paleocapa 24. **Straßenkarte** C4. *019 850 853.* FAX *019 853 435.*
W www.rivierasuissehotel.it
Das Hotel liegt an der Hauptstraße Savonas im Herzen der Altstadt in einem erlesenen Palazzo (19. Jh.) mit Arkaden. Es ist seit den 1930er Jahren in der Hand derselben Familie und überzeugt mit persönlichem Service. Restaurant mit ligurischer und piemontesischer Küche. *Okt–19. Dez.*

SPOTORNO: *Delle Palme* €€ 32
Via Aurelia 39. **Straßenkarte** C4. *und* FAX *019 745 161 oder 019 745 180.*
W www.hoteldellepalme.it
Das Hotel an der eleganten Strandpromenade liegt gegenüber einem Park. Die Zimmer verfügen über die übliche Ausstattung, das Restaurant ist für regionale Küche, insbesondere für Fischgerichte, bekannt. *Nov.*

VARAZZE: *El Chico (Best Western)* €€€ 38
Strada Romana 63. **Straßenkarte** C3. *019 931 388.* FAX *019 432 423.*
W www.bestwestern.it
Das moderne Hotel im mediterranen Stil steht in einem großen Park gleich oberhalb von Varazze. Von den hellen Zimmern haben viele eine schöne Aussicht. Entspannte Atmosphäre und gut ausgestatteter Spieleraum.
Ende Nov–Jan.

VENTIMIGLIA: *Kaly* € 26
Lungomare Trento e Trieste 67. **Straßenkarte** A5. *0184 295 218.* FAX *0184 295 118.*
W www.francescatohotels.com
Ein modernes, komfortables Hotel in einem Wohngebiet am Meer, nur wenige Schritte vom Strand entfernt. Es gibt eine Bar und einen Garten.

VENTIMIGLIA: *Sole Mare* €€ 28
Passeggiata Marconi 22. **Straßenkarte** A5. *0184 351 854.* FAX *0184 230 988.*
W www.hotelsolemare.it
Das Hotel liegt an der Uferpromenade nicht weit vom Zentrum entfernt und ist ideal für jeden, der Ruhe und Frieden sucht. Alle Zimmer sind groß und haben Balkone mit Blick aufs Meer.

Zeichenerklärung siehe hintere Umschlagklappe

Restaurants

FLEISCH IST zwar ein fester Bestandteil der Speisekarte in Ligurien, aber wer keinen Fisch isst, dem entgeht wirklich etwas: In der ligurischen Küche dreht sich alles um Fisch und Meeresfrüchte, insbesondere an der Küste. Es ist das Land der starken Aromen und langen Traditionen, wo viele Köche Rezepte zubereiten, die seit Generationen unverändert sind: Viele Trattorien und Restaurants zelebrieren dies. Es gibt in Ligurien eine Reihe von Gourmet-Restaurants, aber letztlich bereitet es oft mehr Vergnügen, beim Schlendern durch das historische Viertel eines Ferienorts oder eines Bergdorfs zufällig eine familienbetriebene Trattoria zu entdecken. Die zahlreichen gastronomischen Festivals, die in jeder Saison stattfinden, bieten Gelegenheit, die lokalen Spezialitäten zu kosten. Beim *Agriturismo* kann man echte Hausmannskost kennen lernen.

Schild eines Ladens, der ligurische Spezialitäten anbietet

Öffnungszeiten und Preise

DIE ÖFFNUNGSZEITEN der Trattorien und Restaurants sind in ganz Norditalien ähnlich: Mittagessen gibt es meistens von 12 bis 14.30 oder 15 Uhr, Abendessen wird ab 19 Uhr bis spätabends serviert. Besonders spät kann man in den Ferienorten mit einem lebhaften Nachtleben essen. Die Ruhetage variieren je nach Lokal und Saison. Generell haben Trattorien und Restaurants fast das ganze Jahr hindurch geöffnet, vor allem in den Küstenorten.

Natürlich variieren die Preise. In vielen Lokalen beträgt die Rechnung schnell mehr als 50 € – ohne Wein – besonders, wenn Sie frischen Fisch bestellen. In den einfacheren Trattorien können sie dagegen für 20 bis 25 € satt werden. Was Trinkgelder betrifft, ist es in Trattorien üblich, etwa fünf Prozent auf die Rechnung aufzuschlagen, in Restaurants sind es zehn Prozent.

Lokale Erzeugnisse

DIE LIGURISCHE Küche beruht auf alten Traditionen, inspiriert von den fabelhaften Früchten des Landes und des Meeres. Während Fleisch und Käse eine geringere Bedeutung zukommt, sind Fisch und Gemüse nicht wegzudenken. Die Fisch-Vielfalt auf den regionalen Speisekarten ist geradezu überwältigend: Brasse *(orata)*, Rotbarbe *(triglia)* oder Seebarsch *(branzino)* sind sehr beliebt, auch Schalentiere wie Krabben und Muscheln. In vielen Restaurants bekommt man Fischsuppen, Eintöpfe sowie wahlweise gegrillten oder gebratenen Fisch oder auch eine Mischung frittierter Fische. Zu den edleren Gerichten gehört *cappon magro*, ein Salat mit Fisch, Gemüse, hart gekochten Eiern und Knoblauchsoße. Beliebt ist auch getrockneter Kabeljau oder Stockfisch *(stoccafisso)*.

Die ligurische Küche gilt als sehr gesund, das kommt daher, dass Obst und Gemüse (das in der Albenga-Ebene im Überfluss wächst) zentrale Bestandteile der Ernährung sind. In den Speisekarten spiegelt sich die Gabe der Köche wider, die lokalen Angebote zu nutzen. Gemüse spielt dabei – mal mit Fisch, mal mit Fleisch kombiniert – die zentrale Rolle. Auch gefüllt (*ripieni* oder *farciti*) ist Gemüse sehr beliebt.

Oliven liefern das gefragte Öl der Gegend und werden auch beim Kochen benutzt. Besonders berühmt sind *Taggiasca*-Oliven aus Taggia. Basilikum, Thymian, Rosma-

Tische einer ligurischen Trattoria, aufgestellt in einer der charakteristischen *carruggi*

Frische Fische und Meeresfrüchte, eine Spezialität an der Riviera

rin und Majoran sind klassische ligurische Kräuter, sie wachsen in den Bergtälern. Die wichtigste Rolle spielt dabei das Basilikum *(basilico),* Grundlage für das berühmte Pesto. Es wird mit einer fantastischen Auswahl regionaler Pasta serviert, die so spannende Namen wie *fidelini, fazzoletti* und *stracci* tragen. Am bekanntesten dürften *trofie* (Spiralnudeln aus Genua) und *trenette* (eine Art flache Spaghetti) sein. Zu den beliebtesten gefüllten Pastasorten zählen *pansôti (siehe S. 186)* und Ravioli.

Ligurische Trattorien

Eine typische Trattoria ist eher schlicht und hat eine einfache Speisekarte, aber die Küche ist oft herausragend. Leider hat die touristische Erschließung der Küstenregion zu einer Invasion der Fastfood-Ketten und Pizzabuden geführt. Mittlerweile ist es schwierig, eine gute Trattoria an der Küste zu finden, eher werden Sie im Landesinneren fündig. Falls Sie ein wenig Italienisch sprechen, fragen Sie am besten Einheimische. Sehr gutes Essen aus regionalen Produkten gibt es auch auf einem *Agriturismo*-Hof, der Zimmer und Verpflegung anbietet *(siehe S. 174).*

Traditionelle Trattoria mit authentischer ligurischer Küche

Relaxen in einer der zahlreichen Strandbars Liguriens

Bars und Cafés

Der Tag in Ligurien beginnt oft mit dem Besuch eines Cafés oder einer Bar, um zu frühstücken. Es gehört zum täglichen Ritual, drinnen oder draußen am Tisch oder an der Theke zu sitzen und dabei Zeitung zu lesen oder dem Treiben zuzusehen. Besonders die Theken bieten eine gute Gelegenheit, mit den Einheimischen ins Gespräch zu kommen. In den besten Cafés gibt es Kuchen und Gebäck und oft auch wunderbares hausgemachtes Eis. Aber Vorsicht: Die Preise in den historischen Cafés und in denen der Besuchermeilen können gesalzen sein. Auf den Seiten 202f finden Sie einige der besten Cafés der Region.

Gemüste-*tarte* und *focaccia* sind typische Snacks

Kulinarische Festivals

Wie fast überall in Italien sind Dorffeste auch in Ligurien eine ideale Gelegenheit, die lokale Küche zu kosten. Zu den Highlights der kulinarischen Festivals zählen: die Sagra delle Focaccette (Focaccia-Fest) in Recco Ende April, die Festa dell'Olio in Baiardo bei San Remo und die Festa del Basilico in Diano Marina (beide im Mai) sowie die Sagra del Pesce in Camogli Mitte Mai. Während der Festa del Limone (Zitronen-Fest), die Ende Mai in Monterosso, einem der Dörfer der Cinque Terre stattfindet, gewinnt die schwerste Zitrone einen Preis.

Am letzten Sonntag im Juni findet die Sagra dell'Acciuga (Sardellen) in Lavagna statt, zwischen 4. und 8. Juli die Sagra del Totano (Tintenfisch) in Sestri Levante. Am 15. Juli geht es mit der beliebten Sagra del Bagnum (ein einheimisches Sardellen-Gericht) weiter, in Diano Borganzo trifft man sich am selben Tag zur Sagra delle Trenette al Pesto (*trenette* sind traditionelle ligurische Nudeln). Schließlich werden Mitte September in Badalucco etwa 500 Kilo Stockfisch gekocht und bei der jährlichen Sagra del Stoccafisso verteilt.

Behinderte Reisende

Die ligurischen Restaurants verbessern die Bedingungen für Rollstuhlfahrer allmählich. Dennoch sind viele traditionelle Restaurants nicht barrierefrei.

Rauchen

Seit Januar 2005 ist ein Gesetz in Kraft, das Rauchen in öffentlichen Räumen verbietet. Es wird also kein Problem sein, ohne störenden Qualm im Restaurant zu speisen. Geraucht werden darf nur noch im Freien und in separierten Räumen mit Lüftung. Die Geldstrafen für unerlaubtes Rauchen sind hoch.

Ligurische Küche

Walnusssoße

Die ligurische Küche ist abwechslungsreich und schmackhaft. Häufig wird sie aus regionalen Erzeugnissen zubereitet, die dank der Sonne, dem fruchtbaren Boden und dem Meer in bester Qualität gedeihen. Es gibt Olivenöl extra vergine, Wein, viel Gemüse sowie frischen, getrockneten oder eingelegten Fisch – um nur einige Köstlichkeiten ligurischer Küche zu nennen. Einige Gerichte der Region sind weltberühmt, darunter Pesto und *focaccia alla genovese* (ein Mix aus Pizza und Brot).

Torta pasqualina *(Oster-Auflauf)* *wird aus Blätterteig hergestellt und mit Artischocken, Spinat, Zucchini und Eiern gefüllt.*

Antipasti

Focaccia und schmackhafte *tartes* gehören zu den Spezialitäten, die man als *antipasti* isst. Darüber hinaus gibt es eine große Auswahl an Wurst, Fisch und Meeresfrüchten.

Meeresfrüchte *können an der Küste in jedem Gang dabei sein. Mies- und Venusmuscheln sowie Tintenfisch gehören zu den Favoriten.*

Fainà (farinata) *ist eine Art* focaccia *aus Kichererbsenmehl, die im Holzofen gebacken und warm verzehrt wird.*

Fugassa *ist eine Käse-*focaccia, *für die das östlich von Genua gelegene Recco berühmt ist. Auch bekannt als* focaccia al formaggio di Recco.

Zwischengänge (Primi Piatti)

Mit Fisch oder Getreide und Gemüse zubereitete Suppen, aber auch frische Pasta wie *trofie, trenette* oder *pansôti,* serviert mit Pesto oder Walnusssoße *(salsa di noci).*

Pansôti con salsa di noci *sind mit Gemüse gefüllte Teigtaschen in einer Soße aus Walnüssen, Kräutern und Ricotta.*

Trenette al pesto, *eine Genueser Spezialität, besteht aus Nudeln mit einer Soße aus Basilikum, Pinienkernen und Parmesan.*

Mesciua, *wörtlich Mischmasch, eine Suppe aus weißen Bohnen, Dinkel und Kichererbsen, gibt es in La Spezia.*

Ciuppin *aus Sestri Levante ist eine pürierte Suppe aus Fisch und Schalentieren, Tomaten, Kräutern, Wein und Knoblauch.*

Minestrone alla genovese *ist eine sämige Suppe, bestehend aus verschiedenen Gemüsesorten, Kräutern und ein wenig Pesto.*

HAUPTGERICHTE (SECONDI PIATTI)

Als Fleischgericht wird u.a. Kaninchen *alla ligure* (in Wein und mit Kräutern) serviert sowie *la cima,* ein Gericht aus Genua. Fisch kommt als Eintopf oder gebraten auf den Tisch. Fisch und Fleisch werden beide meist mit Gemüse angerichtet. Besonders gefragt: Artischocken aus Albenga.

***Meeresfrüchte** sind frittiert, gebraten oder gedünstet ein unerlässlicher Bestandteil der ligurischen Küche.*

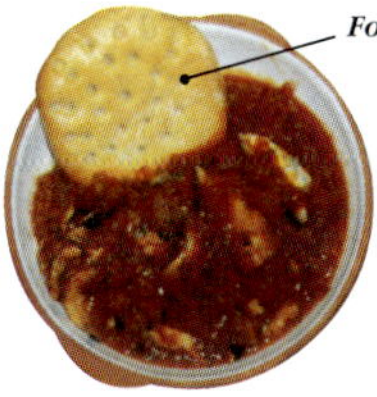

Bagnun, *ein Sardelleneintopf auf Tomatenbasis, war das Frühstück der Fischer.*

La cima *ist eine Kalbsroulade, die mit Fleisch, Eiern, Käse und Gemüse gefüllt wird.*

GEBÄCK

Ligurien bietet eine Vielfalt an Kuchen und Plätzchen, die nach alten Rezepten gebacken werden.

Pandolce *aus Genua enthält Orangenblütenwasser, Rosinen und kandierte Früchte.*

Baci (Küsse), *enthalten Nüsse und Kakao und sind mit Schokocreme gefüllt.*

Canestrelli, *klassisch blass gefärbt, köstlich und porös, sind etwas für morgens.*

Amaretti *aus Sassello sind aus Mandeln mit Zucker und Eiweiß gemacht.*

KÄSE

Der beste Käse wird in den Bergen des Landesinneren hergestellt. San Stè aus Santo Stefano d'Aveto ist ein wunderbarer Rohmilchkäse. Auch die einheimischen Schafskäse schmecken gut.

Caciotta di Brugnato

San Stè

OLIVENÖL

Das ligurische Olio extra vergine wird aus besten Oliven kalt gepresst. Es ist aromatisch und genießt in ganz Italien einen guten Ruf. Auf den Hängen Liguriens wachsen schon seit vielen Jahrhunderten Oliven. Antike Granit-Mühlsteine sind in einigen alten Olivenpressen noch heute in Betrieb.

Olivenöl

Olivenöl

Pesto Genovese *ist frisch am besten; es gibt die Masse aus Basilikum, Parmesan (oder Pecorino), Pinienkernen, Knoblauch und Olivenöl auch in Gläsern.*

WEIN

Die steilen Hänge Liguriens machen die Region nicht zum idealen Weinanbaugebiet, dennoch gibt es hier gute Weine, darunter acht DOC-Weine. Die aus den Cinque Terre (darunter ein süßer Wein aus Sciacchetrà) und der Rossese aus Dolceaqua haben landesweit guten Ruf. Weitere gute Weine sind Vermentino (aus Lunigiana oder der Gegend um Imperia) und Pigato, ein fruchtiger Weißwein, der aus Albenga stammt. Halten Sie auch nach den beiden Weißen Lumassina di Finale Ligure und Bianco di Coronata aus Genua Ausschau. Der Ormeasco ist ein kräftiger Roter mit einer Kirsch- und Brombeernote.

***Vermentino** ist ein trockener, fruchtiger Weißer, der zu Fisch und Suppen passt.*

***Sciacchetrà** aus den Cinque Terre ist ein lieblicher Weißwein mit intensivem, blumig-fruchtigem Bukett.*

***Rossese,** häufig Dolceacqua genannt, ist ein Rotwein, der mit pikantem Käse harmoniert.*

Restaurantauswahl

Die folgenge Liste stellt Ihnen Restaurants vor, die wegen ihres guten Essens und ihrer Lage ausgesucht wurden. Sie sind nach Regionen aufgeteilt und preislich gestaffelt. Farbige Griffmarken leiten Sie zum jeweiligen Abschnitt. Kartenangaben verweisen auf den Stadtplan von Genua auf den Seiten 94–99 bzw. die Straßenkarte auf der hinteren Umschlaginnenseite.

Genua

Restaurant	Preis	Kreditkarten	Parken	Tische im Freien	Traditionelle Gerichte	Fischgerichte
Il Centro Storico: *Cantina di Colombo* Via di Porta Soprana 57r. **Karte** 2 F4. ☎ *010 247 59 59.* Die Preise sind günstig in dieser angenehm rustikalen Trattoria. Sie liegt nicht weit entfernt von dem Haus, in dem Christoph Kolumbus geboren sein soll. Der Schwerpunkt liegt auf einheimischer Küche, in der Fleisch und Gemüse vorherrschen. Gute Weine ● *So; Aug, 25. Dez–Mitte Jan.* 🍷	€	■			●	
Il Centro Storico: *Cantine Squarciafico* Piazza Invrea 3r. **Karte** 5 C3. ☎ *010 247 08 23.* Säulen und Gewölbe kennzeichnen das Restaurant, das mittags und abends wechselnde Menüs serviert. Sie können nur ein Tagesgericht bestellen oder ein komplettes Menü. Hausgemachte Pasta gibt es auch. ● *Aug.* 🍷	€	■			●	■
Il Centro Storico: *Da Rina* Mura delle Grazie 3r. **Karte** 2 F5. ☎ *010 246 64 75.* Ein Restaurant bester Genueser Tradition, das von derselben Familie betrieben wird, die es in den 1940er Jahren eröffnete. Einfache, aber schmackhafte Gerichte. Fisch wird auf diverse Arten zubereitet – gedünstet, vom Grill oder *alla genovese* (mit Anchovis, Pilzen und Gemüse). Es gibt auch Hummer. Die *primi piatti* sind meist weniger eindrucksvoll als die Antipasti und die Hauptgerichte. ● *Mo; Aug.* 🍷	€€€	■	●		●	■
Il Centro Storico: *Vegia Zena* Vico Serriglio 15r. **Karte** 5 B2. ☎ *010 251 33 32.* Das nahe am Aquarium gelegene Restaurant bietet traditionelle ligurische Gerichte, die es mit ganz frischen Zutaten zubereitet und dabei einen besonderen Schwerpunkt auf Fisch setzt. Das Fisch-Antipasto ist köstlich. Weitere Spezialitäten sind *stoccafisso accomodato* (getrockneter Kabeljau mit Kartoffeln und Oliven), *tortelli di pesce* (mit Fisch gefüllte Pasta) und Pasta mit Pesto. Gute Desserts. ● *Mo, So abends; Aug, letzte Woche Dez.* 🍸 🍷	€€€	■			●	■
Il Centro Storico: *Zefferino* Via XX Settembre 20. **Karte** 6 D–E4. ☎ *010 591 990.* Das historische Lokal im Zentrum (seit den 1930er Jahren in der Hand derselben Familie) war eines der Lieblingsrestaurants von Frank Sinatra, der sich von hier Pesto nach Hause nach Las Vegas schicken ließ. Typische Gerichte sind *polpo alla ligure* (Tintenfisch mit Kartoffeln und Kräutern) sowie Krabben mit Basilikum. Herrliche Auswahl an Desserts, wie Zitronensorbet aus Nervi; aufmerksamer Service. 🍷 🚸	€€€€	■	●	■	●	■
Il Centro Storico: *Da Toto* Ponte F. Morosini Sud 19/20. **Karte** 5 A2. ☎ *010 251 75 81.* Das Restaurant liegt am Hafen, entsprechend ist die Küche von Seafood geprägt. Als Antipasti gibt es gefüllten Tintenfisch und Tigullio-Weißfischchen, ein Highlight der Zwischengerichte ist die *pasta e fagioli ai frutti di mare* (Pasta und Bohnen mit Meeresfrüchten). ● *So; Aug.* 🍷 ♿	€€€€	■	●	■	●	■
Le Strade Nuove: *Europa* Galleria G. Mazzini 53r. **Karte** 6 D3. ☎ *010 581 259.* Die Pizzeria und *tavola calda* im alten aristokratischen Viertel von Genua hat eine langjährige Tradition. Dank ihrer Nähe zum Teatro Carlo Felice herrscht hier Tag und Nacht Hochbetrieb. Das gute Essen wird schnell serviert, die Speisekarte bietet u. a. Fisch und Braten. ● *So; Aug.* 🍷	€	■		■	●	■
Le Strade Nuove: *Le Rune* Vico Domoculta 14r. **Karte** 6 D3. ☎ *010 594 951.* Das einladende, diskrete Restaurant liegt in einem alten Palazzo. Es serviert traditionelle Fischgerichte und bietet eine Reihe von Olivenölen (aus Ligurien und anderen Regionen) an. Neben einer guten Wein- und Käseauswahl gibt es eine große Vielfalt an herrlichen Desserts. Besondere Menüs für Kinder. ● *Sa mittags.* 🍷 🚸	€€€	■		■	●	■

Preiskategorien für ein komplettes Menü mit Getränken (auch Wein):
€ unter 30 Euro
€€ 30–40 Euro
€€€ 40–50 Euro
€€€€ 50–60 Euro
€€€€€ über 60 Euro

KREDITKARTEN
Die üblichen Kreditkarten werden akzeptiert.

PARKEN
Garage oder bewachter Parkplatz.

TISCHE IM FREIEN
Man kann draußen essen – auf einer Terrasse, im Garten oder auf der Piazza.

TRADITIONELLE GERICHTE
Authentische regionale Gerichte werden angeboten.

FISCHGERICHTE
Frischer Fisch oder Meeresfrüchte stehen auf der Karte.

LE STRADE NUOVE: *Pallavicini Celliere* €€€
Salita Pallavicini 25r. **Karte** 6 D3. *010 252 882.*
Ein informelles Restaurant, das traditionelle ligurische und toskanische Gerichte, aber auch einige ungewöhnlichere Speisen wie Straußengulasch serviert. Große Auswahl hervorragender Käsesorten und hausgemachte Desserts. *So; Aug.*

LE STRADE NUOVE: *Saint Cyr* €€€
Piazza Marsala 4. **Karte** 3 A1. *010 886 897.*
Anspruchsvolle Küche, die ligurische, piemontesische und französische Traditionen verbindet und in klassisch-eleganter Umgebung serviert. Besonders gut sind die Antipasti. Der Service ist erfreulich. Gute Auswahl italienischer und internationaler Weine. *Sa, So; Aug, Ende Dez.*

ABSTECHER (STADTGEBIET GENUA): *Enoteca Sola* €€
Via C. Barabino 120r. **Karte** 3 C4. *010 594 513.*
Ein ebenso einfaches wie kongeniales Lokal östlich des Zentrums in der Nähe der Fiera internazionale. Ausschließlich ligurische Küche, in der man nach einem Flan oder einem anderen Antipasto eine Minestrone mit *carnaroli* (Risotto-Reis) isst. Der Hauptgang kann Fleisch oder Fisch sein. Unter den hausgemachten Desserts findet man eine exzellente Pfirsich*tarte*. *So; Aug.*

ABSTECHER (STADTGEBIET GENUA): *Gran Gotto* €€€€
Viale Brigata Bisagno 69r. **Karte** 3 C4. *010 564 344.*
Ein gutes Restaurant mit legendärem Ruf, östlich des Stadtkerns gelegen. Der kleine, aber elegante Speiseraum erinnert an eine modernisierte Osteria. Die köstlichen Gerichte basieren fast ausnahmslos auf Fisch. Der Service ist zuvorkommend, der Olivenöl-Keller berühmt.
Sa mittags, So; Aug, Neujahr.

ABSTECHER (STADTGEBIET GENUA): *La Bitta nella Pergola* €€€€€
Via Giuseppe Casaregis 52. **Karte** 4 D4. *010 588 543.*
Östlich des Stadtkerns liegt das Restaurant, das Eleganz und Tradition wunderbar verbindet. Delikate Gerichte werden hier hübsch angerichtet serviert, die Küche kombiniert Genueser und neapolitanische Einflüsse. Leckere Desserts, alle hausgemacht. *Mo, So abends; Jan, Aug.*

ABSTECHER (STADTGEBIET GENUA): *Le Perlage* €€€€€
Corso G. Marconi 10r. **Karte** 3 C5. *010 588 551.*
Das dunkle, holzgetäfelte Restaurant liegt gegenüber der Fiera internazionale im Herzen des Geschäftsviertels. Leichte Fischgerichte mit einfallsreichen, originellen Wendungen werden im Sinne gastronomischer Trends serviert. Unter den Highlights sind *polpo alla greca* (Tintenfisch auf griechische Art) und *gnocchetti di polpo*. Riesige Käseauswahl.
So; Aug.

ABSTECHER (GROSSRAUM GENUA): *Bruxaboschi* €€
Via F. Mignone 8, San Desiderio. **Straßenkarte** D3. *010 345 03 02.*
Das Restaurant liegt nördlich der Stadt und konzentriert sich auf Fleisch und Gemüse. Spezialitäten sind Gerichte mit Pilzen, Trüffeln und Wild. Es gibt auch Fischgerichte im Angebot. Große Getränkekarte. Glutamatfreie Gerichte und Kindermenüs. *Mo, So abends; Aug, 25. Dez–6. Jan.*

ABSTECHER (GROSSRAUM GENUA): *Edilio* €€€
Corso A. De Stefanis 104r. **Straßenkarte** D3. *010 811 260.*
Eines der berühmtesten und besten Restaurants in Genua, nahe dem Fußballstadion im Marassi-Viertel gelegen. Elegantes Ambiente und aufmerksamer Service. Traditionelle Fisch- und Fleischgerichte bekommen hier einen originellen Touch. Gefüllte Sardinen gehören zu den Spezialitäten des Hauses. Exzellente hausgemachte Desserts.
Mo, So abends; Aug.

Restaurant	Kreditkarten	Parken	Tische im Freien	Traditionelle Gerichte	Fischgerichte
Pallavicini Celliere	■			●	■
Saint Cyr	■	●		●	■
Enoteca Sola	■			●	■
Gran Gotto	■	●		●	■
La Bitta nella Pergola	■				■
Le Perlage	■				■
Bruxaboschi	■	●	■	●	■
Edilio	■			●	■

Zeichenerklärung siehe hintere Umschlagklappe

Preiskategorien für ein komplettes Menü mit Getränken (auch Wein):
- € unter 30 Euro
- €€ 30–40 Euro
- €€€ 40–50 Euro
- €€€€ 50–60 Euro
- €€€€€ über 60 Euro

Kreditkarten
Die üblichen Kreditkarten werden akzeptiert.

Parken
Garage oder bewachter Parkplatz.

Tische im Freien
Man kann draußen essen – auf einer Terrasse, im Garten oder auf der Piazza.

Traditionelle Gerichte
Authentische regionale Gerichte werden angeboten.

Fischgerichte
Frischer Fisch oder Meeresfrüchte stehen auf der Karte.

Abstecher (Grossraum Genua): *Toe Drue* €€€
Via C. Corsi 44/r, Sestri Ponente. **Straßenkarte** D3. *010 650 01 00.*
Ein schickes Restaurant mit dem romantischen Erscheinungsbild einer Osteria. Der Name (wörtlich: »harter Tisch«) kommt von den rustikalen Tischen, die aus einem lombardischen Kloster stammen sollen. Der Schwerpunkt liegt auf ligurischer Küche, die Triester Wurzeln der Familie beeinflussen die Speisekarte. Je nach Saison gibt es Trüffeln, Pilze oder Wild, immer eine gute Auswahl an Käse. *Sa mittags, So; 5.–20. Aug.*

Abstecher (Grossraum Genua): *Baldin* €€€€
Piazza Enrico Tazzoli 20r, Sestri Ponente. **Straßenkarte** D3. *010 653 14 00.*
Ein traditionelles Restaurant, gepflegt und geräumig, westlich der Stadt gelegen. Es serviert vorwiegend Fisch und während der Saison auch Pilze und Trüffeln. Gute Auswahl an Käse. Hausgemachte Desserts und angenehmer Service. *Mo, So; erste Woche im Jan, Aug.*

Abstecher (Grossraum Genua): *La Pineta* €€€€
Via Gualco 82, Struppa. *010 802 772.*
Das Restaurant liegt in einem Pinienwald vor Genua und bietet neben traditioneller Küche auch ungewöhnlichere Gerichte. Neben Gemüse-*tartes*, *focaccia* mit Salbei, Ravioli und *pansôti* stehen auf der Speisekarte zahlreiche Wildgerichte (für die La Pineta berühmt ist), Eselrippchen, Steaks aus Nordamerika und Pferdefleisch *alla francese*. *Mo, So abends; Aug.*

Abstecher (Grossraum Genua): *Antica Osteria del Bai* €€€€€
Via Quarto 12, Quarto dei Mille. **Straßenkarte** D3. *010 387 478.*
Das Edellokal liegt östlich der Stadt und existiert seit Mitte des 19. Jahrhunderts. Garibaldi speiste hier 1869, bevor er in Sizilien für die Einheit Italiens kämpfte. Gute traditionelle Küche: exzellenter Fisch und ligurische Pasta, u. a. *pansôti*. Die holzgetäfelte Gaststube erinnert an eine alte Fischerkneipe und bietet Aussicht aufs Meer. Schneller und höflicher Service. *Mo; 10.–20. Jan, 1.–20. Aug.*

Riviera di Levante

Ameglia: *Locanda delle Tamerici* €€€€€
Via Litoranea 106, Fiumaretta di Ameglia. **Straßenkarte** F5. *0187 642 62.*
Ein intimes, aber entspanntes Restaurant (mit Zimmern) östlich von Ameglia. Kreative, regional geprägte Küche, die wahre Wunder mit Gemüse und Meeresfrüchten vollbringt: Krabben-Flan auf Kichererbsen-Soße *(garbanzo)*, Tintenfisch mit Gemüse-Scampi-Füllung; Safran-Tagliatelle mit *finferli* (Pfifferlinge) und Muscheln, *fidelini* (Pasta) mit Meeresfrüchten, knusprige Meerbarbe mit Ingwer und Zitrone sowie Seebarsch in Aubergine. *Mo, Di; 24. Dez–7. Jan.*

Ameglia: *Paracucchi* €€€€€
Viale XXV Aprile 60. **Straßenkarte** F5. *0187 643 91-643 92.*
Ein gestyltes, elegantes Restaurant im Hotel Locanda dell'Angelo. Unter den interessanten Gerichten, die das Beste aus den regionalen Erzeugnissen herausholen, finden sich Tomaten-Zitronen-Gazpacho mit gedämpften Garnelen, *foie gras* mit Aprikosenkompott, *farro*-(Dinkel-)Risotto mit Garnelen und Basilikumsahne, Hummermedaillons mit *Taggiasca*-Oliven, Spanferkel aus dem Ofen mit Kartoffeln und Pfirsichen.
Mo, Di mittags, So abends; 20 Tage im Jan.

Bogliasco: *Il Tipico* €€€
Via Poggio Favaro 20, San Bernardo. **Straßenkarte** D4. *010 347 07 54.*
Ein großartiges, klassisches Restaurant gleich außerhalb von Bogliasco. Typisch ligurische Gerichte mit einem modernen Touch, z. B. *pansôti alle noci* (gefüllte Pasta mit Walnusssoße), *fettuccine verdi* mit Garnelen und Baslikum sowie Meeresfrüchte-Risotto. Fische werden wunderbar einfach zubereitet, z. B. als Spieße, gegrillt *alla ligure* mit Kartoffeln oder mit Junggemüse. *Mo; erste 2 Wochen im Jan, 10.–20. Aug.*

Restaurant	Kreditkarten	Parken	Tische im Freien	Traditionelle Gerichte	Fischgerichte
Toe Drue	■			●	■
Baldin	■			●	■
La Pineta	■	●	■	●	■
Antica Osteria del Bai	■		■	●	■
Locanda delle Tamerici	■		■	●	■
Paracucchi	■	●		●	■
Il Tipico	■			●	■

CAMOGLI: *Nonna Nina* €€€
Via F. Molfino 126, San Rocco. **Straßenkarte** D4. *0185 773 835.*
Der legere Familienbetrieb liegt südlich von Camogli in einem typisch ligurischen Landhaus aus dem späten 19. Jahrhundert. Aus alten ligurischen Rezepten entstehen Gerichte wie winzige Sardellen *(gianchetti),* frittiert oder als Suppe, gefüllte Sardinen, *taglierini* (dünne Bandnudeln) mit Majoran, Stockfisch oder Kaninchen *alla ligure* (mit Oliven und Weißwein). Eine Spezialität des Hauses sind *trofie* (Pasta) mit Brennnesseln, Pesto und Wachtel. *Mo–Fr mittags, Mi; 15 Tage im Jan, 15 Tage im Nov.*

CAMOGLI: *Rosa* €€€
Largo F. Casabona 11. **Straßenkarte** D4. *0185 773 411.*
Das Restaurant in einer Jugendstilvilla liegt romantisch und blickt auf das Meer. Auf der Speisekarte steht viel Seafood: *tonnetto* (Thunfisch) in süßsaurer Soße, gefüllte Muscheln, *taglierini* mit Rotbarbe, Garnelen-Risotto, Venusmuschel-Suppe, *moscardini affogati* (»ertrunkener« Oktopus) und Brasse mit Thymian. Es gibt wahlweise auch gegrillten oder gebratenen Fisch oder *pansôti in salsa di noci* (gefüllte Pasta in Walnusssoße).
Di; 7. Jan–6. Feb, 22. Nov–6. Dez.

CASTELNUOVO DI MAGRA: *Da Armanda* €€
Piazza Garibaldi 6. **Straßenkarte** F5. *0187 674 410.*
Ein rustikaler Familienbetrieb mit tradtioneller Küche aus der Region, z.B. einige exzellente Pastagerichte. Wählen Sie zwischen Gemüse-Flan, gefülltem Kopfsalat, *tortelloni con salsa di noci* (Walnusssoße), *tortelli* mit Auberginenfüllung, *taglierini* mit Zucchini-Blüten, Kaninchenrücken mit Oliven oder Lammkeule mit Thymian. *Mi; 24. Dez–6. Jan, Mitte–Ende Juni.*

CHIAVARI: *Da Felice* €€
Via Luigi Risso 71. **Straßenkarte** E4. *0185 308 016.*
Rustikales Restaurant, das ligurische Spezialitäten serviert: *cappon magro* (Salat aus gekochtem Fisch), geräucherten oder frittierten Fisch, *buridda* (Eintopf) mit Sepia und einige gute Pastagerichte wie *picagge* (Pasta) mit Basilikum-Pilzsoße. Kleine, aber feine Weinkarte. *Mo mittags.*

CHIAVARI: *Lord Nelson* €€€€€
Corso Valparaiso 27. **Straßenkarte** E4. *0185 302 595.*
Das Lord Nelson ist mit Seefahrermotiven dekoriert und nennt sich Pub, ist jedoch das exklusivste Lokal in Chiavari. Internationale und ligurische Speisen stehen auf der Karte, darunter auch Seafood: Hummer in Blätterteig mit Kichererbsenmus, Carpaccio vom gebratenen Thunfisch, Kürbis-*tagliolini* mit Meerbarben-Rogen, Seebarsch-Ravioli in Meerbarben-Soße oder Knurrhahn-Stew. Lassen Sie Platz für die exzellenten Desserts, z.B. das Waldfrüchte-Gratin. Es gibt auch Gästezimmer. *Mi (außer im Juli, Aug); Nov.*

LA SPEZIA: *Gabbiani* €
Molo Italia. **Straßenkarte** F4. *0187 779 177.*
Ein schwimmendes Restaurant mit wunderbarem Blick aufs Meer. Ligurische Fischgerichte, im Sommer mit Grill. Probieren Sie die *antipasti di mare,* Risotto mit Oktopus, gefüllte Muscheln oder die herrlichen *spaghetti allo scoglio* (mit Meeresfrüchten). *Mo.*

LA SPEZIA: *Il Sogno di Angelo* €€€€€
Via del Popolo 39. **Straßenkarte** F4. *0187 514 041.*
Mit der Eröffnung des eleganten Restaurants im Zentrum von La Spezia hat Chef Davide eine charmante Atmosphäre geschaffen, in der man hervorragendes Essen serviert. Ligurische Zutaten und internationale Rezepte verbinden sich zu Gerichten wie Krabbenravioli in Safranbrühe und Fasan mit schwarzem Trüffel. Selbst gebackenes Brot und fantastische Desserts wie Walnuss-*semifreddo* und *crema cotta* (crème brûlée) mit Minzsoße.
So; eine Woche im Jan, zwei Wochen im Aug.

LAVAGNA: *Rajeu* €€
Via Milite Ignoto 25. **Straßenkarte** E4. *0185 390 145.*
Ein einladender, freundlicher Ort auf der Ostseite von Lavagna, der wie eine Seemannskneipe dekoriert ist. Spezialitäten des Hauses sind: Meeresfrüchte-Salat, Spaghetti mit Meeresfrüchten, Ravioli mit Fischfüllung und *buridda* (Fischeintopf). *Mo; eine Woche Ende Feb, Nov.*

LERICI: *La Barcaccia* €€€
Piazza Garibaldi 8. **Straßenkarte** F5. *0187 967 721.*
Klassisches Restaurant mit Garten und kreativer ligurischer Speisekarte: Krabben-Salat mit Honig, Raviolini mit Fischfüllung und gebratener Knurrhahn mit Zwiebel-*fonduta*. *Mo–Fr mittags, Do (nicht im Aug); Feb, Nov.*

Zeichenerklärung siehe hintere Umschlagklappe

Preiskategorien für ein komplettes Menü mit Getränken (auch Wein):
- € unter 30 Euro
- €€ 30–40 Euro
- €€€ 40–50 Euro
- €€€€ 50–60 Euro
- €€€€€ über 60 Euro

Kreditkarten
Die üblichen Kreditkarten werden akzeptiert.

Parken
Garage oder bewachter Parkplatz.

Tische im Freien
Man kann draußen essen – auf einer Terrasse, im Garten oder auf der Piazza.

Traditionelle Gerichte
Authentische regionale Gerichte werden angeboten.

Fischgerichte
Frischer Fisch oder Meeresfrüchte stehen auf der Karte.

Lerici: *Il Frantoio* €€€
Via Cavour 21. **Straßenkarte** F5. ☎ *0187 964 174.*
Elegantes Restaurant mit einer lebhaften, offenen Küche. Wählen Sie aus anspruchsvollen Speisen wie Brassen-Carpaccio mit Frühlingssalat und Olio extra vergine, *gnocchetti* mit Hummersoße oder *trenette* mit Pesto und Baby-Garnelen. ● *Mo (nicht im Juli, Aug); Feb.*

Lerici: *Vecchia Lerici* €€€
Piazza Mottino 10. **Straßenkarte** F5. ☎ *0187 967 597.*
Ein intimes Restaurant mit maritimem Flair und einer Terrasse. Die Küche ist von der kulinarischen Tradition Liguriens inspiriert. Sie haben die Wahl zwischen Gerichten wie Brassentartar und Lachs, *tagliolini* mit Baby-Calamari, Tomaten mit Rucola, Steinpilze mit Spargel und Baby-Garnelen sowie Brasse mit Oliven der Region. ● *Mi, Do mittags (im Winter); Nov.*

Lerici: *Due Corone* €€€€
Via Vespucci 14. **Straßenkarte** F5. ☎ *0187 967 417.*
Elegantes Restaurant am Hafen, dessen Spezialität – natürlich – Fisch und Meeresfrüchte sind. Hier gibt es eine herrliche gemischte Grillplatte und wunderbare Antipasti, aber auch Feineres wie Ravioli mit Fischfüllung, gedämpfte Garnelenschwänze auf geschmolzenem Pecorino, Brassenfilet in Kartoffelkruste und Kalbsfilet in Aceto Balsamico. ● *Di; 7. Jan–8. Feb.*

Moneglia: *Ruota* €€€€
Lemeglio. **Straßenkarte** E4. ☎ *0185 495 65.*
In dem kleinen Dorf östlich von Moneglia sitzt man zwar rustikal, die Speisekarte bietet jedoch überraschend geglückte Kreationen der ligurischen Küche wie Seehechtsalat mit Mayonnaise, Scampi-Risotto, Brasse im Salzmantel, gedünstete Scampi oder Tintenfisch mit Steinpilzen. ● *Mi; Nov.*

Portofino: *El Portico* €€
Via Roma 21. **Straßenkarte** D4. ☎ *0185 269 239.*
Eine wunderbar bodenständige Trattoria und Pizzeria in Familienhand, wo man zwar weniger mondän, jedoch ebenso gut isst wie bei den noblen Nachbarn. Frischer Fisch, Pasta und Pizzas geben den Ton an. Danach gibt es hausgemachte Desserts. Reservierung empfehlenswert. ● *Di; Jan, Feb.*

Portofino: *Da Puny* €€€€€
Piazza Martiri dell'Olivetta 5. **Straßenkarte** D4. ☎ *0185 269 037.*
Dies ist ein guter Ort, um es sich so richtig gut gehen zu lassen. Die Pasta-Gerichte sind ausnahmslos hervorragend, viele der Meeresfrüchte-Speisen unvergesslich. Probieren Sie den marinierten Schwertfisch mit grünen Bohnen und Tomaten, Thunfischwurst, Pilaw mit gekräuseltem Tintenfisch, Seebarsch im Salzmantel oder in frischem Lorbeer, schwarzen Oliven und Kartoffeln gekochten Fisch. ● *Do; 15. Dez–15. Feb.*

Portofino: *Da U Batti* €€€€€
Vico Nuovo 17. **Straßenkarte** D4. ☎ *0185 269 379.*
Eine kongeniale Trattoria mit kleinem Speiseraum und Veranda. Nach den sehr leckeren *pansôti con salsa di noci* oder den *trenette al pesto* haben Sie die Wahl zwischen guten Meeresfrüchte-Gerichten. *Scampi alla Batti* ist das Hausgericht, lecker sind auch der pochierte Seebarsch mit Mayonnaise und Rucola, der Reis mit Hummer oder der gegrillte Fisch mit der Soße des Hauses. ● *Mo; 15. Nov–20. Jan.*

Portovenere: *La Chiglia* €€€
Via dell'Olivo 317. **Straßenkarte** F5. ☎ *0187 792 179.*
Die beliebte Trattoria eröffnet einen herrlichen Blick auf die Insel Palmaria und bietet gute ligurische Gerichte. Die *antipasti di mare* sind empfehlenswert, ebenso die *frittura mista* (gemischte frittierte Meeresfrüchte) oder die *tagliolini* mit Garnelen und Rucola. Auch mit dem Fisch vom Grill trifft man eine gute Wahl. ● *Mi; Nov.*

	Kreditkarten	Parken	Tische im Freien	Traditionelle Gerichte	Fischgerichte
Lerici: Il Frantoio	■			●	■
Lerici: Vecchia Lerici	■		■	●	■
Lerici: Due Corone	■		■	●	■
Moneglia: Ruota	■	●	■	●	■
Portofino: El Portico			■	●	■
Portofino: Da Puny			■	●	■
Portofino: Da U Batti	■		■	●	■
Portovenere: La Chiglia	■			●	■

RAPALLO: *U Giancu* €€€
Via San Massimo 78. **Straßenkarte** E4. *0185 260 505.*
Das ungewöhnliche Familienrestaurant außerhalb von Rapallo hat einen für seine Hutsammlung berühmten Besitzer, dazu einen schönen Garten mit Spielplatz. Die Speisekarte bietet für Kinder und Erwachsene etwas und enthält einfach alles – von Pasta mit Pilzsoße und gegrillten Lammkoteletts über frittierte Holunderblüten bis zu Steinpilzen *al carttoccio.* *Mi.*

RAPALLO: *Elite* €€€€
Via Milite Ignoto 19. **Straßenkarte** E4. *0185 505 51.*
Einladendes Ambiente und eine Speisekarte, die ligurische und internationale Gerichte kombiniert. Schmackhaft sind die *linguine alla Nettuno* (Pasta mit Meeresfrüchten) und das Lachsrisotto. Außerdem gibt es einfache, aber gute Speisen mit Rinderfilet und Garnelen. *Mi; Nov.*

RIOMAGGIORE: *Cappun Magru* €€€
Via Volastra 19, Groppo di Manarola. **Straßenkarte** F5. *0187 920 563.*
Die intime Atmosphäre eines typischen Winzerhauses in den Cinque Terre. Auf der Karte stehen *cappon magro* (Fischsalat) und andere einfache Fischgerichte. Das Kichererbsen-Meeresfrüchte-Timbale ist gut, Fleischfans können Ente oder Rinderfilet probieren. *Mo, Di; 10. Dez–10. Feb.*

SANTA MARGHERITA LIGURE: *Da Nello* €€
Via Gramsci 105. **Straßenkarte** E4. *0185 286 505.*
Das Fischrestaurant serviert leckere einfache Fischgerichte wie Sardellen mit Zitrone oder Penne mit Scampi. Auch mit den *fritto misto di pesce* (gemischter frittierter Fisch) liegt man immer richtig. *Mo; Nov.*

SANTA MARGHERITA LIGURE: *Trattoria dei Pescatori* €€€
Via Bottaro 43. **Straßenkarte** E4. *0185 286 747.*
Das ungewöhnliche Lokal entstand Ende des 19. Jahrhunderts in Fischnetzwerkstätten. Spezialitäten aus dem Golf von Tigullio, z.B. Meeresfrüchte-Salate und *ciuppin* (sämige Fischsuppe). Außerdem gibt es Genueser Minestrone und *pansôti alla salsa di noci.* *Di; Feb.*

SANTA MARGHERITA LIGURE: *Oca Bianca* €€€
Via XXV Aprile 21. **Straßenkarte** E4. *0185 288 411.*
Ein freundliches Restaurant mitten im Ort, das erstaunlicherweise keinen Fisch serviert. Die kreative Küche verwendet vorwiegend ligurische Zutaten für Gerichte wie Risotto mit Entenbrust, Kaninchenleber-Terrine, Schweinefleisch in Bier und hervorragende Steaks. Auch für Vegetarier und Kinder ist gut gesorgt. *Mo.*

SANTA MARGHERITA LIGURE: *Cesarina* €€€€€
Via Mameli 2/c. **Straßenkarte** F4. *0185 286 059.*
In dem eleganten, modernen Restaurant steht häufig *triglia* (Meerbarbe) auf der Karte, mariniert oder in Soße mit Pasta dazu. Die *trenette al pesto* sind immer empfehlenswert, auch *zemino di seppie* (Tintenfisch-Eintopf) und *fritto di Golfo* (Fischplatte). *Di; 10. Dez–31. Jan.*

SARZANA: *Napoleone* €€€
Via Buonaparte 16. **Straßenkarte** F5. *0187 627 974.*
Das intime, romantische Restaurant kreiert anspruchsvolle Gerichte, häufig mit Gemüse aus dem eigenen Garten. Hier spielt nicht Fisch die Hauptrolle, die Gerichte sind toskanisch beeinflusst. Die *ravioli di lardo di Colonnata* (Ravioli mit Schinkenfüllung), das Karotten-Timbale mit schwarzem Trüffel und die *tracci* (Pasta) mit Kaninchenragout sind hervorragend. Gefülltes Gemüse ist eine Hausspezialität. *Mi.*

SESTRI LEVANTE: *Polpo Mario* €€€
Via XXV Aprile 163. **Straßenkarte** E4. *0185 480 203.*
Das schicke Lokal ist bei Medienleuten beliebt. Die fischlastige Karte (das Restaurant hat ein eigenes Fischerboot) bietet u.a. Oktopus-Pastete, frittierte Garnelen und Seespargel, *tortino di leccia* (Fischpastete) und den berühmten *misto all'antica* – Tintenfisch, Garnelen, Oktopus, Seespargel, Pinienkerne und Oliven, als Gratin serviert. *Mo.*

SESTRI LEVANTE: *Fiammenghilla Fieschi* €€€€
Via Pestella 6, località Trigoso. **Straßenkarte** E4. *0185 481 041.*
In einer Villa aus dem 17. Jahrhundert östlich der Stadt. Den Schwerpunkt bilden Fisch und ligurische Küche: Bohnenpüree mit Garnelen, Buchweizen-*lasagnette*, wilder Spargel und Santa-Margherita-Garnelen, paniertes Rochenfilet mit Limoncello-Likör sowie Artischocken-*tarte* mit Meerbarben-Filet. *Mo, Di–Fr mittags; 15 Tage Okt–Nov, 15 Tage Jan–Feb.*

Zeichenerklärung siehe hintere Umschlagklappe

Preiskategorien für ein komplettes Menü mit Getränken (auch Wein):
€ unter 30 Euro
€€ 30–40 Euro
€€€ 40–50 Euro
€€€€ 50–60 Euro
€€€€€ über 60 Euro

KREDITKARTEN
Die üblichen Kreditkarten werden akzeptiert.

PARKEN
Garage oder bewachter Parkplatz.

TISCHE IM FREIEN
Man kann draußen essen – auf einer Terrasse, im Garten oder auf der Piazza.

TRADITIONELLE GERICHTE
Authentische regionale Gerichte werden angeboten.

FISCHGERICHTE
Frischer Fisch oder Meeresfrüchte stehen auf der Karte.

	Kreditkarten	Parken	Tische im Freien	Traditionelle Gerichte	Fischgerichte
Tellaro: Miranda	■	●	■	●	■
Alassio: La Palma	■			●	■
Albenga: Italia	■		■	●	■
Albenga: Il Pernambucco	■	●	■	●	■
Albisola Superiore: Au Fundegu	■	●	■	●	■
Albissola Marina: Ai Cacciatori da Mario	■	●	■	●	■
Altare: Quintilio	■	●		●	■

TELLARO: *Miranda* €€€€€
Via Fiascherino 92. Straßenkarte F5. *0187 968 130.*
Der rustikale Gasthof (mit Zimmern) serviert exquisite Speisen. Der Renner sind die Garnelen-*tarte*, das Knurrhahn-Steak mit Thunfischsoße, Risotto mit Scampi und Spargel, Brasse in Bohnenfrikassee und Seebarsch in Spargelcreme. *Mo; Mitte Dez–Mitte Jan.*

RIVIERA DI PONENTE

ALASSIO: *La Palma* €€€€€
Via Cavour 5. **Straßenkarte** B4. *0182 640 314.*
Das gehobene Restaurant finden Sie in der Altstadt in den Räumen eines Palazzo aus dem 18. Jahrhundert. Das *menu degustazione* basiert auf ligurisch-provenzalischen Gerichten in überraschenden Kombinationen: Jakobsmuscheln mit Enten-*foie-gras* auf Kartoffelpüree mit Äpfeln und Kaffeesoße, Tintenfisch mit Schneckenfüllung auf Zucchinipüree mit schwarzen Trüffeln, Räuchermakrele mit Tintenfisch-Eiern und Garneleneis, Entenbrust mit schwarzen Wildkirschen und Schokolade, sowie mit *foie gras* gefüllte Pflaumen in Vanillesoße mit Pfeffereis. Jedes Gericht ist ein Gedicht. *Di; 5. Nov–5. Dez.*

ALBENGA: *Italia* €€
Viale Martiri della Libertà 8. **Straßenkarte** B4. *0182 504 05.*
Einladendes Restaurant, im Sommer mit Tischen im Freien. Klassische Gerichte der Region wie Garnelen und Artischocken in Blätterteig, gratiniertes Meeresfrüchte-Antipasto und Garnelen-Risotto mit frischem Gemüse sowie diverse Fische vom Grill. Zu den Fleischgerichten zählen Ravioli mit Fleischsoße und Steinpilzen sowie *filetto bordolese* (Rinderfilet mit Pilzen und Rotwein). *Mo (außer im Sommer); Mitte Okt–Mitte Nov.*

ALBENGA: *Il Pernambucco* €€€€
Viale Italia 35. **Straßenkarte** B4. *0182 534 58.*
Ein klassisch-elegantes Restaurant in einem gehobenen Sport-Komplex. Es bietet eine gute Auswahl von Fischgerichten wie etwa gebratenen Tintenfisch mit Artischocken, *pappardelle* mit Hummer, *tagliolini* mit Basilikum und Krabben sowie schwarzen Venere-Reis mit Fischsoße. Für Gäste, die einmal keinen Fisch möchten, gibt es immer Steak mit grünem Pfeffer. *Mi im Winter; Okt.*

ALBISOLA SUPERIORE: *Au Fundegu* €€€€
Via Spotorno 87. **Straßenkarte** C3. *019 480 341.*
Ein schickes, romantisches Restaurant mit gehobener ligurischer Küche. Es gibt u.a. gebratene Krustentiere mit ligurischen Kräutern und frischen Tomaten, Meerbarben-Filet mit Basilikumaroma, Brassen-*gnocchetti* mit Garnelen, im Ofen gebackene Brasse mit Oliven und Kartoffeln *alla ligure* sowie *spaghettone napoletano* mit Tintenfisch und *trombetta* (Zucchini). *Mo–Fr mittags, Mi; Jan, Sep.*

ALBISSOLA MARINA: *Ai Cacciatori da Mario* €€
Corso Bigliati 70. **Straßenkarte** C3. *019 481 640.*
Das einladende Familienrestaurant, reich dekoriert mit Albissola-Keramik, verfügt über eine Terrasse mit Meerblick. Klassische Fischgerichte wie gefüllte Sardinen, Meeresfrüchte-Salate und dicke *ciuppin* (Fischsuppe) stehen auf der Speisekarte. Es gibt auch hervorragende hausgemachte Pasta wie *pennette* mit Tintenfisch und *linguine* mit Scampi. *Mi; 15.–30. Sep.*

ALTARE: *Quintilio* €€€
Via Gramsci 23. **Straßenkarte** C3. *019 580 00.*
Ein angenehmer Familienbetrieb (mit Zimmern) mit einer Mischung aus ligurischer und piemontesischer Küche. Es gibt schmackhafte Gemüsegerichte wie etwa Pilz-*tortino*, gefüllte Paprika, mit Pilzen gefüllte Cannelloni sowie Piemonteser *fritto misto* (frittiertes Gemüse) und *cappon magro* (Meeresfrüchte-Salat). *Mo, Di–Sa mittags, So abends; Juli.*

ANDORA: *Casa del Priore* €€€€
Via Castello 34, Castello di Andora. **Straßenkarte** B4. *0182 873 30.*
Romantisches Restaurant in einem alten Herrenhaus. Ligurische Küche mit überraschenden Wendungen: Lecker sind *ciuppin* (Fischsuppe), die Oktopus-Terrine, die schwarzen Ravioli mit Seebarsch oder der pochierte Fisch aus der Region. *Mo, Di–So mittags; Jan.*

ARMA DI TAGGIA: *La Conchiglia* €€€
Via Lungomare 33. **Straßenkarte** A5. *0184 431 69.*
Ein schickes Lokal in einem rosafarbenen Fischerhaus am Meer mit gutem Ruf. Traditionelle ligurische Küche wird hier kreativ interpretiert, wobei Fischgerichte dominieren. Typische Speisen sind roher Fisch und Schalentiere auf Fenchel und Kapern, Auberginen-*lasagnette*, Schwertfisch mit Tomaten und Basilikum sowie knusprige Kartoffel-Canneloni mit Pilzen und Garnelen. *Mi (nicht im Juli, Aug); 15 Tage im Juni, 15 Tage im Nov.*

BAIARDO: *Jolanda* €
Via Roma 47. **Straßenkarte** A4. *0184 673 017.*
Das im Zentrum von Baiardo gelegene Restaurant hat eine lange Tradition. Die Speisekarte passt zum Ambiente: gefülltes Gemüse, hausgemachte Ravioli, saisonal auch Wild – alles mit dem duftenden Öl der Gegend gewürzt. Wildschwein *(cinghiale)* ist eine Spezialität des Hauses.
Mo (außer im Sommer); Nov.

BERGEGGI: *Claudio* €€€€€
Via XXV Aprile 37. **Straßenkarte** C4. *019 859 750.*
Ein schickes, charmantes Restaurant im gleichnamigen Hotel am Meer. Die Meeresfrüchte sind wunderbar zubereitet und bieten interessante Variationen ligurischer Rezepte. Der frittierte Fisch ist einfach, aber lecker. Sie sollten auch das Fisch-»Mosaik« mit Zitronen probieren oder die *tagliolini* mit Borretsch und Schalentieren. *Mo, Di–Fr mittags; Jan.*

BORDIGHERA: *La Reserve* €€€
Via Arziglia 20, Capo Sant'Ampelio. **Straßenkarte** A5. *0184 261 322.*
Ein gutes Restaurant in bester Lage mit einer Terrasse, von der man das Meer überblickt. La Reserve produziert mit den frischesten Zutaten herrliche Gerichte wie etwa *tris di carpacci* (drei Sorten Carpaccio), Seebarsch-Ravioli, Gnocchi mit *salsa corallo* und Seebarsch mit Meerfenchel. *Mo, Mi; Mitte Dez–Mitte Jan.*

BORDIGHERA: *Da Carletto* €€€€€
Via Vittorio Emanuele 339. **Straßenkarte** A5. *0184 261 725.*
Die Speisekarte dieses attraktiven Gourmet-Restaurants zeigt Einflüsse von ligurischer und provenzalischer Küche. Fischgerichte überwiegen: Spaghetti mit Hummer, *lasagnotto* mit Garnelen und Artischocken, *gnocchetti* mit Meerbarben-Soße, Petersfisch in Butter und Rosmarin mit geschmorten Tropea-Zwiebeln und gebratener Entenleber sowie in Calvados flambierter Seebarsch mit geriebenen Äpfeln. *Mi; 15.–29. Juni, 15. Nov–20. Dez.*

BORDIGHERA: *La Via Romana* €€€€€
Via Romana 57. **Straßenkarte** A5. *0184 266 681.*
In dem eleganten Jugendstil-Lokal können Sie von ligurischer und provenzalischer Tradition inspirierte Küche genießen, die ein wenig Sizilien durchschmecken lässt. Feine Gerichte wie roher Fisch mit Limone und Sezuan-Pfeffer und einem Hauch von grünem Rettich, Meerbarben-Filets mit Ingwer und Gewürzen gebraten, *pansôti* mit Garnelen-Zucchini-Füllung, *tagliolini* mit Garnelen sowie Perlhuhnbrust in Pigato-Wein und Thymian. *Mi, Do mittags; drei Wochen im Okt, Weihnachten, Neujahr.*

BORGIO VEREZZI: *DOC* €€€€
Via Vittorio Veneto 1. **Straßenkarte** C4. *019 611 477.*
Romantisches Restaurant in einer Villa aus den 1930er Jahren. Die fischorientierte Küche enthält auch wunderbare Gemüsegerichte. Lecker sind u.a. *fantasia di mare* (gemischter Fisch) mit Basilikum, Gnocchi und Rote Bete mit Meerbarben-Rogen, Schalentier-Tartar mit Radicchio sowie Artischocken-Soufflé mit getrockneten Tomaten. *Mo (nicht Juni–Aug).*

CERVO: *San Giorgio* €€€
Via A. Volta 19 (Cervo Alta). **Straßenkarte** B5. *0183 400 175.*
In diesem Restaurant werden ligurische Gerichte mit Flair und Fantasie zubereitet. Es gibt hervorragende Calamari-Eintöpfe und Meeresfrüchte-Pasta wie *bavette* mit kleinen Scampi und *trofiette* mit Calamari. Bei vielen Gästen beliebt ist außerdem roher Fisch mit gegrilltem Gemüse.
Mo abends, Di mittags (im Winter); 10.–31. Jan, Nov.

Andora: Casa del Priore	■	●	■	●	■
Arma di Taggia: La Conchiglia	■		■	●	■
Baiardo: Jolanda		●	■	●	
Bergeggi: Claudio	■	●	■	●	■
Bordighera: La Reserve	■	●	■	●	■
Bordighera: Da Carletto	■	●		●	■
Bordighera: La Via Romana	■	●		●	■
Borgio Verezzi: DOC	■	●	■	●	■
Cervo: San Giorgio	■		■	●	■

Zeichenerklärung siehe hintere Umschlagklappe

Preiskategorien für ein komplettes Menü mit Getränken (auch Wein):
€ unter 30 Euro
€€ 30–40 Euro
€€€ 40–50 Euro
€€€€ 50–60 Euro
€€€€€ über 60 Euro

KREDITKARTEN
Die üblichen Kreditkarten werden akzeptiert.

PARKEN
Garage oder bewachter Parkplatz.

TISCHE IM FREIEN
Man kann draußen essen – auf einer Terrasse, im Garten oder auf der Piazza.

TRADITIONELLE GERICHTE
Authentische regionale Gerichte werden angeboten.

FISCHGERICHTE
Frischer Fisch oder Meeresfrüchte stehen auf der Karte.

DOLCEACQUA: *Gastone* €€
Piazza Garibaldi 2. **Straßenkarte** A5. *0184 206 577.*
Rustikales Restaurant mit Terrasse. Da es im Landesinneren liegt, stehen vor allem Fleisch und Gemüse auf der Karte, z.B. geräucherte Entenbrust mit Avocado und Endivien, Steinpilz-*tortino* mit Kartoffeln, Ravioli mit Wildkräuterfüllung in Butter und Salbei sowie in Rosmarin gegrillte Lammkoteletts. *Mo abends, Di; 15 Tage im Okt.*

FINALE LIGURE: *Lampara* €€€€
Vico Tubino 4, Finale Marina. **Straßenkarte** C4. *019 692 430.*
Das Restaurant peppt die klassische ligurische Küche mit modernen Kniffen ein wenig auf. Es gibt gute Antipasti und einige leckere Pastagerichte: *spaghetti alle vongole* (mit Venusmuscheln), *trofiette* mit Scampi und Cannellini mit Lachs. Auch gegrillter und gebackener Fisch sind zu empfehlen. *Mi; Nov.*

FINALE LIGURE: *Torchi* €€€€€
Via dell'Annunziata 12, Finalborgo. **Straßenkarte** C4. *019 690 531.*
Das edle Restaurant wird von einer sizilianisch-neapolitanischen Familie in einer Olivenpresse aus dem 16. Jahrhundert betrieben. Zu den Spezialitäten zählen Seebarsch-Rolle in Thymiansahne, gefüllter Kopfsalat, hausgemachte Spaghetti mit Muschelsoße, Risotto mit Calamari und Meeresfrüchten sowie warmes Muschel-Carpaccio. Es gibt auch außergewöhnliche Fleischgerichte. *Mo (im Winter), Di (nicht im Aug); 10. Jan–10. Feb.*

IMPERIA: *Lanterna Blu da Tonino* €€€€€
Via Scarincio 32, Porto Maurizio. **Straßenkarte** B5. *0183 638 59.*
Das Restaurant ist mit Antiquitäten eingerichtet und blickt auf den Hafen. Auf der mediterranen Speisekarte sind ausschließlich Fischgerichte zu finden. Das warme Meeresfrüchte-Antipasto ist herrlich, aber auch die *linguettine* mit Hummer, *tagliolini* mit Sepia-Tinte, Knurrhahn mit Tomaten, Oliven und Kapern sowie Steinbutt »mit den Aromen des Mittelmeers«.
Mi mittags (im Sommer); Juni, Okt–Nov, Weihnachten.

LAIGUEGLIA: *Baia del Sole* €€€
Piazza Cavour 8. **Straßenkarte** B4. *0182 480 026.*
Das gastfreundliche Restaurant serviert traditionell-ligurische Gerichte mit kreativem Touch. Immer dabei sind *Taggiasca*-Oliven. Zu empfehlen sind Seeteufel mit Oliven, Tomaten und dem ortstypischen *Trombetta*-Zucchini, geschmorter frischer Thunfisch mit Ingwer, gedämpftes Oktopus-Tartar mit Sellerie, gerösteten Pinienkernen und Basilikumsoße, frische *stracci* mit Pesto und grünen Bohnen, Gnocchi mit Tintenfisch, Spargelravioli, Brasse oder Seebarsch mit Kartoffeln und Oliven sowie Steinbutt mit Oliven und Kapern. *Mo, Di, Mi–So mittags; Anfang Jan–März, Mitte-Okt–Dez.*

NOLI: *Lilliput* €€€
Via Zuglieno 49, Voze. **Straßenkarte** C4. *019 748 009.*
Nicht weit von der Küste liegt dieses Restaurant in einer hübschen Gegend mit schöner Aussicht über Gärten. Im Sommer kann man draußen essen. Italienische und ligurische Gerichte mit Fisch, Fleisch und Gemüse. Die Standardgerichte sind gut, etwa die Minestrone oder gängige Gerichte wie Gnocchi mit Rosmarin und Brassenfilets mit Oliven und Kartoffeln. Lassen Sie unbedingt Platz für das *semifreddo* mit Zabaglione und Orangensoße.
Mo, Di–Fr mittags; 10. Jan–10. Feb, 4.–30. Nov.

NOLI: *Scaletta* €€€
Via Verdi 16. **Straßenkarte** C4. *019 748 754.*
Das empfehlenswerte Restaurant hat im Sommer auch Essplätze im Freien. Die einfallsreiche Küche verarbeitet vorwiegend Fisch. Neben gelungenen Hauptgerichten wie gegrilltem oder gebackenem Fisch bietet die Speisekarte Interessantes wie z.B. Lachs-Carpaccio, gefüllte Sardinen, schwarze *tagliatelle* mit Knurrhahn-Soße, Ravioli mit Fischfüllung sowie *trofie* (Pasta) mit kleinen Baby-Garnelen und Zucchini. *Di; Okt, Nov.*

	Kreditkarten	Parken	Tische im Freien	Traditionelle Gerichte	Fischgerichte
Gastone	●		●	●	
Lampara	●		●	●	●
Torchi	●	●			●
Lanterna Blu da Tonino	●	●		●	●
Baia del Sole	●		●	●	●
Lilliput	●	●	●	●	●
Scaletta	●		●	●	●

SAN REMO: *Bagatto* €€€
Via Matteotti 145. **Straßenkarte** A5. *0184 531 925.*
Ein reizvolles Restaurant in einem Palazzo aus dem 16. Jahrhundert. Es erwarten Sie gute ligurische Gerichte wie Miesmuschel- oder Venusmuschel-Suppe, *panissetta* (Kichererbsen-Pfannkuchen) mit Artischocken und Majoran, *pennette* mit San-Remo-*gamberoni* und Rucola-Pesto, Kichererbsen-Püree mit Lorbeerblättern und gedämpften Baby-Calamari sowie Tintenfisch-Auflauf mit Spinat, Pinienkernen und Thymian. Es gibt auch Fleischgerichte (z. B. Lamm) auf der Speisekarte. *So; Juli.*

SAN REMO: *Il Sommergibile* €€€
Piazza Bresca 12. **Straßenkarte** A5. *0184 501 944.*
Ein eleganter Ort, der mit viel Liebe zum Detail gestaltet wurde. Die Aquarien um den Speisesaal erwecken den Eindruck, als äße man in einem U-Boot. Die Speisekarte bietet Variationen von wunderbar frischem Fisch und Muscheln. Probieren Sie die Hausterrine und die gegrillten San-Remo-*gamberoni* (extragroße Garnelen). *Do (außer im Sommer); Nov.*

SAN REMO: *Paolo e Barbara* €€€€€
Via Roma 47. **Straßenkarte** A5. *0184 531 653.*
Ein schickes kleines Restaurant, das zu den besten Liguriens zählt. Der Chef Paolo gibt lokalen Traditionen einen eigenen Dreh. Seine *gamberoni* (in Whisky flambierte San-Remo-Garnelen) sind ein Markenzeichen, zu den bemerkenswerten Kreationen zählen *scabeccio* von der Rotbarbe oder Thunfischtartar mit Basilikum. *Mi, Do; zwei Wochen im Juli, drei Wochen im Dez.*

SAVONA: *Arco Antico* €€€€€
Piazza Lavagnola 26. **Straßenkarte** C4. *019 820 938.*
Intimes, romantisches Restaurant. Die Speisekarte bietet interessante Gerichte wie knusprige Seebarsch-Basilikum-Canneloni mit Seebarsch-Rogen, Meerbarbe mit Gänse-*foie-gras* und Balsamico, gedämpfter Tintenfisch mit Kartoffelterrine und gefüllten Zucchini-Blüten.
Mo–Sa mittags, So; zwei Wochen im Jan, erste Woche im Sep.

SAVONA: *A Spurcacciuna* €€€€€
Via Nizza 89/r. **Straßenkarte** C4. *019 264 065.*
Eine Institiution in Savona, die sich bestens für einen eleganten Abend eignet. Die Aromen Liguriens und des Mittelmeers beherrschen die Speisekarte. Es gibt Standards wie *ciuppin* und *trofie al pesto,* aber auch Ungewöhnlicheres wie warmen Salat aus gedämpften weißen Garnelen in Gazpacho-Salsa sowie *mandilli neri* (schwarze Pasta-Ecken) mit Garnelen und *trombetta* (Zucchini). *Mi; 22. Dez–22. Jan.*

SPOTORNO: *Pinna Rossa* €€
Vico Albini 10. **Straßenkarte** C4. *019 745 161.*
Ein einladendes Lokal mit gestyltem Dekor, das viel Seafood serviert, z. B. Tintenfisch-*tortino* mit Kartoffeln und Oliven-Pesto, *lasagnette* mit Tintenfisch und Muscheln sowie Stockfisch-*buridda* (Eintopf). *Mo; Nov.*

VARAZZE: *Antico Genovese* €€€€
Corso Colombo 70. **Straßenkarte** C3. *019 964 82.*
Ligurische und mediterrane Küche mit Schwerpunkt auf Meeresfrüchten. Unter den inspirierten Gerichten sind zu nennen: roher, einheimischer Fisch, warmer Fischsalat in Rote-Bete-Vinaigrette, *trenette al pesto genovese* mit Erbsen und Kartoffeln sowie *fettucce di farro* sautiert mit Baby-Calamari. Es gibt aber auch Fleischgerichte, wie z. B. Entenbrust glasiert mit Balsamico. Die Auswahl an Käse ist geradezu exzellent. *Mo mittags, So; Mitte–Ende Juni, Ende Sep.*

VARIGOTTI: *Muraglia-Conchiglia d'Oro* €€€
Via Aurelia 133. **Straßenkarte** C4. *019 698 015.*
Ein Restaurant mit Panoramablick und authentischer Küche, die vom nahen Meer inspiriert ist: roher Fisch, *fazzoletti* (ligurische Pasta) mit Scampi, gesalzene Garnelen, Scampi mit Äpfeln und Ingwer sowie gemischte Fischplatte. Zimmer verfügbar. *Mi (Okt–Mai auch Di); 15. Jan–15. Feb.*

VENTIMIGLIA: *Balzi Rossi* €€€€€
Piazza De Gasperi, Grimaldi. **Straßenkarte** A5. *0184 381 32.*
Das freundliche Lokal mit Terrasse (Meerblick) an der französischen Grenze ist erfolgreich. Man hat die Wahl zwischen Gerichten wie Jakobsmuscheln, Artischocken-Gratin mit gebratenem Lauch, Buchweizen-*lasagnette* mit Pesto, Kartoffeln und grünen Bohnen oder *tagliolini* mit San-Remo-Garnelen und Artischocken. Die Kaninchenterrine ist eine Spezialität des Hauses. *Mo, Di mittags, So mittags (im Aug); März, Nov–Dez.*

Zeichenerklärung siehe hintere Umschlagklappe

Läden und Märkte

Shopping in Ligurien ist wie in ganz Italien ein angenehmer Zeitvertreib. Wenn Sie Marken- oder Designerkleidung suchen, sind Sie in Genua und San Remo genau richtig, obwohl auch große Badeorte viele Boutiquen haben. Ligurien ist für Keramik interessant, sowohl in Savona als auch in Albisola wird dieses alte Kunsthandwerk gepflegt. Hochwertiges Glas gibt es in Altare, Spitzen in Rapallo und Portofino, Makramee und Holzschnitzereien in Chiavari. Wie überall in Italien gibt es großartige Märkte. Fast jeder Ort hat einen Wochenmarkt, in den größeren Städten wie Genua, Ventimiglia und Rapallo ist sogar täglich Markt. Auch wenn Sie als Besucher keine Schnittblumen kaufen wollen, lohnt sich ein Besuch des Blumenmarkts von San Remo, er ist der größte in Europa. Überall angeboten werden Olivenöle und Wein aus der Gegend sowie viele andere kulinarische Köstlichkeiten.

Ladenschild

Töpfern hat in Ligurien eine lange Tradition

Keramik

Töpfern ist eines der traditionsreichsten Handwerke in Ligurien. Die frühesten Hinweise auf die Produktion von Keramik gehen bis ins 15. Jahrhundert zurück. Die Zwillingsstadt Albisola, das Keramik-Zentrum Liguriens, ist seit der Renaissance die Stadt der Töpfer. Hier finden Sie von dekorativen Fliesen bis hin zu alten Apothekergefäßen alle Arten von Gegenständen aus Ton im typischen Blau-Weiß.

Im nahen Savona werden die Gefäße ebenfalls traditionell blau-weiß glasiert, wobei es auch modernere Designs in einigen anderen Farben und Krippenfiguren *(presepi)* gibt. Sie bekommen Keramik in Fachgeschäften oder Galerien, manchmal auch direkt in den Werkstätten.

Antiquitäten

Bevor Sie Antiquitäten (oder moderne Kunst) kaufen, sollten Sie wissen, dass Sie eine (kostenpflichtige) Genehmigung der italienischen Export-Behörde brauchen, um Kunstobjekte außer Landes zu bringen. Jeder seriöse Antiquitätenhändler wird Sie darüber informieren.

Antiquitätenläden schießen in Ligurien insbesondere in den größeren Orten wie Pilze aus dem Boden, manche davon haben einen exzellenten Standard. Sie finden dort alles – von Kunstobjekten über Bücher und Drucke, Möbel und Statuen bis zu alten Plakaten. Modellschiffe und andere Objekte rund um die Seefahrt wie Schiffsmöbel, Instrumente und sogar Galionsfiguren sind gefragte Artikel. Einige wichtige Antiquitätenmessen finden in der Gegend statt, darunter auch »Antiqua« und »Tuttantico« in Genua sowie jährlich im August eine Messe in Sarzana. Außerdem gibt es jeden Monat einen Antiquitätenmarkt im Palazzo Ducale in Genua. Bestehen Sie auf ein Echtheitszertifikat für Ihre Erwerbung!

Pflanzen und Blumen sind Exportartikel

Pflanzen und Blumen

Dank des milden Klimas ist Ligurien eine von Italiens wichtigsten Regionen für den Gartenbau. In einigen Gegenden beherrschen Baumschulen und Gewächshäuser, in denen alles von Kamelien bis hin zu Zitrusbäumen wächst, die Landschaft; man sieht massenhaft Blumengeschäfte. Besonders gern werden Bonsai-Bäumchen (auch als Olivenbaum) gekauft, aber auch Kakteen und Orchideen sowie diverse Tropenpflanzen.

Olivenöl

Oliven und das aus ihnen gewonnene Öl sind ein sehr wichtiger regionaler Wirtschaftsfaktor. Heute weiß man nicht mehr, wer die ersten Olivenhaine pflanzte.

Laden mit regionalem Kunsthandwerk

Getrocknete Hülsenfrüchte, offen verkauft auf einem ligurischen Markt

Sicher ist aber, dass im Mittelalter den Klöstern eine wichtige Rolle bei der Weiterentwicklung der Kunst des Olivenpressens zukam. Oliven werden zwar an der gesamten Küste angebaut, die besten wachsen aber an der Riviera die Ponente. Dort sind es speziell die schwarzen kleinen Taggia-Oliven, aus denen man ein goldenes Olivenöl mit grünem Schimmer gewinnt, das ein leichtes Mandel-Fruchtaroma hat. In der Gegend zwischen Taggia und Albenga können Sie das Öl direkt beim Hersteller kaufen. Achten Sie auf Hinweisschilder mit der Aufschrift *frantoio* (Olivenpresse).

Die meisten ligurischen Olivenöle tragen die Bezeichnung Denominazione d'Origine Protetta (DOP), was eine Garantie für die Herkunft der Oliven und für ihre kalte Pressung ist. Natürlich kostet hochwertiges Olivenöl mehr als herkömmliches aus dem Supermarkt, aber es ist sein Geld wert.

WEIN

LIGURIEN gehört nicht zu den großen Weinbaugebieten, hat aber ein paar respektable Weiß- und Rotweine *(siehe S. 187)*. Es macht Spaß, den Wein direkt beim Winzer zu verkosten und kaufen. Manchmal kostet die Weinprobe Geld, allerdings bekommen Sie dann Brot, Käse und Salami dazu angeboten. Solche Proben müssen Sie meist im Voraus buchen.

LEBENSMITTEL

DAS HAUPTPROBLEM beim Esseneinkaufen in Ligurien ist, dass man nicht weiß, wo man aufhören soll. Das meiste, was Sie sehen, isst man jedoch am besten auf der Stelle, jedenfalls die herrlichen Snacks, die die Ligurer so lieben. Gebackenes oder Frittiertes in allen Größen und Formen, von der *focaccia (siehe S. 186)* über *cuculli* (Schmalzgebäck) bis hin zur *torta sardenaira,* eine Art Pizza mit Tomaten und Sardellen (in San Remo beliebt). Bäckereien und *pasticcerie* (Konditoreien) verkaufen alle Arten von wunderbaren Kuchen und Plätzchen. Wenn Sie etwas zum Mitnehmen suchen, halten Sie sich an geräuchertes Fleisch und haltbares Gemüse, z. B. getrocknete Tomaten, Artischockenpaste und getrocknete Steinpilze, oder an Anchovis in Olivenöl.

Olio Carli, Olivenöl aus Imperia

AUF EINEN BLICK

ANTIQUITÄTEN

Antiqua & Tuttantico
Genua
Fiera Internazionale.
010 539 11
www.fiera.ge.it

KERAMIK

Bottega d'Arte
Albisola Superiore
Via San Giorgio 15.
019 488 604.

Ceramiche Fenice
Albisola Superiore
Corso Ferrari 1.
019 481 668.

Studio d'Arte Esedra
Dolceacqua
Via Castello 11.
0184 200 969.

GLAS & SPITZEN

Soffieria Bormioli (Glas) Altare
Via Paleologo 16.
019 58 254.

E. Gandolfi (Spitzen)
Rapallo
Piazza Cavour 1.
0185 50 234.

PFLANZEN

Stern & Dellerba (Sukkulenten)
San Remo
Via Privata delle Rose 7.
0184 661 290.

Vivai Olcese (Pflanzen)
Genua
Via Borghero 6.
010 380 290.

LEBENSMITTEL

Antico Frantoio Sommariva (Öl)
Albenga
Via Mameli 7.
0182 559 222.

Bottega del Formaggio (Käse & Salami)
Chiavari
Via Martiri della Liberazione 208.
0185 314 225.

Bruciamonti (Delikatessen)
Genua
Via Roma 81.

Bottega della Strega (Delikatessen)
Triora
Corso Italia 48.
0184 94 278.

Cascina dei Peri (Wein)
Castelnuovo Magra
Via Montefranco 71.
0187 674 085.

Enoteca Sciacchetrà (Wein)
Vernazza
Via Roma 50.
0187 821 112.

Panificio Canale (Gebäck)
Portofino
Via Roma 30.
0185 269 248.

A'Pestun'à (Gebäck)
Genua
Via Boccadasse 9.
010 377 75 75.

Revello Dolce e Salato (Gebäck)
Camogli
Via Garibaldi 183.

Sport und Aktivurlaub

Mehr als 300 Kilometer Küste bieten genügend Platz für den Wassersport – vom Schwimmen über Windsurfen und Segeln bis hin zum Tauchen (in Ligurien gibt es über 60 Segelklubs). Viele Strände sind jedoch steinig, manche sind recht klein und zwischen Felsen eingeklemmt.

Die Landschaft auf dem Pferderücken erkunden

Auch im Landesinneren kann man viel unternehmen. In den Bergen gibt es zahlreiche Wanderwege, die auch zum Reiten und Mountainbiken (in diesem Gelände sehr anstrengend!) genutzt werden. In den Naturparks und Schutzgebieten gibt es ebenfalls zahlreiche Wanderwege, viele Gipfel der Ligurischen Alpen und Apenninen laden zum Bergsteigen und zum Wintersport ein. Wer es gelassen angehen will, dem bleibt Golf. Plätze findet man in San Remo, Rapallo, Lerici, Garlenda (bei Albenga) und Arenzano (bei Genua).

Die windige Küste ist ein Paradies für Windsurfer

Information

Wer ernsthaft Sport betreiben möchte, kann sich bei CONI, dem ligurischen Sportverband, erkundigen. Wen es eher in die Berge zieht (sei es zum Wandern, Klettern oder Skifahren), erhält beim Club Alpino Italiano (CAI) Informationen.

Segeln

Liguriens schöne Küste ist bestens zum Segeln geeignet. Zwischen La Spezia und Ventimiglia hat sie unzählige Strände und Buchten, von denen viele nur per Boot erreichbar sind. An dieser Küste entlang zu segeln ist unkompliziert, man sollte aber auf keinen Fall die rasch wechselnden Bedingungen unterschätzen, auch nicht im Sommer. Vor allem während der Hochsaison ist auf die vielen Schwimmer zu achten. Wenn Sie kein eigenes Boot besitzen, gibt es zahlreiche Agenturen, bei denen Sie Yachten oder auch Motorboote mieten können.

Als gute Informationsquelle dienen die Pagine Azzurre (sie werden jährlich auf Englisch veröffentlicht). In dieser Publikation sind die Pläne und Einrichtungen der Häfen verzeichnet.

Kanufahren

Kanufahrer sieht man entlang der Küste häufig. Im Inland gibt es einige Flussstrecken, die in Winter und Frühling viel Wasser führen.

Windsurfen

Einige Abschnitte an der Riviera di Ponente sind mit ihren Wellen und dem ganzjährigen Wind bei Windsurfern beliebt. Allerdings findet nicht jeder diese relativ geschützten Verhältnisse aufregend. Zu den besten Windsurf-Plätzen gehören Arma di Taggia, das Gebiet um Porto Maurizio, Capo Mimosa (bei Andora) und Levanto. In fast allen Badeorten an der ligurischen Küste kann man Surfbretter mieten.

Tauchen

Gute Tauchreviere findet man an einigen Stellen vor der Küste, beliebt sind vor allem die Gewässer um die Landzunge von Portofino, Ventimiglia, Alassio und der Marinepark der Cinque Terre (mit Tauchzentren in Riomaggiore und Monterosso). Letzterer wurde 1977 eröffnet, hat einige seltene weiße und schwarze Korallen und bietet Lebensraum für Delfine und einige Walarten des Ligurischen Meeres. Da die Anzahl der Taucher strikt begrenzt ist, sollten Sie im Voraus reservieren. In Ligurien gibt es rund 60 Tauchzentren. Die entsprechenden Adressen finden Sie auf den Websites der APT-Büros *(siehe S. 175)*.

Klettern

Die Klippen am Meer bieten Kletterern das ganze Jahr hindurch die Möglichkeit, ihrem Sport nachzugehen.

Beim Tauchen erkennt man die Vielfalt an Meereslebewesen

Golfer auf einem der drei 18-Loch-Plätze Liguriens

Die beliebtesten Klettergebiete liegen bei Le Manie nahe Finale Ligure *(siehe S. 144)* und beim Capo di Noli. Neu erschlossene Gebiete sind Muzzerone bei Portovenere und Castelbianco (Albenga).

Mountainbiken

Die Gegend um Finale Ligure mit ihren langen Wegen durch die Macchie ist ein geradezu ideales Mountainbike-Gebiet. Auch Capo di Noli ist für alle Ansprüche geeignet.

Wandern

Die längste markierte Wanderroute ist die Alta Via dei Monti Liguri; sie durchquert das gesamte ligurische Hinterland von Ventimiglia bis nördlich von La Spezia. Mit 440 Kilometern ist sie Italiens längste Wanderstrecke. Das Gelände ist unkompliziert, die Strecke ist niemals vollkommen abgelegen, denn sie führt durch viele Dörfer.

Die Cinque Terre sind ein weiteres Wanderparadies mit mehreren Wegen. Bekannt ist der Sentiero Azzurro (Blauer Pfad), eine recht einfache Route, die im Sommer stark frequentiert ist, weshalb eine Übernachtung ohne Vorbuchen manchmal schwierig zu finden ist. Etwas weniger Betrieb herrscht auf dem Sentiero Crinale, der oben an den Felsen entlangführt. Außerdem gibt es spektakuläre, steile Pfade zu den diversen Kapellen der Gegend.

Ebenfalls gut wandern kann man im französischen Teil des Val Roja nördlich von Ventimiglia und dort besonders im Valée des Merveilles und auf den Hügeln von Monte Bego.

Reiten

Reiten ist in Ligurien beliebt, viele Ställe bieten Tagesritte an. In den Cinque Terre kann man herrliche Touren auf dem Pferderücken unternehmen. Auch manche *Agriturismo*-Höfe bieten Ausritte und Reitstunden.

Skifahren

Die Alpen und Apenninen bieten einige gute Ski-Möglichkeiten, allerdings sind die meisten Gebiete klein. Gebiete mit Liften sind Monte Saccarello (bei Móneri di Triora) und Colizzano (nördlich von Toirano). Für Langlauf eignet sich Santo Stefano Aveto in den Apenninen.

Vielseitige Landschaft mit Herausforderungen für Mountainbiker

Auf einen Blick

Information

CONI
W www.coni.it

Club Alpino Italiano (CAI)
W www.cai.it

Segeln

Scuola di mare Beppe Croce (Segelschule)
Genua
010 246 1206.

Yacht Club Italia (YCI)
W www.yachtclubitalia.it

Pagine Azzurre (Publikation)
W www.pagineazzurre.com.

Wetter- und Seewettermeldungen
W www.eurometeo.com

Tauchen

Coopsus 5 Terre
Riomaggiore
0187 807 055.

Punta Mesco
Levanto
W www.divingcenter.net

San Fruttuoso Diving Center
Santa Margherita Ligure
0185 280 862.

Klettern

Rock Store
Finalborgo
019 690 208.

Fahrradverleih

Blu Bike
Finale Ligure
019 680 639.

A.S. Cicli Anselmo
Loano
019 669 332.

Wandern

Information
W www.parks.it

Alta Via
W www.altaviadeimontiliguri.it

Reiten

Centro Turismo Equestre 5 Terre
Campiglia
0187 758 114.

Monte Beigua Riding
Alpicella (Varazze)
010 553 1878.

Skifahren

Information
W www.liguriasci.it
W www.fisiliguria.org

Golf

Information
W www.federgolf.it/circoli.asp

Unterhaltung

Es gibt kaum etwas, was es nicht gibt – das Unterhaltungsangebot in Ligurien ist sehr vielfältig: Kinos und Theater (das Teatro Carlo Felice in Genua ist eines der berühmtesten historischen Theater Italiens), Kasinos, Diskos, Nachtklubs, Weinbars und diverse Orte mit Live-Musik. Am meisten tut sich natürlich im Sommer an der Küste. Aber Vorsicht: Die Klubs und Bars in den Badeorten sind recht teuer. Wenn Sie billiger ausgehen wollen, dann suchen Sie sich einfach eine nette Bar am Meer und schauen dem bunten Treiben zu. Der Besuch eines der traditionellen Festivals der Region kann durchaus zu einem Höhepunkt Ihres Urlaubs in Ligurien werden. Neben den vielen Regatten und kulinarischen Festivals gibt es unzählige musikalische Events mit Klassik und modernen Rhythmen. Das Festival della Canzone Italiana im Februar in San Remo ist das größte Ereignis im italienischen Popmusik-Kalender.

Schild eines Nachtklubs in Albenga

Das berühmte Kasino von San Remo

Theater

Fast jedes Städtchen in Ligurien hat sein eigenes Theater, manche größeren Städte haben sogar mehrere. Klassische Konzerte, Opern und Ballett werden meist in prächtigen Sälen aufgeführt, auch im Kasino von San Remo finden diverse Veranstaltungen von Tanz- und Musikgruppen statt.

Die Haupt-Theater- und -Musiksaison ist im Winter, aber deswegen ist Ligurien im Sommer keineswegs eine kulturelle Wüste. Openair-Veranstaltungen sind zu dieser Zeit besonders verbreitet. So werden in Genua in den Parks der Stadt Filme gezeigt, auch das Ballettfestival in den Parks von Nervi zieht Einheimische wie Besucher an. Ein weiteres Highlight ist die Sommertheater-Saison, die auf dem hübschen Stadtplatz von Borgio Verezzi stattfindet.

Diskos und Klubs

Diskos im Trend bieten mehr als nur eine Tanzfläche und Drinks. Einige der größten Klubs in Ligurien haben sich in multifunktionale Orte verwandelt, die neben Tanzflächen und Bars auch Restaurants, Shops und vielleicht sogar einen eigenen Strand bieten. Das trifft jedenfalls auf das **Estoril Moonlight** zu, einen der Top-Klubs in Genua.

In San Remo tobt das beste Nightlife der Küste, auch in Santa Margherita (von Genua nur eine kurze Fahrtstrecke entfernt) ist was los: Dort ist das **Carillon,** eine angesagte Restaurant-Disko, in die man ohne Tischreservierung zuweilen schwer hineinkommt.

Das Teatro Chiabrera in Savona

Bars und Cafés

Italiener verbringen etwa die Hälfte ihres Lebens in Bars und Cafés – die Ligurer bilden da keine Ausnahme. Das besonders Schöne daran ist, dass viele in den Ferienorten abends (manche sogar bis spätabends) offen haben und Snacks, aber auch Kaffee und Alkohol servieren.

Typisch für die Riviera sind die wunderbaren historischen Cafés, die seit der Blütezeit der Gegend im 19. Jahrhundert in Betrieb sind. Viele von ihnen haben eine sehr schöne Inneneinrichtung und jede Menge Atmosphäre.

Das **Caffè Klainguti** in Genua ist ein gutes Beispiel dafür. Es wurde 1828 gegründet und von Giuseppe Verdi hoch geschätzt. Bis heute serviert man hier köstlichen Kaffee und feines Gebäck. In Santa Margherita Ligure ist das **Caffè Colombo** mit seinem Jugendstil-Dekor eine große Attraktion. In Chiavari lohnt es sich, dem **Defilla** einen Besuch abzustatten. Das Lokal mit seinen Spiegeln, Gemälden und der reichen Stuckverzierung wird abends zur Pianobar. In San Remo sollten Sie das **Caffè Royal** besuchen und in Alassio das **Giacomel** mit seiner sensationellen Eiscreme.

Immer mehr Italiener treffen sich mit

Freunden in Weinbars, ob vor dem Abendessen oder nach dem Theater. Weinbars bieten eine gute Auswahl an Weinen und kleine Imbisse an. Ein Name, der in Genua alles in den Schatten stellt, ist **I Tre Merli,** das sehr schön an der Palazzina Millo im Porto Antico liegt. Außerdem gibt es in Genua das **Monumento** mit Bar und Terrasse mit Blick über das Meer bei Quarto sowie **La Lepre** mit seiner großen Auswahl an Drinks. Beide öffnen erst spät.

Weitere berühmte Namen sind das **Winterose** in Portofino, einer der Lieblingsorte von Prominenten, und **La Mandragola** in einer alten Mühle in Santa Margherita.

Das Derby in Genua

Die Fußballfans in Genua sind mit viel Herz bei den Spielen dabei, besonders bei Partien zwischen den beiden Stadtklubs Genova und Sampdoria. Die Begegnung der Teams ist als »Derby della Lanterna« bekannt. Genova wurde 1893 von Engländern gegründet und ist der älteste Verein Italiens, Sampdoria gibt es seit 1946. Früher war Genova die bessere Mannschaft, mittlerweile spielt sie in der Seria B, Sampdoria dagegen in der Seria A.

Sampdoria-Emblem

Genova-Emblem

Live-Musik

Es gibt diverse Orte, an denen Sie Live-Musik hören können, angefangen beim Dachgarten des Kasinos von San Remo (nur im Sommer) bis hin zu den *discobars,* in denen man zur Musik auch tanzt.

In Genua bietet das **DLF,** ein ehemaliges Kino, neben den angesagtesten internationalen DJs auch Live-Musik. Etwas ganz anderes ist der **Louisiana Jazz Club,** ein entspannter Club mit lokalen und internationalen Musikern. Im Sommer gibt es normalerweise an der ganzen Küste viele Jazz-Konzerte.

Im **Sabot** treten Gruppen auf, die vorwiegend junge Leute anziehen. Außerdem finden dort beliebte Openair-Konzerte statt. In Savona spielen die besten Bands im **Ju Bamboo,** einem geradezu tropisch dekortierten Klub mit Palmen.

Wasserparks

In erster Linie für Kinder gedacht, aber auch für Erwachsene ein Riesenspaß ist der Badepark **Le Caravelle** in Ceriale, einem kleinen Ferienort nördlich von Albenga. Der einzige Badepark Liguriens hat Schwimmbecken, Wellenbad, Wasserrutschen, Stromschnellen, Wasserfälle, Whirlpools und präsentiert darüber hinaus auch noch Animationen und Shows.

Auf einen Blick

Theater

Casino
San Remo
Corso Inglesi 18.
☎ 0184 595 252/257.
W www.casinosanremo.it

Teatro Carlo Felice
Genua
Passo Eugenio Montale 4.
☎ 010 538 11.
W www.carlofelice.it

Teatro Comunale Chiabrera
Savona
Piazza Armando Diaz 2.
☎ 019 838 69 95.

Diskos & Klubs

Carillon
Santa Margherita Ligure
Via Paraggi a Mare 10.
☎ 0185 286 721.

Chez Vous
Lavagna
Piazza Milano 14.
☎ 0185 324 738.

Estoril Moonlight
Genua
Corso Italia 7/D.
☎ 010 362 37 54.

La Capannina
Alassio
Regione Serre.
☎ 0182 642 250.

Piscine dei Castelli
Sestri Levante
Piazza Marinai d'Italia 3.
☎ 0185 480 001.

Bars & Cafés

Caffè Colombo
Santa Margherita Ligure
Via Pescino 13.
☎ 0185 293 106.

Caffè Klainguti
Genua
Piazza Soziglia 98r.
☎ 010 247 45 52.

Caffè Royal
San Remo
Corso Imperatrice 80.
☎ 0184 53 91.

Defilla
Chiavari
Piazza Matteotti.
☎ 0185 309 829.

Giacomel
Alassio
Via Mazzini 65.

I Tre Merli
Genua
Porto Antico, Pal. Millo.
☎ 010 246 44 16.

La Lepre
Genua
Piazza della Lepre 5r.
☎ 010 251 7693.

Monumento
Genua
Via V Maggio 28.
☎ 010 386 239.

Winterose
Portofino
Calata Marconi 42.
☎ 0185 269 500.

La Mandragola
Santa Margherita Ligure
Via dei Mulini 1.
☎ 0185 284 900.

Live-Musik

DLF
Genua
Via Degola 9.
☎ 010 593 650.

Ju Bamboo
Savona
Via Famagosta 2.
☎ 019 800 624.

Louisiana Jazz Club
Genua
Via San Sebastiano 36r.
☎ 010 585 241.

Raggio di Luna
Albenga
Piazza Rossi 1.
☎ 0182 540 216.

Sabot
Santa Margherita Ligure
Piazza Martiri della Libertà 32.
☎ 0185 280 747.

Wasserparks

Le Caravelle
Ceriale
Via Sant'Eugenio.
☎ 0182 931 755.

Grund-informationen

Praktische Hinweise

Ligurien ist schon lange ein beliebtes Reiseziel, die Menschen sind auf Besucher eingestellt, viele Orte leben vom Fremdenverkehr. Das Netz an öffentlichen Verkehrsmitteln und Straßen ist gut ausgebaut. Auch bereitet es keinerlei Probleme, sich aktuelle Informationen über das jeweilige Reiseziel zu verschaffen – sei es von den lokalen Fremdenverkehrsbüros oder im Internet. Viele Websites sind auf Englisch verfügbar, doch das Angebot an deutschsprachigen Seiten steigt. Mühsames Geldwechseln fällt für Menschen aus Euro-Ländern weg. Das italienische Gesundheitssystem funktioniert zuverlässig, besonders an der Küste ist es nicht schwierig, Deutsch oder Englisch sprechende Ärzte zu finden. Im Allgemeinen sind die Museen in Ligurien modern eingerichtet und gut ausgestattet, viele sind auch für Rollstuhlfahrer gut zugänglich.

Logo der Region Ligurien

Der leider oft sehr volle Strand von Camogli im Sommer

Beste Reisezeit

Von allen italienischen Regionen hat Ligurien das gemäßigtste Klima. Selbst im Winter ist es an der Küste relativ warm. Dementsprechend kommen fast das ganze Jahr über Besucher in die Region. Außerdem bieten sich auch in Zeiten, die zu kalt für einen Badeurlaub sind, eine ganze Reihe von Unternehmungen an.

Dennoch hat Ligurien eine Hochsaison, die von Mai bis Ende September dauert. In diesen Monaten wird es – vor allem an der Küste – recht voll, Hotelzimmer sind dann ohne vorherige Buchung nur schwer zu bekommen.

Wer sich mehr für die vielen kulturellen Attraktionen oder für Wanderungen im Gebirge als für die Strände interessiert, tut gut daran, in den Monaten März/April oder September/Oktober nach Ligurien zu reisen. Auch in dieser Zeit gibt es viele Tage mit schönem Wetter, auf den Straßen und in den Orten geht es viel ruhiger zu als in der Hochsaison.

Schild eines lokalen Fremdenverkehrsbüros

Information

Es gibt vier ligurische Provinzen – Genua, Imperia, Savona und La Spezia – und fünf Tourismusorganisationen (Aziende di Promozione Turistica, APT): Riviera dei Fiori für Imperia, Riviera delle Palme für Savona, Genua für die Stadt und ihre Umgebung, Tigullio für den Rest der Provinz Genua und schließlich Cinque Terre e Golfo dei Poeti für das Gebiet, das zur Provinz La Spezia gehört.

In jeder Stadt und in etwas größeren Orten finden Sie ein Fremdenverkehrsbüro, das Sie mit Informationen über die lokalen Sehenswürdigkeiten sowie mit Listen der Hotels und Restaurants versorgt. Die Büros haben in der Regel Montag bis Freitag von 8 bis 12.30 Uhr und von 15 bis 19 Uhr göffnet; manche größeren Büros öffnen im Sommer länger sowie auch am Samstagvormittag.

Die Informationsschalter in den Bahnhöfen können bei der Ankunft nützlich sein, halten aber weniger Informationsmaterial bereit.

Post, (Mobil-)Telefon, Internet

Ein Postamt gibt es in jeder Stadt. In der Regel hat die Post von 8.30 bis 13.30 Uhr geöffnet, oft bis 17 Uhr, am Samstag und am letzten Tag des Monats nur bis 12 Uhr.

Ein Segeltörn im Mittelmeer kann ein besonderes Erlebnis sein

◁ **Portofino mit seinen bunten Häusern am Wasser**

Briefmarken erhalten Sie auch in den *tabacchi,* den Tabakwarenläden; ein Standardbrief oder eine Postkarte in alle europäischen Länder kostet als *posta ordinaria* 0,41 € bzw. als *posta prioritaria* 0,62 €.

Schild eines Internet-Cafés

Öffentliche Telefone gibt es wenige, in Italien sind Handys sehr beliebt. Die wenigen öffentlichen Telefone funktionieren fast alle mit Telefonkarten, die Sie in *tabacchi,* an einigen Kiosken und in Postämtern bekommen. Alle in Europa gängigen GSM-Handys funktionieren ohne Problem. Zu den günstigsten Anbietern gehören u. a »I-OMNITEL« und »I-TELECOM« (für T Mobile- und E-plus-Verträge) sowie »I-WIND« (für O2-Verträge). Unter www.tariftip.de finden Sie die aktuell günstigsten Anbieter. SMS sind immer die preisgünstigste Lösung.

An der Küste gibt es selbst in den Dörfern in der Regel mindestens ein Internet-Café.

Krankenhäuser und Apotheken

Die meisten Apotheken haben von 9 bis 13 Uhr und von 14 bis 20 Uhr geöffnet, nicht Samstagnachmittag und Sonntag. Sonntags- oder Nachtdienst gibt es nur in größeren Städten.

Jede größere Stadt besitzt ein Krankenhaus. Gesetzlich versicherte EU-Bürger haben Anspruch auf kostenlose Behandlung, das Formular E111 (von Ihrer Krankenkasse) erleichtert die Abwicklung der Formalitäten. Privat Versicherte bekommen die ärztliche Behandlung in Italien in der Regel voll von Ihrer Krankenkasse ersetzt.

Ligurien im Internet

Ligurien ist im Internet besser vertreten als viele andere italienische Regionen. Die regionalen Tourismusorganisationen (APT) und viele lokale Büros bieten eigene Websites an, größere Museen und Sehenswürdigkeiten haben fast alle ihre eigene Seite. Die Seiten der Gemeinden sind häufig nur auf Italienisch zu haben und oft etwas unübersichtlich.

Wenn Sie noch nicht genau wissen, wohin Sie in Ligurien reisen wollen, können Sie sich auf regionalen Websites *(siehe unten)* informieren. Hier finden Sie auch Links zu lokalen Websites.

Eingang zu einer Apotheke im alten Zentrum von Albenga

Auf einen Blick

Konsulate in Ligurien

Deutschland
Ponte Morosini 49,
16126 Genua.
☎ 010 271 59 69.

Österreich
Via Assarotti 5,
16126 Genua.
☎ 010 839 39 83.

Schweiz
Piazza Brignole 3/6,
16122 Genua.
☎ 010 545 411.

APT

APT Cinque Terre e Golfo dei Poeti
☎ 0187 770 900.

APT Genua
☎ 010 246 26 33.

APT Riviera delle Palme
☎ 0182 647 11.

APT Riviera dei Fiori
☎ 0184 590 59.

APT Tigullio
☎ 0185 292 91.

Lokale Fremdenverkehrsbüros

Alassio
☎ 0182 647 027.

Albenga
☎ 0182 558 444.

Andora
☎ 0182 681 004.

Bordighera
☎ 0184 262 322.

Borgio Verezzi
☎ 019 610 412.

Chiavari
☎ 0185 325 198.

Dolceacqua
☎ 0184 206 666.

Finale Ligure
☎ 019 681 019.

Imperia
☎ 0183 660 140.

La Spezia
☎ 0187 770 900.

Lerici
☎ 0187 967 346.

Levanto
☎ 0187 808 125.

Loano
☎ 019 676 007.

Moneglia
☎ 0185 490 576.

Pietra Ligure
☎ 019 629 003.

Portofino
☎ 0185 269 024.

Portovenere
☎ 0187 790 691.

Rapallo
☎ 0185 230 346.

San Remo
☎ 0184 590 59.

Santa Margherita Ligure
☎ 0185 287 485.

Sestri Levante
☎ 0185 457 011.

Varazze
☎ 019 935 043.

Internet

Region Ligurien
W www.regione.liguria.it
W www.turismo.liguriainrete.it

APT
Cinque Terre e Golfo dei Poeti
W www.aptcinqueterre.sp.it
Genua
W www.apt.genova.it
Riviera dei Fiori
W www.rivieradeifiori.org
Riviera delle Palme
W www.inforiviera.it
Tigullio
W www.apttigullio.liguria.it

Allgemein
W www.liguriadascoprire.it

Weitere Hinweise

Ligurien hat keine hohe Kriminalitätsrate, wer seinen gesunden Menschenverstand einsetzt und ein wenig auf sein Eigentum achtet, sollte keinerlei Probleme bekommen. Jede mittlere Gemeinde und jede Stadt hat – neben der Verkehrspolizei – ein Polizeirevier der *carabinieri*, das rund um die Uhr geöffnet hat und in Notfällen Ihr Ansprechpartner ist. In allen Städten und in jedem Urlaubsort finden Sie eine Bank mit Geldautomat, an dem Sie mit einer ec- oder Kreditkarte jederzeit Bargeld abheben können.

Carabinieri **erkennt man an der Uniform: Hose mit roten Streifen**

Polizei

In Italien gibt es grundsätzlich zwei Polizei-Organisationen, die *carabinieri* und die *polizia*. Die lokal und regional eingesetzten *carabinieri* sind für die öffentliche Sicherheit und Ordnung verantwortlich, man sieht sie oft durch die Straßen patrouillieren. Die Aufgabe der staatlichen *polizia* ist die Bekämpfung schwerer Kriminalität. Für den städtischen Verkehr sind die *vigili urbani* zuständig, an die man sich auch in anderen Notfällen wenden kann.

Falls Sie bestohlen werden, sollten Sie dies unbedingt auf dem nächsten Polizeirevier der *carabinieri* melden; wenn Sie eine Reiseversicherung abgeschlossen haben, benötigen Sie eine Kopie des Protokolls.

Städtischer Polizist

Waldbrände

Wie im benachbarten Südfrankreich sind auch in Ligurien Waldbrände keine Seltenheit, der konstant wehende Wind begünstigt ihre Ausbreitung. Selbst in ländlichen Regionen gibt es Feuerwehrstationen. Wenn Sie im Hinterland unterwegs sind, sollten Sie unbedingt einige Grundregeln beachten: Machen Sie kein Feuer außerhalb markierter Grillbereiche, drücken Sie Ihre Zigarette immer sorgfältig aus. Flaschen können wie Brenngläser wirken und einen Brand auslösen; lassen Sie sie also niemals liegen.

Sicherheit

Diebe gibt es wie in allen Ländern auch in Italien. Tragen Sie also keine größeren Summen Bargeld mit sich herum, und achten Sie auf Ihre Wertgegenstände – vor allem an öffentlichen Plätzen wie Bahnhöfen und Fährhäfen, auf Märkten und Straßenfesten. Wertvollen Schmuck sollten Sie besser zu Hause oder im Hotelsafe lassen.

Es ist klug, sich von seinen persönlichen Dokumenten eine Kopie zu machen. Auch Kreditkartennummern sollten Sie sich notieren, falls Sie sie sperren lassen müssen. Generell ist der Abschluss einer Reiseversicherung, die auch Diebstahl abdeckt, zu empfehlen.

Wenn Sie mit dem Auto unterwegs sind, sollten Sie keine Wertgegenstände im Innenraum lassen und natürlich den Wagen nach Verlassen abschließen.

Genua ist eine große Hafenstadt, unausweichlich bringt das mit sich, dass einige Viertel – vor allem nachts – nicht sehr sicher sind. Fragen Sie am besten an der Rezeption Ihres Hotels, welche Stadtteile Sie besser meiden. In ländlichen Gebieten sind Sie in der Regel sicher, nur in überlaufenen Urlaubsorten sollten Sie wachsam bleiben.

Wenn Sie ein Taxi nehmen, sollten Sie darauf achten, dass es ein offiziell zugelassenes ist und dass der Fahrer das Taxameter einschaltet.

Behinderte Reisende

Ligurien hält relativ gutes Informationsmaterial für behinderte Besucher bereit. In Genua ist der Service Terre di Mare (www.terredimare.it) speziell auf Behinderte eingestellt, auch die Hotel-Website www.italiapertutti.it ist eine gute Infoquelle. Bitte erkundigen Sie sich bei der Buchung eines Hotels über die Einrichtungen, auch bei Restaurants und Sehenswürdigkeiten ist ein Anruf zu empfehlen.

Ein Löschflugzeug bei der Brandbekämpfung im Hinterland

Filiale einer der größeren Banken in Ligurien

Banken, Währung und Kreditkarten

Die europäische Gemeinschaftswährung Euro gilt seit dem 1.1.2002 in zwölf EU-Staaten: Belgien, Deutschland, Finnland, Frankreich, Griechenland, Irland, Italien, Luxemburg, Niederlande, Österreich, Portugal und Spanien. Seit der Einführung des Euro ist für die meisten Urlauber jeglicher Geldwechsel weggefallen. Den Besuchern aus »Nicht-Euroländern« empfiehlt sich der Geldwechsel in Banken; sie bieten in Ligurien wie überall in Italien die besten Kurse. Banken haben in der Regel Montag bis Freitag von 8.30 bis 13.30 Uhr und von 15 bis 16 Uhr geöffnet. Am Tag vor einem Feiertag schließen sie oft früher.

Fast jedes größere Dorf hat mindestens eine Bank, und an fast jeder Bank gibt es einen Geldautomaten *(bancomat)*, an dem Sie mit Kredit- oder ec-Karte plus PIN jederzeit Bargeld abheben können.

Beim Abheben werden in der Regel Gebühren fällig. Informieren Sie sich vorher, bei welcher Bank sie mit der ec-Karte günstig oder kostenlos abheben können.

Die üblichen Kreditkarten (American Express, Diners Club, MasterCard und Visa) werden in größeren Läden, in Hotels und Restaurants akzeptiert. Den Verlust Ihrer Karte(n) melden Sie unverzüglich bei den folgenden Nummern:

American Express
0049 69 97 97 10 00.
Diners Club
0180 234 54 54.
MasterCard
001 31 42 75 66 90
Visa
001 410 581 38 36.
ec-Karte
0180 502 10 21.

Auf einen Blick

Vorwahl von Italien
0039.
Notfall
113
Polizei (Carabinieri)
112
Feuerwehr
115
Pannendienst
116
Ambulanz
118

5-Euro-Schein
10-Euro-Schein
20-Euro-Schein
50-Euro-Schein
100-Euro-Schein
200-Euro-Schein
500-Euro-Schein

Banknoten und Münzen
Euro-Banknoten gibt es in sieben Werten: 5, 10, 20, 50, 100, 200 und 500 Euro. Münzen werden in acht Werten geprägt: 1, 2, 5, 10, 20, 50 Cent sowie 1 und 2 Euro. Die (in jedem Euro-Land anderen) Rückseiten sind in Italien besonders schön, jede Münze hat eine andere Rückseite.

2-Euro-Münze **1-Euro-Münze**
50-Cent-Münze **20-Cent-Münze** **10-Cent-Münze**
5-Cent-Münze **2-Cent-Münze** **1-Cent-Münze**

Reiseinformationen

Die Region Ligurien ist relativ klein, schmal und lang gestreckt; es ist kein Problem, sie vollständig zu erkunden. Vor allem an der Küste gibt es ausgezeichnete Zug- und Busverbindungen. Im Landesinneren werden nur die größeren Orte von Bussen angefahren; um die kleinen Dörfer zu erreichen, braucht man ein Auto. Auf der Autobahn kommt man meist recht schnell von Ventimiglia über Genua bis La Spezia. Wer die Küstenstraße nimmt, muss im Sommer mit viel Verkehr rechnen. Die Dörfer der Cinque Terre sind mit dem Auto nur sehr mühsam, dafür ideal mit dem Zug zu erreichen. Zudem kostet hier – wie auch in anderen Küstenorten – der Parkplatz kaum weniger als eine einfache Hotelübernachtung. Ligurien wird über mehrere Autobahnen erreicht, es gibt auch ausgezeichnete Zug- und Fernbusverbindungen. Genua hat einen großen internationalen Flughafen und einen bedeutenden Fährhafen für einige Destinationen im Mittelmeer. Yachtbesitzer finden an der Küste viele Bootshäfen mit Service-Einrichtungen.

Fernreisebusse verbinden viele europäische Städte mit Ligurien

Anreise mit dem Flugzeug

Liguriens Hauptflughafen Cristoforo Colombo in Genova-Sestri liegt sechs Kilometer westlich des Zentrums. Es ist einer der wichtigeren Flughäfen Italiens, vergleichbar mit Mailand oder Neapel. Vom Flughafen verkehren zwischen 5.30 und 23.45 Uhr halbstündlich Busse zum Fährhafen sowie zu den zwei Bahnhöfen Genuas, Principe und Brignole.

Auf dem kleinen, 90 Kilometer von Genua entfernten Aeroporto Internazionale di Villanova d'Albenga starten und landen Privatflugzeuge.

Um die Riviera di Ponente zu erreichen, kann man auch Nizza anfliegen (die Zugverbindungen Frankreich–Italien sind ausgezeichnet); der Flughafen Pisa liegt nur 50 Kilometer von La Spezia entfernt.

Die Autobahn verbindet die größeren Städte Liguriens

Mit dem Auto

Vier Autobahnen *(autostrade)* führen zur ligurischen Küste: die A6 von Turin nach Savona, die A26 vom Lago Maggiore nach Genua, die A7 von Mailand nach Genua und die A15 von Parma nach La Spezia.

Entlang der Küste verläuft die A10/A12 von der französischen Côte d'Azur über Ventimiglia und Genua bis nach La Spezia und weiter nach Livorno. Parallel, jedoch näher am Meer, verläuft die italienische Staatsstraße Nr. 1 (SS1), die Via Aurelia; sie wurde schon zur Römerzeit angelegt. Hier kommt man im Sommer oft nur langsam vorwärts.

Die Straßen in die atemberaubende Bergwelt des ligurischen Hinterlands sind in gutem Zustand, allerdings oft schmal und kurvenreich.

Wer ein Auto mieten möchte, sollte es schon zu Hause buchen. Das ist in der Regel preiswerter als vor Ort. Autofahrer sollten bedenken, dass Parkplätze nicht nur in der Saison in vielen Küstenorten Mangelware sind. Parkplätze außerhalb von Ortschaften sind meist kostenpflichtig. Im Hinterland gibt es nur wenige Tankstellen, sie haben in der

Genuas Hafen und Flughafen bieten gute Verbindungen

Regel abends und am Sonntag geschlossen.

Wichtig für Italien: Autobahnen sind mautpflichtig, auch tagsüber muss das Abblendlicht außerhalb geschlossener Ortschaften eingeschaltet sein, das Mitführen einer orangefarbenen Sicherheitsweste ist Pflicht.

Mit dem Zug

Wer von Norden mit dem Zug nach Genua reist, muss in der Regel in Mailand umsteigen. An der Küste verkehren zwischen Ventimiglia und Genua sowie zwischen Genua und La Spezia zahlreiche lokale und IC-Züge.

Die Züge aus Mailand und die entlang der Küste verkehren in Genua von der Stazione Principe, nur manche in den Süden und Osten fahren von der Stazione Brignole ab. Zwischen beiden Bahnhöfen gibt es gute Busverbindungen.

Sehr interessant für Ausflüge ist die 24 Kilometer lange historische Schmalspurbahn zwischen Genua und Casella *(siehe S. 88)*.

Logo von Riviera Trasporti

Mit dem Bus

Eurolines Busse verbinden Ligurien mit fast jeder Stadt in Europa. Busfahrten sind preiswerter, aber auch weniger bequem als Fahrten mit der Bahn.

Innerhalb Liguriens bieten sich Busse für Fahrten in die Berge an, oft sind sie die einzige Verbindung ins Hinterland. In Genua fahren Fernbusse an der Piazza Acquaverde (nahe der Stazione Principe) und an der Piazza della Vittoria (nahe der Stazione Brignole) ab.

In Genua unterwegs

Busse werden in Genua von der Azienda Mobilità e Trasporti (AMT) betrieben. Fahrkarten muss man vorher am Kiosk oder im Tabakwarenladen kaufen und im Bus entwerten. Es gilt ein Einheitspreis innerhalb der Stadtgrenzen, auch Tages- und Zweitageskarten sind erhältlich.

In Genua gibt es seit kurzem eine U-Bahn-Strecke (Stationen: Brin, Dinegro, Principe, Darsena, San Giogio), die weiter ausgebaut wird. Zwei Standseilbahnen *(funicolare)* führen von der Piazza del Portello und dem Largo della Zecca in die höher gelegenen Stadtteile, eine Zahnradbahn verbindet Principe mit Granolo. Von der Piazza del Portello gibt es einen Lift zum Belvedere von Castelletto.

Fähr- und Yachthäfen

Genuas Stazione Marittima ist Ausgangspunkt für Fähren nach Cagliari und andere Häfen auf Sardinien, nach Palermo auf Sizilien, nach Korsika, Tunis und Barcelona sowie nach Vado bei Savona. Es gibt mehrere Fährgesellschaften, die größten sind Tirrenia und Grimaldi.

Im Sommer verkehren Schiffe zwischen den Orten an der ligurischen Küste, vor allem im Golfo del Tigullio, im Golfo dei Poeti und an der Küste der Cinque Terre.

Für Bootsbesitzer gibt es über 60 Anlegestellen und Yachthäfen. Sie bieten Platz für rund 16 000 Boote.

Der neue Bahnhof von San Remo

Auf einen Blick

Fluglinien

Lufthansa
☎ *0180 380 38 03.*
W www.lufthansa.de

Austrian Airlines
Wien ☎ *517 89.*
W www.aua.com

Swiss
Zürich ☎ *0848 85 20 00.*
W www.swiss.com

Flughäfen

Genua
☎ *010 601 51.*

Nizza
☎ *0033 489 88 98 28.*

Pisa
☎ *0820 423 333.*

Autovermietung

Hertz
☎ *010 651 24 22.*
W www.hertz.com

Avis
☎ *010 651 51 01.*
W www.avis.com

Bahnhöfe

Information
☎ *199 166 177.*
W www.trenitalia.it

Fernbusse

Information
☎ *010 599 7414.*

Fähren

Information
W www.ferriesonline.com

Stazione Marittima
☎ *010 247 0950.*

Tirrenia
☎ *199 123 199.*
W www.tirrenia.it

Grimaldi
☎ *010 550 91.*
W www.gnv.it

Textregister

Seitenzahlen in **Fettdruck** beziehen sich auf Haupteinträge.

C

K

L

M

N

Danksagung und Bildnachweis

Dorling Kindersley bedankt sich bei allen, die bei der Herstellung dieses Buches mitgewirkt haben.

Für Fabio Ratti Editoria

Redaktionsleitung Emanuela Damiani
Redaktion Emanuela Damiani, Giovanna Morselli
Design Silvana Ghioni, Alberto Ipsilanti, Modi Artistici

Für Dorling Kindersley

Publishing Managers Fay Franklin, Kate Poole
Senior Art Editor Marisa Renzullo
Übersetzung Fiona Wild
Redaktion Emily Hatchwell
Beratung Leonie Loudon
Produktion Linda Dare

Weitere Hilfe gewährten

Agenzia Regionale per la Promozione Turistica »In Liguria«; APT Cinque Terre e Golfo dei Poeti; APT di Genova; APT Riviera Ligure delle Palme; APT Riviera dei Fiori; APT Tigullio; Banca Carige, Genua; Emma Brown; Giardini Botanici Hanbury, Ventimiglia; Grotte di Toirano, Toirano; Soprintendenza per i Beni Archeologici della Liguria, Genua; Restaurant *Il Sommergibile* in San Remo.

Genehmigung für Fotografien

Der Verlag dankt folgenden Institutionen für die freundliche Genehmigung zur Reproduktion ihrer Fotografien:
Accademia Ligustica di Belle Arti, Genua; Acquario di Genova; Banca Carige (Münzsammlung und Fotoarchiv, Genua); Galleria di Palazzo Rosso (Fotoarchiv der Stadt Genua); Genoa Cricket and Football Club, Genua; Museo Amedeo Lia, La Spezia; Museo Archeologico dei Balzi Rossi, Ventimiglia; Regione Liguria; Palazzo Ducale, Genua; Società Editrice Buonaparte, Sarzana; UC Sampdoria, Genua.

Wir haben uns bemüht, alle Urheber ausfindig zu machen und zu nennen. Sollte dies in einzelnen Fällen nicht gelungen sein, so bitten wir dies zu entschuldigen. In der nächsten Auflage werden wir versäumte Nennungen selbstverständlich nachholen.

Bildnachweis

o = oben; ol = oben links; oml = oben Mitte links; om = oben Mitte; omr = oben Mitte rechts; or = oben rechts.
mol = Mitte oben links; mo = Mitte oben; mor = Mitte oben rechts; ml = Mitte links; m = Mitte; mr = Mitte rechts; mul = Mitte unten links; mu = Mitte unten; mur = Mitte unten rechts.
u = unten; ul = unten links; uml = unten Mitte links; um = unten Mitte; umr = unten Mitte rechts; ur = unten rechts.

In Auftrag gegebene Fotografien

Lucio Rossi, Polis, Milano: 1, 2–3, 8–9, 14um, 15ul, 16or, 16mol, 16mor, 16mur, 16ur, 17mol, 17mul, 18or, 18ur, 19ol, 20, 21ul, 21ur, 22mor, 23ol, 23ul, 24, 26ur, 28mur, 28ul, 29mor, 30ul, 31ur, 32, 33m, 35ml, 36ol, 43mr, 46ml, 46ul, 47, 48, 49, 50or, 50mol, 50mur, 51, 52–53, 54, 55or, 55ur, 56, 57or, 58or, 58m, 59, 60, 61or, 64, 66, 67, 68or, 69, 70mr, 71m, 71ul, 76, 78ol, 78mr, 79m, 79u, 80, 82, 83o, 84–85, 86, 87or, 88o, 88ml, 89u, 102–103, 104, 106ml, 107, 108ol, 109, 111o, 112–113, 114, 115o, 115ul, 116, 117ur, 120, 121o, 121m, 122–123, 124ol, 124mol, 125, 126ol, 126ur, 127ur, 128–129 (außer 128ul), 130–131, 132–133, 134or, 134ul, 135or, 135ul, 136ml, 136ur, 137m, 138, 139o, 140–141, 144–145, 146–147, 148–149 (außer 149ur), 150–151, 152–153, 154–155, 156–157, 158, 159om, 159ul, 159um, 159ur, 160–161, 162–163, 164–165, 166–167 (außer 167ur), 168, 169ol, 170ol, 170or, 170ml, 171, 173 (Ausschnitt), 174ul, 175, 184ul, 185or, 186ol, 186or, 186mo, 186mor, 186mur, 187ol, 187mo, 187mor, 187mur, 187mul, 187um, 187ur, 198, 199ol, 202or, 202um, 206mu, 207, 209ol, 210, 211u.

Bildnachweis

Alamy Images: Robert Harding World Imagery 172–173; Natalie Tepper 61m. Fabrizio Ardito, Roma: 14ol, 15o, 100–101, 105, 108ur, 142–143, 169m, 208ur. Archivio Electa, Milano: 37mr, 38mr, 42ol.

Eugenio Bersani, Polis, Milano: 13, 19ul, 117o, 118, 119o.

Corbis: Archivo Iconografico 39mr; Owen Franken 35ur; John Heseltine 167ur; Gianni Dagli Orti 34ul; Rechtefrei 204–205; Gustavo Tomisch 35or.

Il Dagherrotipo: Giorgio Oddi 149ul; Marcio Melodia 200o; Salvatore Barba 44–45. DK Images: 186mr; John Heseltine 208m; Clive Streeter 186um, 186ur, 187or.

Mary Evans Picture Library: 41o.

Farabolafoto, Milano: 9 (Ausschnitt), 12, 14mr, 15mr, 17ol, 17or, 17ul, 17ur, 21or, 26or, 26mol, 26mur, 27, 28mol, 34or, 42m, 43o, 43um, 43ur, 45 (Ausschnitt), 61um, 65or, 65ml, 101 (Ausschnitt), 106ur, 110ml, 111mur, 127ol, 174mr, 184o, 184mr, 185m, 200ml, 205, 206mol.

Marka, Milano: Danilo Donadoni 128ul.

Peter Noble: 208or.

Lino Pastorelli, San Remo: 30mol. Andrea Pistolesi: 68ml.

Francine Reculez: 168mlo. Daniele Robotti, Alessandria: 77ol, 88ul, 119mr, 119ur. Roger-Viollet, Archivi Alinari, Firenze: 37om. Ghigo Roli, Modena: 17mor, 17mur, 18mol, 19mor, 170ul.

Photo Scala, Firenze: Museo Navale di Pegli 38ul. Marco Stoppato, Milano: 81.

Umschlag: Vorne – Alamy Images: Image State/Pictor International (Hauptbild); Fabio Ratti Editoria: Lucio Rossi – Polis (ul, m mr). Hinten – Eugenio Bersani – Polic (o); Fabio Ratti Editoria: Lucio Rossi – Polis (u). Rücken – Alamy Images: Image State/Pictor International.

Alle anderen Fotografien © Archivio Fabio Ratti, Archivio Mondadori, Archivio Arnoldo Mondadori Editore, Milano.

Sprachführer

Notfälle

Hilfe!	**Aiuto!**
Halt!	**Fermate!**
Rufen Sie einen Arzt.	**Chiama un medico.**
Rufen Sie einen Krankenwagen.	**Chiama un'ambulanza.**
Rufen Sie die Polizei.	**Chiama la polizia.**
Rufen Sie die Feuerwehr.	**Chiama i pompieri.**
Wo ist ein Telefon?	**Dov'è il telefono?**
Wo ist das nächste Krankenhaus?	**Dov'è l'ospedale più vicino?**

Grundwortschatz

Ja/Nein	**Si/No**
Bitte	**Per favore**
Danke	**Grazie**
Entschuldigung	**Mi scusi**
Guten Tag	**Buon giorno**
Auf Wiedersehen	**Arrivederci**
Guten Abend	**Buona sera**
Vormittag	**la mattina**
Nachmittag	**il pomeriggio**
Abend	**la sera**
gestern	**ieri**
heute	**oggi**
morgen	**domani**
hier	**qui**
dort	**la**
Was?	**Quale?**
Wann?	**Quando?**
Warum?	**Perché?**
Wo?	**Dove?**

Nützliche Redewendungen

Wie geht es Ihnen?	**Come sta?**
Danke, sehr gut.	**Molto bene, grazie.**
Ich freue mich, Sie kennen zu lernen.	**Piacere di conoscerla.**
Bis bald.	**A più tardi.**
Das ist in Ordnung.	**Va bene.**
Wo ist/sind ...?	**Dov'è/Dove sono ...?**
Wie weit ist es nach ...?	**Quanto tempo ci vuole per andare a ...?**
Wo geht es nach ...?	**Come faccio per arrivare a ...?**
Sprechen Sie Deutsch?	**Parla tedesco?**
Sprechen Sie Englisch?	**Parla inglese?**
Sprechen Sie Französisch?	**Parla francese?**
Ich verstehe nicht.	**Non capisco.**
Bitte sprechen Sie langsamer.	**Può parlare più lentamente, per favore?**
Verzeihung.	**Mi displace.**

Nützliche Wörter

groß	**grande**
klein	**piccolo**
heiß	**caldo**
kalt	**freddo**
gut (Adj.)	**buono**
schlecht	**cattivo**
genug	**basta**
gut (Adv.)	**bene**
offen	**aperto**
geschlossen	**chiuso**
links	**a sinistra**
rechts	**a destra**
geradeaus	**sempre dritto**
nahe	**vicino**
weit	**lontano**
oben	**su**
unten	**giù**
früh	**presto**
spät	**tardi**
Eingang	**entrata**
Ausgang	**uscita**
Toilette	**il gabinetto**
frei	**libero**
Eintritt frei	**gratuito**

Telefonieren

Ich möchte ein Ferngespräch führen.	**Vorrei fare una interurbana.**
Ich möchte ein R-Gepräch führen.	**Vorrei fare una telefonata a carico del destinatario.**
Ich versuche es später nochmals.	**Ritelefono più tardi.**
Kann ich eine Nachricht hinterlassen?	**Posso lasciare un messaggio?**
Bitte warten Sie.	**Un attimo, per favore.**
Könnten Sie bitte etwas lauter sprechen?	**Può parlare più forte, per favore?**
Ortsgespräch	**telefonata locale**

Einkaufen

Wie viel kostet das?	**Quant'è, per favore?**
Ich hätte gerne ...	**Vorrei ...**
Haben Sie ...?	**Avete ...?**
Ich schaue mich nur um.	**Sto soltanto guardando.**
Nehmen Sie Kreditkarten?	**Accettate carte di credito?**
Wann öffnen/schließen Sie?	**A che ora apre/chiude?**
das hier	**questo**
das da	**quello**
teuer	**caro**
billig	**a buon prezzo**
Kleidergröße	**la taglia**
Schuhgröße	**il numero**
weiß	**bianco**
schwarz	**nero**
rot	**rosso**
gelb	**giallo**
grün	**verde**
blau	**blu**

Läden

Antiquitätengeschäft	**l'antiquario**
Apotheke	**la farmacia**
Bäckerei	**il forno /il panificio**
Bank	**la banca**
Blumenhändler	**il fioraio**
Buchhandlung	**la libreria**
Delikatessen	**la salumeria**
Eisdiele	**la gelateria**
Fischgeschäft	**il pescivendolo**
Friseur	**il parrucchiere**
Gemüseladen	**il fruttivendolo**
Kaufhaus	**il grande magazzino**
Kiosk	**l'edicola**
Konditorei	**la pasticceria**
Lebensmittelgeschäft	**alimentari**
Markt	**il mercato**
Metzgerei	**la macelleria**
Postamt	**l'ufficio postale**
Reisebüro	**l'agenzia di viaggi**
Schuhgeschäft	**il negozio di scarpe**
Supermarkt	**il supermercato**
Tabakhändler	**il tabaccaio**

Sehenswürdigkeiten

Bibliothek	**la biblioteca**
Garten, Park	**il giardino**
Kirche	**la chiesa / la basilica**
Kunstgalerie	**la pinacoteca**
Museum	**il museo**
Bahnhof	**la stazione**
Bushaltestelle	**la fermata dell'autobus**
Tourismusbüro	**l'ufficio di turismo**
an Feiertagen geschlossen	**chiuso per la festa**
in den Ferien geschlossen	**chiuso per le ferie**

Im Hotel

Haben Sie Zimmer frei?	**Avete camere libere?**
Doppelzimmer mit Doppelbett	**una camera doppia con letto matrimoniale**
mit zwei Betten	**una camera con due letti**
Einzelzimmer	**una camera singola**
Zimmer mit Bad	**una camera con bagno**
mit Dusche	**con doccia**
Gepäckträger	**il facchino**
Schlüssel	**la chiave**
Ich habe reserviert.	**Ho fatto una prenotazione.**

Im Restaurant

Haben Sie einen Tisch für ...?	**Avete una tavola per ... ?**
Ich möchte einen Tisch reservieren.	**Vorrei riservare una tavola.**
Frühstück	**colazione**
Mittagessen	**pranzo**
Abendessen	**cena**
Die Rechnung, bitte.	**Il conto, per favore.**
Ich bin Vegetarier/in.	**Sono vegetariano/a.**
Kellnerin	**cameriera**
Kellner	**cameriere**
Tagesmenü	**il menù a prezzo fisso**
Tagesgericht	**il piatto del giorno**
Vorspeise	**antipasto**
erster Gang	**il primo**
Hauptgang	**il secondo**
Gemüse	**il contorno**
Nachspeise	**il dolce**
Gedeck	**il coperto**
Weinkarte	**la lista dei vini**
blutig	**al sangue**
halb durchgegart	**al puntino**
durchgebraten	**ben cotto**
Glas	**il bicchiere**
Flasche	**la bottiglia**
Messer	**il coltello**
Gabel	**la forchetta**
Löffel	**il cucchiaio**

Speisekarte

l'acqua minerale gassata/naturale	Mineralwasser mit/ohne Kohlensäure
agnello	Lamm
aceto	Essig
aglio	Knoblauch
al forno	gebacken
alla griglia	gegrillt
l'aragosta	Hummer
arrosto	geröstet
la birra	Bier
la bistecca	Steak
il brodo	Brühe
il burro	Butter
il caffè	Kaffee
i calamari	Tintenfisch
i carciofi	Artischocken
la carne	Fleisch
carne di maiale	Schweinefleisch
la cipolla	Zwiebel
i contorni	Gemüse
i fagioli	Bohnen
il fegato	Leber
il finocchio	Fenchel
il formaggio	Käse
le fragole	Erdbeeren
il fritto misto	gemischtes Frittiertes
la frutta	Obst
frutti di mare	Meeresfrüchte
i funghi	Pilze
i gamberi	Garnelen
il gelato	Eis
l'insalata	Salat
il latte	Milch
lesso	gekocht
il manzo	Rind
la melanzana	Aubergine
la minestra	Suppe
l'olio	Öl
il pane	Brot
le patate	Kartoffeln
le patatine fritte	Pommes frites
il pepe	Pfeffer
la pesca	Pfirsich
il pesce	Fisch
il pollo	Huhn
il pomodoro	Tomate
il prosciutto cotto/crudo	Schinken gekocht/geräuchert
il riso	Reis
il sale	Salz
la salsiccia	Würstchen
le seppie	Tintenfisch
secco	trocken
la sogliola	Seezunge
i spinaci	Spinat
succo d'arancia/ di limone	Orangen-/Zitronensaft
il tè	Tee
la tisana	Kräutertee
il tonno	Thunfisch
la torta	Kuchen/Torte
l'uovo	Ei
vino bianco	Weißwein
vino rosso	Rotwein
il vitello	Kalb
le vongole	Muscheln
lo zucchero	Zucker
gli zucchini	Zucchini
la zuppa	Suppe

Zahlen

1	**uno**
2	**due**
3	**tre**
4	**quattro**
5	**cinque**
6	**sei**
7	**sette**
8	**otto**
9	**nove**
10	**dieci**
11	**undici**
12	**dodici**
13	**tredici**
14	**quattordici**
15	**quindici**
16	**sedici**
17	**diciassette**
18	**diciotto**
19	**diciannove**
20	**venti**
30	**trenta**
40	**quaranta**
50	**cinquanta**
60	**sessanta**
70	**settanta**
80	**ottanta**
90	**novanta**
100	**cento**
200	**duecento**
300	**trecento**
400	**quattrocento**
500	**cinquecento**
600	**seicento**
700	**settecento**
800	**ottocento**
900	**novecento**
1000	**mille**
2000	**duemila**
1 000 000	**un milione**

Zeit

eine Minute	**un minuto**
eine Stunde	**un'ora**
eine halbe Stunde	**mezz'ora**
ein Tag	**un giorno**
eine Woche	**una settimana**
Montag	**lunedì**
Dienstag	**martedì**
Mittwoch	**mercoledì**
Donnerstag	**giovedì**
Freitag	**venerdì**
Samstag	**sabato**
Sonntag	**domenica**

Straßenkarte Liguriens
A
B
C
1
2
3
4
5
PIEMONTE
LIGURIA
FRANK-REICH
Legende
Flughafen
Bahnhof
Fährhafen
Autobahn
Hauptstraße
Nebenstraße
Eisenbahn
Fährverbindung
Torino
Chivasso
Asti
Alessandria
Casale Monferrato
Acqui Terme
Bra
Alba
Fossano
Cuneo
Mondovì
Millesimo
Cairo Montenotte
Altare
Albisola Superiore
Albissola Marina
Varazze
Celle Ligure
Savona
Vado Ligure
Bergeggi
Spotorno
Noli
Varigotti
Finale Ligure
Pietra Ligure
Loano
Borgio Verezzi
Grotte di Toirano
Parco del Finalese
Parco Naturale del Beigua
Col di Nava
Pieve di Teco
Alpi Liguri
Realdo
Triora
Pigna
Baiardo
Apricale
Ceriana
Dolceacqua
Perinaldo
Taggia
Seborga
Ventimiglia
Bussana Vecchia
San Remo
Bussana
Coldirodi
Bordighera
Balzi Rossi
Villanova d'Albenga
Albenga
Isola Gallinara
Alassio
Laigueglia
Andora
Pontedassio
Dolcedo
Cervo
Imperia
Riviera di Ponente
Canale Cavour
Tanaro
Belbo
Bormida di Millesimo
Bormida di Spigno
Pesio
Nervia
A26/4
A26
A21
A6
A10
31bis
31
11
10
29
20
231
662
589
22
564
661
592
339
30
542
28
490
582
553
548
1
0 Kilometer 20
Barcelona
Porto Torres